Arnold Werner-Jensen
Opernführer für junge Leute

ATLANTIS · SCHOTT
Band 8384

Nicht nur Erwachsene, auch Kinder und Jugendliche werden vom magischen Zauber der Opernbühne angezogen. Da ist es gut, wenn man bei den ersten Opernbesuchen schon etwas über das Musiktheater weiß und die Handlung des Stückes versteht. In der Einführung des vorliegenden Buches werden die wichtigsten Begriffe erklärt: Was ist eine Ouvertüre, ein Rezitativ, ein Duett? Was versteht man unter Libretto, Singspiel und Orchestergraben? Darüber hinaus wird ein Blick hinter die Kulissen geworfen: Welche Aufgaben hat ein Regisseur? Wo hat die Souffleuse ihren Arbeitsplatz? Nach einem Überblick über die Geschichte der Oper werden über 40 Werke von Chr. W. Gluck bis C. Orff vorgestellt, die häufig auf den Spielplänen zu finden sind und junge Leute ansprechen. Lebendige Illustrationen und zahlreiche Notenbeispiele ergänzen die Informationen zu Inhalt und Entstehungsgeschichte der beschriebenen Opern.

Arnold Werner-Jensen

Opernführer für junge Leute

Mit einer Einleitung von Harry Kupfer

Zeichnungen von Reinhard Heinrich

Atlantis Musikbuch-Verlag

SERIE MUSIK ATLANTIS · SCHOTT

Für Ilia, Alma und Senta

ISBN 3-254-08384-9
© 2002 Schott Musik International, Mainz
7., vollständig überarbeitete Auflage Oktober 2002
Titelillustration: Reinhard Heinrich
Lektorat: Monika Heinrich
Printed in Germany · BSS 50800

Inhalt

Ouvertüre

Oper ist Kunst von Menschen für Menschen! Mein ganzes Leben lang bin ich durch Länder und Erdteile gereist und habe versucht, mit meinen Inszenierungen Menschen für die Oper zu begeistern. Vergleichbares gelingt in Sprache und Bildern Arnold Werner-Jensen und Reinhard Heinrich mit ihrem »Opernführer für junge Leute«.

In diesem Buch lebt die faszinierende Welt des Musiktheaters. Hier werden die nötigen Daten und Fakten nicht etwa nüchtern und trocken vermittelt wie vielfach üblich. Vielmehr wirken die Geschichten endlich einmal so phantasievoll und spannend wie auf der Bühne. Die Auswahl der Opern ist geschickt und überzeugend, die Handlung wird anschaulich und fesselnd erzählt, sinnvoll ergänzt durch einfache Notenbeispiele. So erweckt das Buch bei den jungen Lesern – und auch bei den hoffentlich mitlesenden Erwachsenen: Eltern, Verwandten und Freunden – mit Sicherheit große Lust auf Oper.

Was macht das Wesen des Musiktheaters und seine Faszinationskraft eigentlich aus? Aufschluss darüber geben die kurz gefasste Operngeschichte und vor allem die Einblicke in die so vielfältige Berufswelt des Opernhauses, die das Buch sinnvoll einleiten. Der Blick hinter die Kulissen motiviert bekanntlich sehr. Auf Fragen wie »Wann beginnen die ersten Planungen? Wie arbeiten die Werkstätten? Was geschieht in den Proben? Was tut ein Regisseur …?« findet man erste Antworten!

Mit dem bekannten Kostüm- und Bühnenbildner Reinhard Heinrich habe ich in vielen Jahren unzählige Opernproduktionen zusammen erarbeitet. Er schuf die vielen schönen Zeichnungen in diesem Buch, die sich nahtlos in den Text einfügen. Sie vermitteln bezwingend die lebendige Bühnenatmosphäre und scheinen geradewegs aus seiner praktischen Theaterarbeit zu stammen, obwohl er sie doch eigens für dieses Buch angefertigt hat.

So möchte ich diesem »jungen Opernführer« meine besten Wünsche mit auf den Weg geben. Möge er vielen Jugendlichen und auch Erwachsenen den Weg ins Opernhaus öffnen!

Harry Kupfer

Harry Kupfer gehört international zu den führenden Opernregisseuren. Er war viele Jahre Chefregisseur der Komischen Oper in Berlin.

Vorwort

Nicht nur Erwachsene, auch Kinder und Jugendliche werden vom magischen Zauber der Opernbühne angezogen. Da ist es gut, wenn man bei den ersten Opernbesuchen schon etwas über das Musiktheater weiß und die Handlung des Stückes versteht. Denn je mehr Verständnis für Handlung und Musik vorhanden ist, desto größer wird das Erlebnis sein, wenn die Gespräche im Zuschauerraum verstummen, aus dem Orchestergraben die ersten Töne aufsteigen und sich endlich der große, schwere Vorhang öffnet. Unser Buch wendet sich sowohl an interessierte jugendliche Opernbesucher als auch an deren Eltern und andere Erwachsene. Es möchte durchaus ein Familien-Opernführer sein!

In der Einführung des Buches werden die wichtigsten Begriffe erklärt: Was etwa ist eine Ouvertüre, eine Arie oder ein Duett? Was versteht man unter Singspiel, Libretto und Orchestergraben? Darüber hinaus gibt es Hinweise zu den Stimmlagen und natürlich auch zu den Berufen: vom Regisseur bis zur Souffleuse, vom Beleuchter bis zum Garderobenpersonal.

Anschließend ermöglicht das Buch einen ersten Überblick über die lange und abwechslungsreiche Geschichte dieser Gattung: Opern gibt es seit etwa 1600; allerdings werden die frühen Opern auf unseren Bühnen nur noch sehr selten gespielt; das Repertoire beginnt meist bei Gluck und Händel und umfasst dann vor allem die großen Höhepunkte der Operngeschichte: von Mozart über Rossini, Verdi, Wagner und Puccini bis zu Richard Strauss. Mit den Werken von Strauss haben wir das 20. Jahrhundert erreicht, in dem die Oper die erstaunlichsten Wandlungen durchlaufen hat. Zugleich entwickelt sich neben der Oper eine unterhaltsame Sonderform in Gestalt des Musicals.

Dann folgen die Operndarstellungen: Zum einen handelt es sich um Werke, die für erste Opernbesuche gut geeignet sind; zum andern wurde bei der Auswahl der Opern berücksichtigt, wie häufig sie auf den Spielplänen unserer Opernhäuser auftreten und wie oft sie in Deutschland gespielt werden. In einem Glossar am Ende des Buches werden Fachausdrücke gesondert erläutert.

Und so werden die Opern vorgestellt: Ein Steckbrief informiert über ihre Daten und die Personen ihrer Handlung; es folgt eine Inhaltsbeschreibung und schließlich wird auf die Entstehungsgeschichte und auf die musikalischen Stilmittel hingewiesen. Die ausgewählten Notenbeispiele stehen meistens in einer einfachen Tonart und sind immer im Violinschlüssel notiert. Auf diese Weise wird es leichter, sich den Anfang einer Ouvertüre, einer Arie oder eines Duetts vorzustellen oder die Ausschnitte auf dem Klavier oder der Blockflöte nachzuspielen. Wer gerne singt, kann sie natürlich auch nachsingen.

Abend für Abend werden Opern in Deutschland und in aller Welt aufgeführt, in immer neuen und phantasievollen, bisweilen auch überraschenden und manchmal gar fremdartigen oder schockierenden Einstudierungen von mehr oder weniger berühmten Regisseuren und Bühnenbildnern. Den Zugang zu solchen Theatererlebnissen soll unser Opernbuch vorbereiten und erleichtern.

Nun wünschen wir viel Vergnügen beim ersten oder wiederholten Opernbesuch, beim Wiederhören einer bekannten Oper oder bei der Begegnung mit einem bislang unbekannten Stück. Die Instrumente sind gestimmt, die Lichter erlöschen, die Gespräche verstummen – der Vorhang hebt sich.

Arnold Werner-Jensen

Was ist eine Oper?

Die Geschichte der Oper ist sehr lang: Die erste Oper wurde vor mehr als vierhundert Jahren in Italien geschrieben. Vornehme und gebildete Florentiner ließen sich damals mit Opernaufführungen unterhalten: Griechische Sagenstoffe wurden mit Gesang und begleitenden Instrumenten dargestellt.

Seit dieser Zeit sind unzählige Opern von Komponisten in allen möglichen Ländern geschaffen worden. Viele sind inzwischen vergessen, aber ebenso viele werden noch immer in unseren Theatern aufgeführt. Manches hat sich seit den ersten Opern der Italiener geändert, immer aber gibt es eine Handlung, die auf der Bühne vor Kulissen gespielt wird, von Darstellern, die in phantastischen Kostümen kunstvoll singen, aber manchmal auch miteinander sprechen wie in einem Schauspiel. Und immer werden sie von einem *Orchester* begleitet.

So ist eine Oper aufgebaut

Die meisten Opern beginnen mit einem *Vorspiel*, der so genannten *Ouvertüre*. Das Orchester spielt dabei allein und der Vorhang bleibt auch noch geschlossen. Manche Vorspiele sind sehr kurz und dienen nur der Ankündigung der Bühnenhandlung – ähnlich wie eine Trompetenfanfare oder eine kurze Vorspannmelodie im Fernsehen. Andere Ouvertüren sind länger und haben einen Bezug zu dem kommenden Spiel auf der Bühne. Hier soll die Musik den Zuhörer auf den Inhalt der Oper vorbereiten: auf eine *Tragödie* durch düstere, traurige Klänge oder auf eine *Komödie* durch heitere und beschwingte Melodien. Oft hören wir im Vorspiel schon einzelne musikalische Motive aus der Oper, die wir dann später wiedererkennen können. In einigen Ouvertüren kann man bei genauem Hinhören sogar schon den Gang der Ereignisse bis zum tragischen oder glücklichen Ende mitverfolgen – so z.B. beim ›Freischütz‹ oder auch beim ›Fliegenden Holländer‹. Ähnlich ist es auch bei manchen *Zwischenspielen*, die bei geschlossenem Vorhang zwei Szenen musikalisch miteinander verbinden, oder auch bei Vorspielen zu einzelnen Aufzügen (Akten).

Opern aus früheren Jahrhunderten sind immer in viele einzelne Abschnitte unterteilt, die so genannten *Nummern*; sie heißen so, weil man sie durchzählt von 1 bis 20 oder mehr. Daher nennt man diese Art von Opern auch *Nummernoper*. Hier wechseln sich in bunter Folge viele musikalische Einzelstücke ab: Es gibt *Arien* für jeweils nur einen Sänger allein, also für Sologesang. In ihnen drücken sich Stimmungen und Gefühle eines Menschen aus, fast wie in Selbstgesprächen oder vielleicht auch so, als könnte man die Gedanken eines Menschen heimlich mithören.

In der Oper gibt es aber auch das kunstvolle *Ensemble*, bei dem mehrere Sänger gleichzeitig oder nacheinander singen. Was in unserem Alltag als unhöflich gilt, wenn alle zur gleichen Zeit durcheinander reden – das ist in der Oper zur hohen Gesangskunst entwickelt. Je nachdem, wie viele Sänger daran beteiligt sind, spricht man von *Duett* (2), *Terzett* (3), *Quartett* (4), *Quintett* (5), *Sextett* (6) oder *Septett* (7). Solche Ensembles, vor allem die mit vielen Sängern, findet man besonders an den spannenden Höhepunkten der Handlung, wenn es dramatisch zugeht, also oft am Ende größerer Teile, bevor der Vorhang fällt. Einige der schönsten Ensembles erklingen in Mozarts ›Figaro‹.

In vielen Opern tritt auch ein *Chor* auf: Hier singen viele Sänger die gleiche Stimme. Der Chor ist immer dann auf der Bühne, wenn etwa eine große Volksmenge gebraucht wird. Es gibt verschiedene Chorbesetzungen: den reinen *Frauenchor* – zum Beispiel den Chor der Brautjungfern im ›Freischütz‹ oder die Spinnmädchen im ›Fliegenden Holländer‹; den reinen *Männerchor* – etwa den berühmten Jägerchor im ›Freischütz‹ oder auch die Priester um Sarastro in der ›Zauberflöte‹; und dann natürlich sehr häufig den *gemischten Chor*, in dem Frauen und Männer zusammen singen – zum Beispiel das Gefolge des Bassa Selim in der ›Entführung aus dem Serail‹ oder die große Menschenmenge auf der Festwiese in den ›Meistersingern von Nürnberg‹. Fast immer begleitet hier das Orchester.

Manchmal werden solche Volksmengen durch *Statisten* verstärkt; das sind nicht ausgebildete Mitwirkende, die nur schauspielern, aber nicht singen, und vom Theater für einzelne Abendvorstellungen engagiert werden. Für solche Aufgaben darf sich jedermann bewerben, der Spaß am Theaterspielen hat; und wer gut singen kann und schon in Chören mitgewirkt hat, kann im so genannten Extrachor mitmachen, durch den der eigentliche Theaterchor in großen Opern erweitert wird.

Wie werden nun diese vielen Einzelteile der Oper – Arien, Ensembles und Chöre – miteinander verbunden?

Hier gibt es wieder, je nach der Absicht des Komponisten und wohl auch der jeweiligen musikalischen Mode folgend, mehrere Möglichkeiten: In manchen Opern sprechen die Sänger zwischen ihren Gesangsnummern – gerade so wie im Schauspiel. Das nennt man dann auch genauso wie dort, nämlich *Dialog*. Opern, in denen viel gesprochen wird, heißen *Singspiele*. Die berühmtesten stammen von Mozart, z. B. ›Die Entführung aus dem Serail‹ und ›Die Zauberflöte‹. Der gesungene wie der gesprochene Text ist manchmal schwer zu verstehen, auch wenn sich die Sänger viel Mühe geben, ihn deutlich vorzutragen. Deshalb ist es immer gut, wenn man den Inhalt der Oper kennt, bevor man ins Theater geht.

In zahlreichen Opern aber sprechen die Sänger überhaupt nicht, sondern singen auch zwischen den Arien und Ensembles. Hier hält sich das Orchester meistens sehr zurück und spielt oft nur einzelne Harmonien. Häufig schweigt es ganz und überlässt die Akkorde einem *Cembalo*. Diese Abschnitte der Oper nennt man *Rezitative* – das wird gewöhnlich mit »Sprechgesang« übersetzt. Es wird jedoch nicht gesprochen, sondern eindeutig gesungen – aber besonders deutlich und mit richtigen Wort- und Silbenbetonungen, fast wie in der normalen Sprache.

Diese Opern stammen ursprünglich aus Italien. Aber es war auch lange in Deutschland und Österreich Mode, *italienische Opern* – also Opern mit italienischem Text und mit Rezitativen – zu komponieren. Hier gibt es wieder berühmte Beispiele von Mozart, z.B. ›Figaros Hochzeit‹ und ›Don Giovanni‹. Und natürlich sind die großen Werke der berühmten italienischen Komponisten (Rossini, Verdi, Puccini und andere) solche »italienische Opern«.

Heute spielt man fremdsprachige Werke – auch russische (›Boris Godunow‹), französische (›Carmen‹) oder tschechische (›Die verkaufte Braut‹) Opern – häufig in deutscher Übersetzung, vor allem an kleinen Opernhäusern. Das Publikum kann so die Feinheiten der Handlung besser verstehen. Außerdem beherrschen nicht alle Sänger perfekt die jeweilige Sprache. Meistens existieren mehrere Übersetzungen ins Deutsche. Deshalb kann es passieren, dass auf der Bühne ganz andere Wörter und Sätze gesungen werden, als die, die man vielleicht aus dem kleinen Textbüchlein kennt, mit dem man sich auf den Theaterabend vorbereitet hat. An großen Theatern aber und bei internationalen Opernfestspielen (wie in Salzburg oder Verona) wird in der jeweiligen Originalsprache gesungen.

Eine dritte Sorte von Opern entstand recht spät, nämlich im vorletzten, dem 19. Jahrhundert. Das sind die so genannten *durchkomponierten Opern*, in denen es weder Dialoge noch Rezitative gibt: Das Orchester spielt ununterbrochen und verbindet alle Teile eng miteinander. Hier gibt es keine einzelnen »Nummern« mehr, die z.B. auch in einem Konzert allein gesungen werden könnten. Diese Opern bestehen nur aus wenigen langen und durchgehenden Hauptabschnitten, den *Aufzügen* (oder auch Akten). Dazwischen sind Pausen, in denen der Vorhang geschlossen wird. Die berühmtesten Beispiele stammen von Richard Wagner, z.B. ›Die Meistersinger von Nürnberg‹. Fast könnte man sagen: Wagner hat die »durchkomponierte Oper« erfunden. Zeitgleich sind aber auch einige andere Komponisten auf diese Möglichkeit gekommen (Verdi) und wieder andere haben Wagner darin nachgeeifert (Puccini, Richard Strauss).

Wir sehen also, dass sich Opern recht gut gliedern lassen; Aufzüge (oder Akte) gibt es fast immer. Allerdings begegnen uns manchmal auch »Einakter«, Opern mit nur einem Aufzug (z. B. ›Cavalleria rusticana‹).

Jeder Aufzug lässt sich wieder unterteilen, und zwar entweder nach rein musikalischen Gesichtspunkten in Arien, Ensembles, Chöre usw. oder nach dem Verlauf der Handlung. Man unterscheidet *Auftritte*, *Bilder* und *Szenen*. Das alles klingt zunächst etwas verwirrend, ist aber ganz leicht zu erklären.

Ein neuer *Auftritt* beginnt immer dann, wenn eine neue Person auf die Bühne kommt oder wenn eine andere abgeht – kurz: wenn die Zahl der Anwesenden sich verändert.

Ein *Bild* dagegen dauert so lange, bis sich das Bühnenbild verwandelt. Ein Aufzug besteht also immer aus mindestens einem Bild oder aber aus mehreren. Im ›Freischütz‹ gibt es beispielsweise im 1. Aufzug nur ein einziges Bild (›Platz vor der Waldschänke‹), im 2. Aufzug aber zwei Bilder (›Im Forsthaus‹ und ›Furchtbare Waldschlucht‹).

Im Textbuch einer Oper suchen wir die Bezeichnung »Bild« meistens vergeblich. Nur die Theaterleute unterteilen das Stück, das sie aufführen, gern in Bilder. So kann es für den Besucher manchmal verwirrend sein, wenn er im Programmheft über den ›Freischütz‹ liest: »Oper in sechs Bildern« und nicht »in drei Aufzügen«. Man zählt also die *Dekorationswechsel*, die *Verwandlungen*. »Pause nach dem 3. Bild« heißt in diesem Fall: nach dem 2. Aufzug!

Die *Szene* dagegen ist nicht so klar zu beschreiben. In manchen Opern fasst das Wort »Szene« inhaltlich verbundene Teile zusammen (etwa in ›Hänsel und Gretel‹), in anderen wieder entsprechen die Szenen den Auftritten. In einer Übersicht kann man das noch besser verständlich machen, zum Beispiel am ›Freischütz‹:

Was ist eine Oper?

Ouvertüre

1. Aufzug

1. Bild (sechs Auftritte)

P

Zwischenspiel (Entreacte)

4. Bild (ein Auftritt)

2. Aufzug

2. Bild (drei Auftritte)

3. Bild (drei Auftritte)

s e

3. Aufzug

5. Bild (vier Auftritte)

6. Bild (ein Auftritt)

Übrigens werden auch die durchkomponierten Opern der Übersichtlichkeit halber nach Szenen oder Auftritten und Bildern gegliedert. Auf diese Weise können sich die Mitwirkenden beispielsweise in den Proben schneller verständigen.

Das Textbuch der Oper nennt man in der Fachsprache *Libretto*; das ist ein italienisches Wort und heißt »kleines Buch«. Einige wenige Komponisten haben ihre Libretti selbst geschrieben, vor allem Richard Wagner; die meisten aber greifen auf Bücher anderer Textdichter (Librettisten) zurück. Die wiederum haben sich ihre Einfälle sehr oft bei berühmten Dichtern geholt, etwa aus bekannten Schauspielen von Shakespeare oder Schiller, oder auch aus Romanen, Märchen und Sagen, wie z.B. ›Orpheus und Eurydike‹.

Die Mitwirkenden

Zur Aufführung einer Oper wird eine stattliche Anzahl von Mitwirkenden gebraucht – es sind noch viel mehr, als der Zuschauer im Theater zu sehen bekommt. Er sieht und hört nur die *Sänger* und das *Orchester* mit seinem *Dirigenten*. Was aber gleichzeitig hinter den Kulissen und Vorhängen alles geschieht, bleibt seinem Auge und Ohr verborgen. Im folgenden Abschnitt sprechen wir deshalb über alle Mitwirkenden einer Oper.

Sänger

Wer Sängerin oder Sänger an einem Opernhaus werden will, muss natürlich eine schöne Stimme mitbringen. Den eigentlichen Beruf aber erlernen Sänger meistens an einer *Musikhochschule*. Sie lernen dort nicht nur, kunstvoll mit ihrer Stimme umzugehen, sondern auch noch zu schauspielern, zu tanzen, zu fechten und italienisch zu sprechen. Außerdem werden sie mit musikalischen Grundlagen wie Harmonielehre und Musikgeschichte vertraut gemacht. Wenn sie von der Hochschule kommen, haben sie schon die wichtigsten Rollen, die für sie in Frage kommen, studiert. Dazu muss man wissen, dass es in der Oper eben nicht nur *die* Sängerin und *den* Sänger gibt, sondern zahlreiche Unterschiede stimmlicher und schauspielerischer Art. So wie es im täglichen Leben Menschen mit hohen und tiefen, hellen und dunklen, lauten und leisen Stimmen gibt, so unterteilt man auch in der Oper nach den Eigenarten der Stimme. Erst dadurch wird ja die Handlung lebendig und wir können die Personen auf der Bühne gut unterscheiden.

Man gliedert zunächst einmal ganz einfach nach der *Höhe* oder *Tiefe* der *Stimme*. Die wichtigsten Namen hierfür sind: bei der Frauenstimme *Sopran* (hoch) und *Alt* (tief), bei der Männerstimme *Tenor* (hoch) und *Bass* (tief). Wenn diese vier *Stimmlagen* zusammen singen, hat man schon ein richtiges Gesangsquartett. Auch im Chor sind das die vier Hauptstimmen.

Dazwischen aber gibt es jeweils noch eine Mittellage, die weder besonders hoch noch besonders tief singt: den *Mezzosopran* bei den Frauen und den *Bariton* bei den Männern, sodass wir insgesamt von *sechs Stimmlagen* sprechen können:

Sopran   Tenor

Mezzosopran   Bariton

Alt   Bass

So weit geht die Unterteilung, wenn man nur auf die Stimmhöhe achtet. Für die lebendige Oper mit ihren zahlreichen verschiedenartigen Rollen genügt das jedoch nicht. Zum besseren Verständnis sehen wir uns wieder die Menschen unserer alltäglichen Umgebung an: Wir unterscheiden sie ja nicht nur nach der Höhe und dem Ausdruck ihrer Stimme, sondern vor allem nach ihrem Aussehen, ihrem Gesichtsausdruck (Mimik) und ihren Bewegungen (Gesten), nach ihrem ganzen Verhalten. Genauso verfährt man auch im Theater – im Schauspiel ebenso wie in der Oper.

Deshalb gibt es neben den Stimmlagen auch so genannte *Stimmfächer*. Jeder Sänger wird also nach Möglichkeit vor allem in den Rollen eingesetzt, die nach seinem ganzen Erscheinungsbild – seinem »Typ« – zu ihm passen. Welcher »Typ« er nun ist, das stellt sich im Laufe seiner Ausbildung heraus. Entsprechende Rollen wird er dann vor allem lernen und später auf der Bühne auch am besten darstellen können. Wenn er in einem Theater angestellt werden will, muss er einige Arien aus Rollen seines Faches vorsingen; wenn sein Vortrag überzeugend war, wird er für dieses Fach engagiert.

Es gibt so viele unterschiedliche Stimmfächer, dass wir sie hier nicht alle aufzählen können. Wir nennen deshalb nur einige wichtige Beispiele. Man unterscheidet bestimmte »Typen« sowohl nach ihren stimmlichen Eigenarten als auch nach ihren schauspielerischen Fähigkeiten. Beim Sopran gibt es etwa die helle, sehr bewegliche, dabei jugendlich klingende Stimme mit großer Höhe – die *Soubrette* (Spielsopran) – vorwiegend für lebenslustige und temperamentvolle Frauenrollen wie Blondchen in der ›Entführung aus dem Serail‹ oder Ännchen aus dem ›Freischütz‹. Oft ist diese Soubrette die Zofe oder Dienerin einer vornehmen, ebenfalls jungen Dame, die auch Sopran singt, aber weicher, ausdrucksvoller und getragener. Dieses Stimmfach heißt *lyri-*

scher Sopran; ein berühmtes Beispiel ist die Rolle der Pamina in der ›Zauberflöte‹.

Wenn Sopranistinnen ganz besonders virtuose und weit in die Höhe gehende Arien singen können, nennt man sie *Koloratursopran*. Am berühmtesten und wohl auch am schwierigsten ist die Partie der Königin der Nacht, ebenfalls in der ›Zauberflöte‹. Unter *Koloraturen* versteht der Fachmann die Verzierungen des Gesanges, die in Arien (besonders am Ende einzelner Teile) vorkommen und aus allerlei Trillern, Tonleitern und Sprüngen bestehen.

Der *dramatische* oder auch der *hochdramatische Sopran* begegnet uns in den langen und anspruchsvollen Bühnenwerken z.B. von Wagner. Diese Stimme ist schwerer, mit ausgeprägteren tiefen Tönen; sie kann sich auch gegenüber einem großen Orchester durchsetzen; hier ist die Rolle der Senta im ›Fliegenden Holländer‹ zu erwähnen.

Das waren jedoch nur die wichtigsten von vielen Abstufungen der Sopranstimme. Ähnlich sorgfältig untergliedert man auch bei den Alt-, Tenor- und Bass-Stimmen. Der *lyrische Tenor* entspricht dem lyrischen Sopran; beide gemeinsam bilden meistens das Liebespaar der Oper, wie zum Beispiel Tamino und Pamina in der ›Zauberflöte‹. Zur Soubrette gehört der *Tenorbuffo*, ein Sänger heiterer Rollen in der *Opera buffa*, also der *komischen Oper*. So gehört zu Blondchen in der ›Entführung aus dem Serail‹ eben ihr Pedrillo!

Dagegen tritt der *Heldentenor* wieder vorwiegend in Opern von Wagner auf (›Lohengrin‹). Er entspricht dem hochdramatischen Sopran. Man spricht auch gern vom so genannten *Heldenfach*: Gemeint sind alle schweren Partien (z.B. in Opern von Wagner) auch bei Bariton- und Bass-Stimmen.

Bei den tiefen Stimmen unterscheidet man beispielsweise zwischen dem *lyrischen Bariton* (Papageno in der ›Zauberflöte‹) und dem *Charakterbariton* (Escamillo in ›Carmen‹), dem *Spielbass* (Leporello in ›Don Giovanni‹) und dem *seriösen Bass* (Philipp II. in ›Don Carlos‹).

Auf den ersten Blick mag diese Gliederung sehr verwirrend klingen. Es ist aber für das Publikum im Theater auch nicht nötig, sich alle

Details zu merken. Wichtig ist diese Einteilung vielmehr für die Theaterleute selbst. Nur so können nämlich alle Rollen einer Oper richtig – das heißt glaubwürdig und überzeugend – besetzt werden!

Wir als Zuschauer müssen nur wissen, dass es sechs verschiedene Stimmlagen und darüber hinaus eine große Zahl von Typen gibt, von denen die verschiedenartigen Rollen einer Oper gespielt werden: laute und leise, ausdrucksvoll-lyrische und spielerisch-lustige, aber natürlich auch kleine und große, dicke und dünne, denn wir hören die Menschen auf der Bühne ja nicht nur, sondern wir sehen sie auch!

Dirigent, Orchester und Chor

Die Sänger stehen im Rampenlicht, sie sind die Stars jeder Opernaufführung. Außer ihnen ist nur noch einer – wenigstens von einem Teil der Sitzplätze im Zuschauerraum aus – während der Vorstellung zu sehen: der *Dirigent*.

Er ist der Verantwortliche für die Musik. Schließlich muss einer dafür sorgen, dass alle ganz genau zusammen singen und spielen und auch immer den richtigen Einsatz erwischen. Der Dirigent schlägt den Takt mit einem gut sichtbaren hellen, dünnen Taktstock. Er zeigt den Sängern und Musikern, wie die Musik klingen soll: schnell oder langsam, laut oder leise, zart oder grob, denn unsere Notenschrift kann gar nicht alle Einzelheiten so fein darstellen, wie sie sich der Komponist vorgestellt hat. Jeder Dirigent hat dabei eine ganz eigene Vorstellung von der Wiedergabe der aufgeschriebenen Musik. Der Dirigent leitet mit den Bewegungen seiner Arme und Hände die Oper vom ersten bis zum letzten Ton. Dafür darf er sich auch gemeinsam mit den Sängern am Schluss auf der Bühne verbeugen. Sein Sitzplatz – manche Dirigenten stehen auch – befindet sich auf einem kleinen Podest, sodass ihn alle Mitwirkenden gut sehen können und er sie ebenfalls sieht: in der Mitte vor der Bühne, an der Brüstung des so genannten *Orchestergrabens*.

Man hat sich sehr lange überlegt, an welcher Stelle das große *Opern-orchester* denn am besten untergebracht werden kann, denn die Musiker müssen eine gute Verbindung zu den Sängern oben auf der Bühne haben, dürfen aber weder den Zuschauern die Sicht auf die Bühne versperren noch zu laut sein. Und der Dirigent muss, wie gesagt, nicht nur von den Musikern, sondern auch von den Sängern gut zu sehen sein. Eine schwierige Aufgabe! Man hat viele Versuche gemacht: So probierte man beispielsweise aus, ob man das Orchester nicht hinter die Bühne setzen könnte. Aber wie sollen so die Sänger den Kapellmeister sehen, ohne dass sie gleichzeitig dem Publikum den Rücken zuwenden müssen?

Also hat man zwar das ganze Orchester direkt *vor* die Bühne gesetzt, es aber zugleich sozusagen in den »Keller« verbannt, damit es den Zuschauern nicht die Sicht versperrt. So entstand der bereits erwähnte »Orchestergraben«. Er ist in einem kleinen Theater klein und in einem bedeutenden Opernhaus groß, je nach der Größe des vorhandenen Orchesters.

Kurz noch einige Hinweise zum *Orchester* selbst! Meistens spielen sehr viele Musiker, manchmal so viele, dass der ganze Orchestergraben besetzt ist, zum Beispiel in Opern von Wagner und Richard Strauss. Weil der Graben aber so lang und zugleich so schmal ist, ist die Sitzordnung immer problematisch. Das genaue Zusammenspiel der Musiker, die beispielsweise ganz weit links oder rechts außen sitzen, ist ziemlich schwierig. Sie hören sich gegenseitig nämlich kaum und haben nur über den Dirigenten in der Mitte Verbindung zueinander.

In fast allen Opern spielen als größte Gruppe die *Streichinstrumente*, von denen jedes einzelne immer mehrfach vorkommt: *Geigen* (Violinen), *Bratschen* (Violen), *Violoncelli* und *Kontrabässe*. Sie sitzen meistens in der Mitte um den Dirigenten herum.

Dann gibt es normalerweise je zwei *Holzblasinstrumente*: *Querflöten, Oboen, Klarinetten, Fagotte*, manchmal auch noch die *Pikkoloflöte* und zum Beispiel das tiefe *Kontrafagott*. Sie sitzen vom Zuschauerraum aus gesehen oft links hinter den Streichern. Links dahinter und ganz rechts kommen die *Blechblasinstrumente*: *Trompeten, Hörner, Posaunen* und *Basstuba* sind die wichtigsten. Bei ihnen oder auch schon etwas unter der *Bühnenrampe* (dem vorderen Abschluss der Spielfläche) stehen mehrere *Pauken*, oft aber noch weitere *Schlaginstrumente* wie z.B. *Trommeln, Becken* und *Triangel*.

Diese Zusammenstellung des Orchesters gibt es ungefähr seit Mozart; danach ist die Zahl der mitwirkenden Musiker allmählich angestiegen. Auch haben sich alle Instrumente – ob Streicher oder Bläser – in ihrer Bauart und Spielweise im Laufe der Jahrhunderte immer weiter entwickelt. Ab dem 20. Jahrhundert experimentierten manche Komponisten mit abweichenden und oft ganz neuartigen

Orchesterbesetzungen und verwendeten dabei auch Geräuscheffekte und elektronische Klangerzeuger.

Übrigens: Wenn in einigen Opern Instrumente oder auch Sänger hinter der Bühne – also für das Publikum unsichtbar – zu hören sind, dann hilft beim Zusammenspiel oft eine kleine *Fernsehkamera*, die unauffällig auf den Dirigenten gerichtet ist. Ihr Bild kann an jeder beliebigen Stelle hinter der Szene auf Bildschirme übertragen werden, sodass der »unsichtbare Sänger« oder Instrumentalist den Dirigenten gut sehen kann. Wer genau hinschaut, kann die kleine Kamera ungefähr gegenüber dem Dirigentenpodium direkt unter der Bühnenrampe erkennen – wenn sie läuft, leuchtet an ihr ein kleines Kontroll-Licht! Früher, als es diese technische Errungenschaft noch nicht gab, schaute stattdessen ein Hilfsdirigent durch ein Löchlein in der Kulisse und leitete so die für den Zuschauer unsichtbare Musik, indem er vom Dirigenten im Orchestergraben den Taktschlag übernahm.

Natürlich üben Sänger und Orchester schon lange vor der ersten abendlichen Aufführung – man sagt dazu: »proben« oder auch »probieren«. Jeder Sänger studiert seine Rolle ein, wobei ihm ein »Mann am Klavier« – der so genannte *Korrepetitor* – hilft. Der *Chor* übt zuerst allein mit seinem *Chorleiter* und das *Orchester* probt zunächst ebenfalls allein mit dem *Dirigenten*. Alle haben sie für sich große oder kleine Übezimmer, die *Probenräume*. Erst ganz am Schluss, ungefähr in der letzten Woche, bevor die Aufführung vor Publikum gespielt wird, kommen Sänger und Musiker auf der großen Bühne des Theaters zusammen.

Die vorletzte Probe heißt *Hauptprobe*, die letzte *Generalprobe*. Wenn zum ersten Mal Zuschauer dabei sind, nenn man das die *Premiere* dieses gerade eingeübten Stückes. Dabei sind natürlich alle Mitwirkenden aufgeregt und hoffen, dass auf der Bühne und im Orchestergraben alles gut klappt. Wenn ein Stück erstmalig in einem Land oder einer Stadt aufgeführt wird, ist dies eine *Erstaufführung*. Von einer *Uraufführung* spricht man dagegen nur, wenn eine Oper zum allerersten Mal auf der ganzen Welt gespielt wird.

Mit dem Korrepetitor und dem Chorleiter haben wir nun bereits zwei Leute kennen gelernt, die an der Abendvorstellung gar nicht mitwirken. Von dieser Sorte der »heimlichen« Mitarbeiter gibt es im Theater viel mehr, als es sich ein Theaterbesucher denken kann. Wir wollen uns diese Mitarbeiter deshalb kurz der Reihe nach ansehen.

Regisseur, Bühnenbildner, Kostümbildner

Die wichtigsten Leiter der Aufführung bekommt der Zuschauer – außer beim Schlussbeifall nach der Premiere – nie zu sehen. Er findet nur ihre Namen im Programmheft und auf dem Theaterplakat. Es sind *Regisseur*, *Bühnenbildner* und *Kostümbildner*, die unter der Leitung des Regisseurs ein Team bilden. Sie sind für alles verantwortlich, was man auf der Bühne sehen kann, und sie haben auch alle Einzelheiten – entsprechend den Angaben im Libretto – selbst entworfen.

Vielen Zuschauern ist es gar nicht klar, wofür man überhaupt einen *Regisseur* braucht. Sie sagen: »Es steht doch alles, was auf der Bühne passieren soll, in der Partitur und im Textbuch! Warum machen denn die Sänger ihre Bewegungen nicht von allein?«

Die Antwort ist sehr einfach. Nehmen wir als Beispiel den Beginn von Mozarts ›Entführung aus dem Scrail‹. Dort heißt es: »Platz vor dem Palast des Bassa Selim am Ufer des Meeres. Belmonte allein« – das ist auch schon alles. Und schon beginnt der 1. Aufzug! Wenn es jetzt nicht einen Regisseur mit großer Phantasie gäbe und neben ihm einen ebenso einfallsreichen Bühnenbildner und einen geschickten Kostümbildner, käme es bereits am Anfang zu einer riesigen Verwirrung und unzähligen Fragen. Wir wollen hier nur die wichtigsten aufzählen:

- Soll es auf der Bühne am Anfang hell oder dämmerig sein, also Tag oder Abend?
- Wo ist denn das Meer – weit hinten am Horizont oder ganz weit vorn, links oder rechts vom Zuschauer aus gesehen? Und wie ahmt

man auf der Bühne überhaupt Wasser nach, damit es das Publikum auch erkennt, ohne dass die Sänger nasse Füße bekommen?

- Wo steht eigentlich der Palast des Bassa Selim – links oder rechts oder ist er gar schräg zu sehen? Wie groß soll er sein? Ist er reich verziert oder zeigt er strenge, karge Maße und Farben?
- Wo soll denn Belmonte stehen, wenn er seine Arie singt? Dicht am Palast oder vorn gleich am Orchestergraben? Oder: Warum soll er überhaupt stehen bleiben? Vielleicht kann er ja auch unruhig auf und ab gehen.
- Wie sieht Belmonte aus – vornehm gekleidet, modern oder orientalisch wie im Märchen? Soll man ihm die Strapazen der langen, anstrengenden Reise ansehen?
- Und, und, und …

Fragen über Fragen, die alle eine Antwort fordern! Wir sehen: Das Textbuch lässt uns da gänzlich im Stich und deshalb brauchen wir einen Regisseur, der sich auf alle diese und viele andere Fragen eine klare und überzeugende Antwort ausdenken muss. Dieses sorgfältig durchdachte und oft sehr persönliche *Regiekonzept* wird in allen Einzelheiten im *Regiebuch* aufgeschrieben; nach dieser Vorlage wird die Oper einstudiert und auch noch nach Jahren, wenn sie nach einer Pause wieder in den Spielplan aufgenommen werden soll, wiederholt.

Während der Proben hilft dem Regisseur ein *Regieassistent*, der später einmal selbst Regisseur werden möchte. Gemeinsam mit dem Bühnenbildner plant der Regisseur alle Szenen – und zwar nicht nur so, dass alles schön aussieht und auch zueinander passt. Wichtig ist auch, dass zwischen diesen *Bühnenbildern*, den so genannten *Dekorationen*, alle Bewegungen und Handlungen bequem und ungestört möglich sind.

Ein einfaches Beispiel dafür finden wir wieder in der Anfangsszene der ›Entführung aus den Serail‹: Sehr bald tritt Osmin auf. Also muss in der Dekoration, die den Palast darstellen soll, auch eine Tür vorhanden sein, durch die Osmin tatsächlich auf den Platz vor dem Palast heraustreten kann. Und wenn er gleich anschließend mit seiner Leiter an einem Feigenbaum hochklettern soll, muss es dieser Baum auch aushalten, dass an ihn eine Leiter gelehnt wird. Und die Sprossen der Leiter müssen das Gewicht Osmins tragen, ohne zu zerbrechen.

Der Regisseur richtet also anhand der wenigen Angaben im Libretto die Handlung auf der Bühne ein. Manche Regisseure kümmern sich dabei ziemlich wenig um die Vorschriften des Textbuches und vertrauen lieber auf ihre eigene Phantasie. Man muss also immer darauf gefasst sein, dass auf der Bühne manches anders aussieht, als man es sich nach dem Lesen der Inhaltsbeschreibung ausgemalt hat.

Dafür gibt es unzählige Beispiele. Im ›Freischütz‹ etwa kann es passieren, dass Samiel überhaupt nicht zu sehen ist – obwohl viele Zuschauer gerade auf ihn warten! Stattdessen hört man nur seine unheimliche Stimme irgendwo im Bühnenhintergrund, seine Schritte werden im Orchester musikalisch nachgeahmt und auf einmal wird es auf der Bühne dunkel…

Der *Bühnenbildner* fertigt genaue *Zeichnungen* an, und zwar sowohl für jedes vollständige Bild wie für alle einzelnen Dekorationsteile (Gebäude, Möbel, Bäume, Hintergrundlandschaften, Himmel mit Wolken und vieles andere). Außerdem bastelt er noch kleine *Modelle* der Bühnenbilder, damit man sie sich auch räumlich gut vorstellen kann.

Bühnenbild zu ›Lohengrin‹ um 1880

um 1980

Passend zu den Bühnenbildern entwirft der *Kostümbildner* alle Kleider — eben die *Kostüme* —, Hüte und Schuhe und was die Darsteller sonst noch alles tragen sollen. Die Zeichnungen, die er macht, nennt man *Figurinen*; sie sehen oft so ähnlich aus wie Modezeichnungen:

um 1880   um 1930   um 2000
Lohengrin

Manchmal entwirft der Bühnenbildner übrigens auch gleich die Kostüme mit; einige Regisseure machen sogar alles alleine: Regie, Bilder und Kostüme.

Nun endlich beginnt im Theater selbst die eigentliche Vorbereitung der Aufführung, und zwar an mehreren Stellen zugleich. Der Regisseur probt alle Vorgänge, Handlungen und Bewegungen mit seinen Darstellern — den Sängern und dem Chor: alle Auftritte, Szenen, Bilder und schließlich vollständige Aufzüge der Oper. Dazu braucht er zunächst weder Kostüme und Bühnenbilder — die sind auch noch gar nicht fertig! — noch ein Orchester; das wird am Klavier durch einen Korrepetitor ersetzt.

Wenn die *große Bühne* des Theaters frei ist, wird auf ihr geprobt. So kann man sich allmählich an ihre Ausmaße gewöhnen. Oft aber probiert man auf kleineren *Probenbühnen*; das sind mittelgroße Säle mit einer kleineren Spielfläche, einem Podium. Dort stehen nur ein paar

Stellwände und einfache Möbel, die das spätere Bühnenbild andeuten sollen. So wird viele Wochen lang geprobt, Tag für Tag, vormittags und abends, und mit der Zeit entsteht – Szene für Szene – die neue Opernaufführung.

Vom Hutmacher zum Waffenmeister – ein Blick in die Werkstätten

Parallel zu den schon laufenden Proben werden alle *Dekorationsteile* hergestellt, von den größten Gebäudekulissen bis zu kleinen Ausstattungsteilen wie Fenstervorhängen, Lampen, Möbeln und so weiter. Dafür hat das Theater mehrere eigene *Werkstätten* mit viel Personal, die von erfahrenen *Meistern* geleitet werden: die *Schreinerei*, die *Schlosserei*, einen großen *Malersaal* (mit vielen Farben und Pinseln), ein *Plastikatelier* – wenn etwa eine Plastik, z.B. eine Statue wie im ›Don Giovanni‹, benötigt wird – und die *Dekorationsabteilung*, in der alle Stoffarbeiten gemacht werden: Vorhänge, Decken, Wandbespannungen, Teppiche…

Die *Kostüme* werden entsprechend den *Figurinen* in der großen *Schneiderwerkstatt* angefertigt, und zwar nach Damen- und Herrenkostümen getrennt. Darüber hinaus gibt es natürlich auch eine *Schuhmacherwerkstatt*, die *Hutmacher* und *Perückenknüpfer* und die *Waffenmeister*, denn in vielen Opern werden Gewehre benötigt oder es wird mit Degen und Säbeln gekämpft, vor allem wenn das Ende tragisch ist.

Alle anderen Kleinteile, die während der Aufführung auf der Bühne benötigt werden, nennt man *Requisiten*. Das *Requisitenlager*, in dem sie aufbewahrt werden, ist eine wahre Fundgrube: Es gibt dort künstliche Blumen, Vasen, Bücher und Zeitungen, Geschirr und Flaschen aller Art, alle Sorten echter und nachgeahmter Musikinstrumente und vieles andere mehr. Auf all diese Teile gibt der *Requisiteur* Acht: Er beschafft sie oder fertigt sie selbst an, er behebt kleinere Schäden, er übergibt sie zum richtigen Zeitpunkt hinter dem Vorhang dem jeweiligen Darsteller – und vor allem: Er sammelt sie hinterher schnell wieder ein, damit sie zur nächsten Vorstellung vollzählig vorhanden sind!

Die *Maskenbildner* gehören eng zur Schneiderei. Sie haben ihren richtig großen Auftritt erst abends vor (und nach) der Vorstellung, wenn sie den Sängern beim Schminken und Abschminken helfen.

Beleuchter, Tonmeister, Bühnenarbeiter …

Die Beleuchter sorgen mit ihren unzähligen verschiedenartigen Scheinwerfern und Lampen für helles Tageslicht oder für den Mondschein in tiefer Nacht. In modern eingerichteten Theatern können alle Lichtwechsel – die *Beleuchtungsregie* – von einem einzigen großen Schaltpult aus gesteuert werden. Das steht oft hinter großen Glasfenstern an der Rückwand des Zuschauerraumes. Von dort aus kann der *Beleuchtungsmeister* nämlich die Bühne am besten überblicken. Nur die einzelnen Scheinwerfer, die mit ihrem Licht ständig die Personen auf der Bühne verfolgen, werden mit der Hand bedient. Sie heißen deshalb auch *Verfolger*.

Natürlich gibt es auch *Tonmeister*, die für alle Geräusche und Klänge zuständig sind, die nicht aus dem Orchestergraben kommen: zum Beispiel für Gewitter und Unwetter wie in der Wolfsschlucht im ›Freischütz‹, für Kirchenglocken und Ähnliches mehr. In ihrem Studio stehen die modernsten technischen Geräte. Manche Tanzmusik auf der Bühne oder manches Chorsolo hinter der Szene hören wir in Wirklichkeit über versteckt aufgestellte *Lautsprecher*.

Wenn die Abendvorstellung läuft und wir auf der Bühne nur die Darsteller sehen, wirkt hinter den Kulissen und Vorhängen ein Heer von Hilfskräften mit:

Bühnenarbeiter bauen jedes neue Bild mit seinen Dekorationen auf, und ebenso schnell und leise muss auch das vorige Bild abgebaut werden. Die Dekorationsteile – Möbel, Bäume und alles Übrige – werden auf der *Seiten-* und *Hinterbühne* aufbewahrt, die sich hinter Vorhängen unmittelbar an die *Hauptbühne* anschließen.

Bei den Bühnenarbeitern muss jeder Handgriff sitzen und so üben auch sie schon in den Proben ihre Arbeit mit. Mancher *Umbau* von einer Szene zur nächsten ist auf Sekunden genau berechnet, während das Orchester bei geschlossenem Vorhang eine *Zwischenmusik* spielt. Der ahnungslose Zuschauer würde sich wundern, wenn er sehen könnte, wie lebendig es hinter dem Vorhang zugeht, während er die Klänge des Orchesters genießt!

Einige *Handwerker* haben die Aufgabe, die Maschinen für die beweglichen Teile des Bühnenbodens − für Falltüren, Versenkungen − zu bedienen. Das wird notwendig, wenn zum Beispiel Samiel im ›Freischütz‹ aus der Unterwelt auftauchen soll.

Die *Drehbühne*, die in großen Theatern als kreisrunde Scheibe in den Bühnenboden eingebaut ist, wird von eigenen geräuschlosen Motoren angetrieben. Sie bietet den Vorteil, dass man mehrere Bühnenbilder einer Oper schon vor der Vorstellung vollständig aufbauen kann, sodass der Bildwechsel sehr schnell geht − vielleicht sogar bei offenem Vorhang.

Die *Schnürmeister* betätigen die Seilzüge, an denen manche Dekorationsteile und Vorhänge aufgehängt sind: Wenn diese Teile gebraucht werden, kommen sie aus dem *Bühnenturm* herabgefahren, in dem sie sonst aufbewahrt werden. In der ›Zauberflöte‹ schweben die drei Knaben oft in einer Gondel herab, die an solchen Schnüren aufgehängt ist.

Natürlich muss der *Hauptvorhang* vor der Bühne auf- und zugezogen werden. Die Anweisung dazu und zu allen anderen wichtigen Maßnahmen hinter der Bühne gibt der *Inspizient*. Er sorgt zum Beispiel auch dafür, dass alle Darsteller zur rechten Zeit und an der richtigen Stelle auftreten. Er ist für den reibungslosen Ablauf der Vorstellung am Abend verantwortlich.

Die gewaltige Stahlwand, der *eiserne Vorhang*, der nach dem Schlussbeifall ganz langsam herabgelassen wird, dient der Sicherheit: Im
Falle eines Brandes kann durch diese Trennwand ein Übergreifen der
Flammen von der Bühne auf den Zuschauerraum verhindert werden.
Im eisernen Vorhang ist übrigens eine kleine Tür – wenn der Beifall
überhaupt nicht enden will, treten die Darsteller durch sie noch einmal vor ihr Publikum.

Fast hätten wir noch eine »unsichtbare Person« vergessen, die sich den
ganzen Abend auf – oder besser – halb unter der Bühne befindet:
die *Souffleuse* in ihrem kleinen, nur zur Bühne hin offenen *Souffleur-
kasten* in der Mitte der Bühnenrampe. Sie spricht den Darstellern
leise ihren Text vor und hilft ihnen über Gedächtnislücken hinweg. In
ihren »Käfig« gelangt sie von unten durch den Orchestergraben. Ganz
selten gibt es übrigens auch Männer in diesem Beruf; sie heißen dann
Souffleure.

Theaterleitung, Verwaltung und Hauspersonal

Bisher haben wir die Mitarbeiter kennen gelernt, die hinter der Bühne mithelfen oder die Aufführung vorbereiten. Nun braucht aber jeder *Großbetrieb* wie das Theater eine verantwortliche Leitung – eine Verwaltung – und viel Hauspersonal.

Damit am Abend auch wirklich der Vorhang aufgehen kann, müssen eine Unmenge von Dingen bedacht, organisiert und geplant werden. An der Spitze des Theaters steht der *Intendant* und ihm zur Seite der *Verwaltungsdirektor*. Diese beiden haben für verschiedene Aufgaben ihre Mitarbeiter. Was ist da nicht alles zu tun:

Da wird ein Hauptdarsteller krank, zum Beispiel der Papageno in der ›Zauberflöte‹, und es muss noch schnell bis zum Abend ein Ersatzmann gefunden werden. Oder für die nächste Einstudierung einer Oper ist zu überlegen, wer welche Rolle übernehmen kann und soll. Dafür gibt es das *Betriebsbüro* und den *Chefdisponenten*.

Da muss das Programmheft zusammengestellt und auf vielfältige Weise die Beziehung zum Publikum gepflegt werden, zum Beispiel durch Vorträge, Einführungsveranstaltungen, Pressemitteilungen. Hierfür und für vieles andere ist der *Dramaturg* zuständig.

Zudem müssen alle Werkstätten überwacht und Zeitpläne aufgestellt werden, damit alle Dekorationsteile auch pünktlich fertig werden. Und vor allem wird den einzelnen Werkstätten das Geld zugeteilt, denn neue Dekorationen sind sehr kostspielig. Darum kümmert sich der *Technische Direktor*, dem übrigens auch der theatereigene *Fuhrpark* mit seinen Fahrern und Lastkraftwagen untersteht. Oft sind nämlich die Lagerräume für Dekorationsteile in Gebäuden in der Umgebung untergebracht; also braucht man zum Hin- und Rücktransport Lastkraftwagen.

Außerdem sollen alle im Theater Angestellten, ob das nun Sänger, Musiker oder Arbeiter sind, regelmäßig ihr Gehalt bekommen. Also gibt es ein *Personalbüro*. Und alle Büros und Abteilungen haben natürlich auch *Sekretärinnen*.

Zu guter Letzt gibt es noch das *Hauspersonal*. Einige seiner Mitglieder begegnen uns auch, wenn wir als Zuschauer in der Oper sind: etwa die Damen und Herren an der *Kasse*, das *Garderobenpersonal*, die *Programmverkäufer* und *Platzanweiser*. Tagsüber muss vor allem der Zuschauerraum gereinigt werden; das übernimmt das *Reinigungspersonal*. Und auch *Hausmeister* und *Pförtner* sind nötig: Wer sonst könnte dafür sorgen, dass im großen Theatergebäude beispielsweise alle Türschlösser funktionieren? Oder wer kümmert sich um die wichtige *Feuerlöschanlage*? Wer sonst würde aufpassen, dass beim *Künstlereingang* keine Unbefugten hereinspazieren?

Ein Theater hat also sehr viele Mitarbeiter, von denen nur ein ganz kleiner Teil am Abend den Beifall des Publikums entgegennehmen kann. Ganz große Opernhäuser, wie zum Beispiel in Berlin, Hamburg oder München, haben fast tausend Beschäftigte!

Das Opernhaus

Nun wird es uns auch verständlich, warum ein *Theatergebäude* so weitläufig sein muss, denn all diesen Mitarbeitern müssen doch Räume zur Verfügung stehen, in denen sie arbeiten können. Das Publikum kennt eigentlich immer nur die schöne Schauseite des Theatergebäudes: Von vorne sieht ein aus dem 19. Jahrhundert stammendes klassizistisches Theater oft so aus, wie auf Seite 40 oben dargestellt. Ein Theaterbau aus den 1950er Jahren dagegen ist auf der gleichen Seite unten abgebildet.

Im vorderen Teil liegt die Eingangshalle, dahinter die *Pausenhalle* – oder vornehm ausgedrückt: das *Foyer*; dann sehen wir den *Zuschauerraum* und über ihm den großen *Bühnenturm*.

Wenn man aber außen um das Gebäude herumgeht, erkennt man, wie groß und vielseitig das ganze Haus in Wirklichkeit ist: mit seinen *Räumen für die Verwaltung*, den zahlreichen *Probenräumen*, den *Garderoben* für die Künstler, den *Werkstätten* und vor allem den großen Abstellflächen für die Kulissen (die *Magazine*) und Kostüme

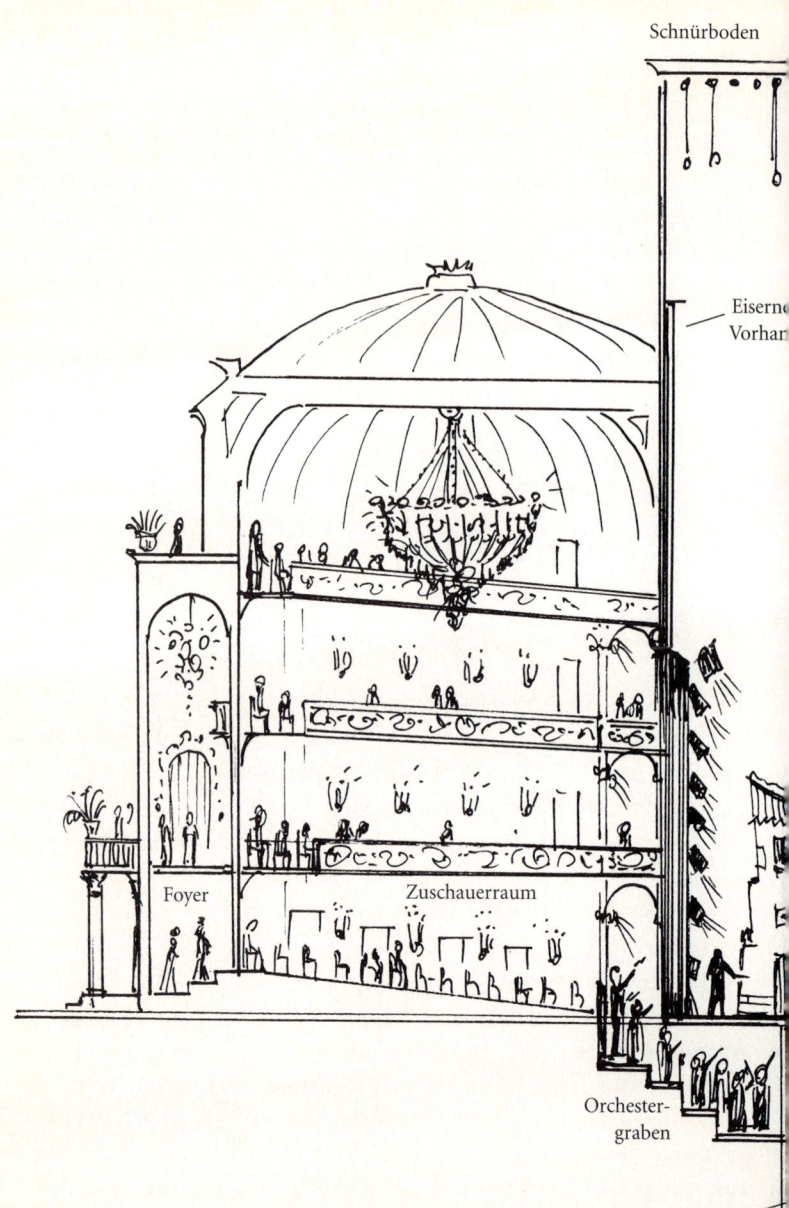

Schnürboden

Eiserne
Vorhang

Foyer

Zuschauerraum

Orchester-
graben

Versenkung

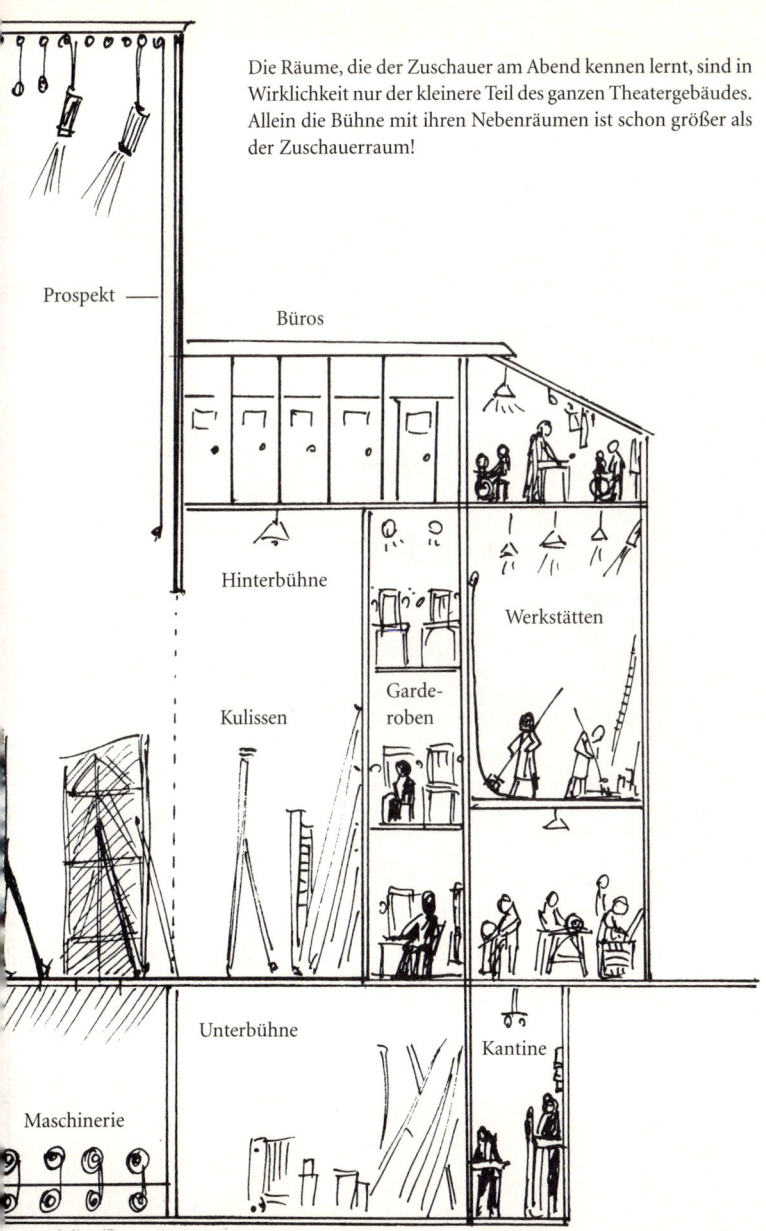

Die Räume, die der Zuschauer am Abend kennen lernt, sind in Wirklichkeit nur der kleinere Teil des ganzen Theatergebäudes. Allein die Bühne mit ihren Nebenräumen ist schon größer als der Zuschauerraum!

Prospekt

Büros

Hinterbühne

Werkstätten

Kulissen

Garde-roben

Unterbühne

Kantine

Maschinerie

Querschnitt durch ein Opernhaus

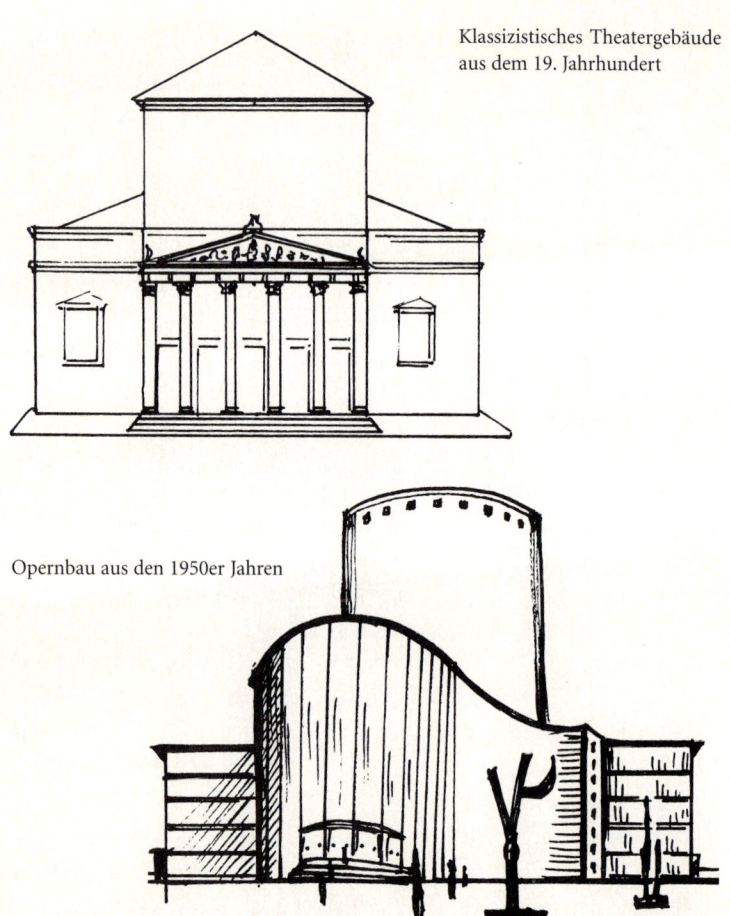

Klassizistisches Theatergebäude aus dem 19. Jahrhundert

Opernbau aus den 1950er Jahren

(der *Fundus*). Nicht zu vergessen: Es gibt auch noch die *Kantine*, in der alle Angestellten in Arbeitspausen essen und trinken können!

Oft reicht das große Hauptgebäude gar nicht aus. Dann sind die Werkstätten und auch die Lagerräume in einem zweiten Haus untergebracht. Wenn man durch die Mauern blicken könnte, würde das etwa so aussehen wie auf Seite 38/39 abgebildet.

Kleine Einführung in die Operngeschichte

Vor einigen Jahren konnten wir das vierhundertjährige Jubiläum der ersten Opern feiern! 1597 (vielleicht auch schon 1594) wurde in Florenz die Oper ›Dafne‹ von Jacopo Peri uraufgeführt. Doch wir wissen leider nicht, wie diese Musik geklungen hat, denn die Noten sind verloren gegangen. Dagegen wissen wir recht genau, wie es – anlässlich der Hochzeit eines Medici-Fürsten – zu dieser Uraufführung gekommen ist, warum man sich so etwas Neuartiges und Seltsames wie eine Oper ausgedacht hat. Es war nämlich keineswegs so, dass ein einzelner genialer Künstler die Oper sozusagen erfunden hätte.

Die Oper – ein Missverständnis?

In Florenz trafen sich in den Jahren vor 1600 einige kunstinteressierte Männer und diskutierten lange und gründlich über Musik und Dichtung, weil ihrer Meinung nach die Kunst ihrer Zeit zu schwer verständlich war. Unter ihnen waren Gelehrte, Dichter, Musiker und vor allem Mäzene – das sind reiche Leute, die mit ihrem Geld z. B. kostspielige Theateraufführungen ermöglichen. Damals waren es mächtige Fürsten. Was bei diesen Gesprächsrunden herauskam, schrieb man in schlauen Büchern auf. Bald versuchten die Musiker so zu komponieren, wie man es in diesen Gesprächen für gut, richtig und neuartig gehalten hatte. Man bemühte sich nun, einfache und verständliche Musik zu erfinden, und man achtete vor allem darauf, dass die Zuhörer auch die gesungenen Worte verstehen konnten, dass sich die Musik dem Text anschmiegte.

Wir nennen jene Zeit heute die »Renaissance« (auf deutsch: Wiedergeburt), weil man sich damals ausgiebig mit der Welt der Antike beschäftigte: Man wollte im Denken und in der Kunst den antiken Vorbildern nacheifern. Mehr noch: Man war der Meinung, dass die »alten Griechen« in ihren Schauspielen gesungen hätten – eben ähnlich wie in einer Oper – und das sollte nun wiederbelebt werden. Wir wissen heute, dass diese Annahme falsch war und die Erfindung der Oper demnach eigentlich auf einem Missverständnis beruht.

Weil man auf die Antike zurückgriff, entnahm man auch die Opernhandlungen den Sagen des klassischen Altertums: Sie erzählten beispielsweise von der Nymphe Dafne, die in einen Baum verzaubert wird, oder vom Sänger Orfeo (Orpheus), der seiner geliebten Euridice ins Reich der Toten folgt, um sie mit seinem Gesang zurückzugewinnen.

Von Monteverdi bis Mozart

Bald nach der »Geburt« der Oper erschien auch schon der erste geniale Komponist, der sich entschlossen dieser neuen Kunstform zuwandte. Es war Claudio Monteverdi. Er entwickelte die wichtigsten allgemeinen Merkmale der Oper, die bis heute gültig geblieben sind: die ausdrucksvolle und dramatische Gesangsmelodie, die Lieder in Strophenform mit ihren wiederkehrenden *Ritornellen*, d. h. instrumentalen Vor-, Zwischen- und Nachspielen. Neben den Solisten trat auch ein Chor auf. Darüber hinaus wurden Tänze eingeschoben sowie Orchestervor- und -zwischenspiele. Das Orchester glänzte mit den vielfältigen Farben seiner damaligen Instrumente. Welche Instrumente Monteverdi einsetzte und wie er sie miteinander kombinierte, um eigentümliche Klangfarben zu erzielen, das können wir heute nur noch vermuten, denn es ist leider nicht überliefert.

Wenn wir uns die Spielpläne unserer Opernhäuser ansehen, können wir kaum Werke aus den ersten beiden Jahrhunderten der Operngeschichte (dem 17. und 18. Jahrhundert) entdecken, mit Ausnahme der Opern von Mozart, der gegen Ende dieses Zeitraumes lebte. Eher selten begegnet uns eine Oper von Monteverdi, Händel, Purcell oder

Gluck. Das hat einleuchtende Gründe: Man sang und spielte nämlich in dieser Zeit anders als heute; man hatte eine andersartige Gesangsausbildung, spielte auch auf anderen Instrumenten und man fand andere Klänge schön als heute. Die Opernsänger unserer Tage singen überwiegend so, wie man es erst seit dem 19. Jahrhundert lehrt und seitdem gewöhnt ist. Auch unsere Musiker in den Opernorchestern spielen auf modernen Instrumenten und in einer Weise, wie man es erst seit Wagner und Verdi – und seitdem unverändert – hört.

Zwischen Monteverdi (kurz nach 1600) und Mozart (kurz vor 1800) gab es jedoch eine lange Reihe von Komponisten, die Opern schrieben und damit zugleich die Gattung »Oper« weiterentwickelten. Weit mehr als ein Jahrhundert lang wetteiferten die bedeutendsten italienischen Städte – oder besser, die dortigen Fürstenhöfe – miteinander: Im 17. Jahrhundert wurden Mantua, Venedig und Rom zu richtigen Opernmetropolen. Im nächsten, dem 18. Jahrhundert, war dann Neapel das wichtigste Zentrum; man spricht von einer *Neapolitanischen Opernschule* und meint damit, dass dort die führenden Komponisten ihrer Zeit wirkten, die ihre Kollegen nah und fern – im In- und Ausland – beeinflussten. Dieser Schule gehörten so berühmte Meister wie Alessandro Scarlatti, Porporá und Pergolesi an.

Später, in der so genannten *Zweiten Neapolitanischen Opernschule*, wurde gar ein Deutscher aus Hamburg, Johann Adolf Hasse, zum bedeutendsten Künstler. Ihm folgten Georg Friedrich Händel und – ein halbes Jahrhundert später – Christoph Willibald Gluck, der am Übergang von der Barockzeit zur Klassik wirkte.

Im 18. Jahrhundert entstanden zwei verschiedene Arten von Opern: die *Opera seria*, wörtlich übersetzt: die »ernste Oper«, und als heiteres Gegenstück die *Opera buffa*. Die Opera seria hatte einige Eigentümlichkeiten, die recht bald zur Mode wurden: Da die Komponisten und Textdichter ihre Aufträge vom Adel, das heißt von den Fürsten, erhielten, standen immer auch Helden oder Fürsten im Mittelpunkt der Handlung. Sehr häufig ging es dabei um hinterlistiges Ränkespiel und Machtkämpfe, kaum jedoch um echte Gefühle einzelner Menschen.

Auf der Bühne standen also »Typen« und dazu passte auch die Musik hervorragend: Man sang vor allem *Rezitative* und *Arien*. Rezitative wurden vom Cembalo allein oder aber vom ganzen Orchester begleitet und trieben die Handlung voran. Die Arien dagegen drückten auf äußerst kunstvolle Weise Stimmungen und hohe Gefühle aus. Sie bestanden fast immer aus drei Teilen, von denen der dritte Teil eine stark ausgeschmückte Wiederholung des ersten sein musste. Das nannte man dann eine *Da-capo-Arie*; da capo heißt auf deutsch: noch einmal. Die Sänger und Sängerinnen statteten diesen letzten Teil aus dem Stegreif mit Verzierungen aus und zeigten dabei ihre ganze Kunstfertigkeit. Dafür wurden sie dann als *Primo uomo* oder als *Prima donna* des Theaters berühmt und gefeiert.

Eine besondere Merkwürdigkeit unter den Sängern waren darüber hinaus die *Kastraten*; das waren Männer, denen durch einen medizinischen Eingriff – die Kastration – die Knabenstimme erhalten blieb und die deshalb in den Opern Frauenrollen übernehmen konnten. Diese »Stars« beherrschten für mehr als ein Jahrhundert die Opernhäuser.

Zu Beginn jeder Oper spielte das Orchester damals zur Einstimmung des Publikums eine *Sinfonia*, ein Orchesterstück, das zunächst mit dem Inhalt des nachfolgenden Werkes nichts zu tun hatte. Erst allmählich wandelte sich diese Sinfonia zur *Ouvertüre*, also zum Vorspiel, das dann auch musikalisch auf die Oper vorbereitete und untrennbar mit ihr verbunden blieb.

Die Opera buffa entstand in der Musikmetropole Neapel. Sie war zunächst oft nur eine kurze unterhaltende Einlage, die zur Aufmunterung des Publikums zwischen die Akte der »ernsten« Oper eingeschoben wurde. Allmählich aber mauserte sich dieses lustige Intermezzo zur selbstständigen »abendfüllenden« Oper. Ihre Handlung war in der Regel lebensnäher und »menschlicher«, obwohl auch hier immer wieder – wie in der italienischen Stegreifkomödie jener Zeit – bestimmte »Typen« vorkamen. Wichtige Meister dieser Opernform waren etwa Pergolesi, in der Zeit der Klassik Paisiello (der schon vor

Rossini einen ›Barbier von Sevilla‹ komponierte), Cimarosa, Mozart und später Rossini.

Auch in Frankreich entstand eine eigene Operntradition mit der *Lyrischen Tragödie* (tragédie lyrique); ihre berühmtesten Meister waren Lully und Rameau. Ein Deutscher leitete dann eine durchgreifende, nach ihm benannte Veränderung ein: die *Glucksche Opernreform*. Gluck strebte in seinen Werken nach einer dramatischen und zugleich klaren und einfachen Handlung sowie nach einer ebenso schlichten, ergreifenden Musik. Bei ihm sollte die Musik wieder der Dichtung untertan sein. Damit überwand er im Grunde die Regeln des Barock und leitete die Klassik ein.

Mozart wurde zum Vollender sowohl der Opera buffa wie der Opera seria. Seine drei großen heiteren Bühnenwerke ›Figaros Hochzeit‹, ›Don Giovanni‹ und ›Così fan tutte‹ bereichern noch heute die Spielpläne aller Opernhäuser. Im ›Don Giovanni‹ gelang ihm dabei eine Verbindung des Heiteren mit dem Tragischen und Dämonischen. In seinem ernsten ›Idomeneo‹ zeigen die Personen seelische Regungen und sind nicht nur Typen wie in der alten Opera seria.

Die Oper im 19. Jahrhundert

Das große Jahrhundert der Oper aber war ohne Zweifel das 19. Jahrhundert. In dieser Zeit entstanden jene großen Werke, die heute noch ständig in unseren Theatern aufgeführt werden. Komponisten aus vielen Ländern haben hieran mitgewirkt: In Deutschland und Österreich kam die *Deutsche Oper* auf. Mozart stand mit seinem Singspiel ›Die Entführung aus dem Serail‹ und mit seiner ›Zauberflöte‹ am Anfang dieser Entwicklung. Auf einmal wurde auf der Bühne nicht mehr italienisch, sondern – verständlich für das Publikum – deutsch gesungen und zwischendurch sogar deutsch gesprochen. Man verzichtete auf die gewohnten Rezitative und schob stattdessen gesprochene Dialoge ein. Auf Mozart folgten in Deutschland Beethoven, Weber und Lortzing, bis schließlich Wagner in seinen großen romantischen

Opern und Musikdramen wieder auf den gesprochenen Dialog verzichtete und die Musik jeweils einen ganzen langen Akt durchspielen ließ, ohne Rezitative und Arien! Zeitgleich entstand – in Paris durch Offenbach und in Wien durch Johann Strauß – die *Operette*.

Auch in den übrigen europäischen Ländern geschah im 19. Jahrhundert Überragendes auf dem Gebiet der Oper: Vor allem Italien brachte wieder bedeutende Opernkomponisten hervor, ohne deren Werke die Opernhäuser in aller Welt heute gewiss leer stünden: Nach Rossini, Donizetti und Bellini mit ihren heiteren und tragischen Werken kam Verdi, der die große italienische Oper zu ihrem Höhepunkt führte. Er nahm sich häufig Schauspiele bedeutender Dichter (Shakespeare, Schiller) als Vorlage für seine Opern. Von seinen 26 Bühnenwerken werden die meisten heute noch (mehr oder weniger häufig) aufgeführt. Puccini schließlich leitete als letzter der berühmten italienischen Opernkomponisten bereits das 20. Jahrhundert ein.

Untrennbar mit Italiens Opern verbunden ist der *Belcanto*, die Kunst des schönen Gesangs, die bis in die Anfänge der Operngeschichte zurückreicht und zu höchster Vollkommenheit entwickelt wurde. Noch in Verdis früheren Opern beherrschte die Gesangsstimme das musikalische Geschehen; ihr gegenüber trat die Orchesterbegleitung in den Hintergrund. Erst gegen Ende des 19. Jahrhunderts – in den späten Verdi-Opern und bei Puccini – wurde das Orchester allmählich zum gleichberechtigten Partner der Stimme.

In anderen europäischen Ländern entfaltete sich jeweils eine ganz eigene und neue Operntradition: in Frankreich mit Bizet, Gounod und Debussy, in Russland mit Tschaikowskij und Mussorgskij, im heutigen Tschechien mit Smetana und Dvořák. Im Laufe dieses ereignisreichen Jahrhunderts wurden auch die großen und prächtigen Opernhäuser mit ihren vier oder fünf Rängen, ihren goldglänzenden Verzierungen und riesigen Kronleuchtern gebaut. Viele von ihnen stehen noch heute oder sie sind nach den Zerstörungen des Zweiten Weltkriegs wieder aufgebaut worden: in Wien und München, in Dresden und London, in Paris und Budapest, in Mailand, Rom und Neapel …

Die große Vielfalt

Auch im 20. Jahrhundert sind zahlreiche und äußerst verschiedenartige Opern komponiert worden, von denen jedoch wenige zu dauerhaften Publikumserfolgen wurden. Viele wurden uraufgeführt und sehr bald wieder vergessen. Zu einem wirklichen Stammplatz im Repertoire der Theater hat es allein Richard Strauss gebracht (der übrigens mit dem Wiener Walzerkönig Johann Strauß nicht verwandt war!).

Eindrucksvoll ist die inhaltliche und musikalische Vielfalt neuer und neuester Opern. Anders als in den vergangenen Jahrhunderten kann man nun schon lange nicht mehr von einem einheitlichen Stil sprechen, allenfalls von einem »Personalstil« einzelner Komponisten, von denen wir hier nur eine kleine Auswahl nennen können: Béla Bartók (Herzog Blaubarts Burg) und Igor Strawinskij (Leben eines Wüstlings), Alban Berg (Wozzeck) und Ernst Křenek (Karl V.), Franz Schreker (Der ferne Klang) und Ferruccio Busoni (Doktor Faust), Paul Hindemith (Cardillac) und Hans Werner Henze (Der junge Lord), Carl Orff (Die Kluge) und Werner Egk (Peer Gynt), Benjamin Britten (Peter Grimes) und Dimitrij Schostakowitsch (Die Nase), Wolfgang Fortner (Bluthochzeit), György Ligeti (Le grand macabre) und Aribert Reimann (Lear).

Allen diesen Werken ist gemeinsam, dass sie nicht allein der schönen Melodien wegen geschrieben wurden. Diese Opern verlangen vielmehr erhöhte Aufmerksamkeit und wenden sich an aufgeschlossene, mitdenkende Zuhörer und Zuschauer.

Das Musical

Als neue Spielart des Musiktheaters kam im 20. Jahrhundert das so genannte *Musical* auf. Sein Name entstand als Kurzform von »Musical Comedy« (Musikalische Komödie). Die ersten Musicals erschienen bereits kurz nach 1900 am New Yorker Broadway. Sie waren von Beginn

an stark kommerziell orientiert und wollten in erster Linie ein großes Publikum unterhalten. Musicals sind oft zweiaktig und verbinden
die Mittel des Schauspiels, der Oper und der Operette, der Revue, der
Tanz- und Unterhaltungsmusik, des Jazz oder auch der Rockmusik
miteinander. Im Verlauf der Handlung gibt es immer viele Songs und
auch Ballettszenen. Die Darsteller des Musicals müssen deshalb ungemein vielseitig und wendig sein.

Als erstes bedeutendes Musical gilt allgemein ›Show Boat‹ (1927).
Weitere wichtige und erfolgreiche Musicals waren u.a. ›Kiss me, Kate‹
(1948), ›My Fair Lady‹ (1956), ›West Side Story‹ (1957), ›Anatevka‹
(1964), ›Hair‹ (1967) und ›Jesus Christ Superstar‹ (1971). Zum erfolgreichsten Musical-Komponisten wurde Andrew Lloyd Webber mit
so populären »Hits« wie ›Cats‹ (1981) oder ›Phantom of the Opera‹
(1986).

In den vergangenen Jahren ist gelegentlich behauptet worden: »Die
Oper ist tot!« Doch unsere Opernhäuser beweisen Abend für Abend
mit mehr oder weniger ausverkauften Vorstellungen das Gegenteil.
Und Jahr um Jahr werden neue Opern voller nie gehörter Klänge uraufgeführt. Muss man nicht vielmehr sagen: »Die Oper lebt«?

Die Opern

Christoph Willibald Gluck
(1714–1787)

Orpheus und Eurydike

Oper in drei Aufzügen

- Text: von Ranieri di Calzabigi
- Aufbau: Ouvertüre und 53 Musiknummern mit Rezitativen
- Die Oper liegt in zwei verschiedenen Fassungen vor:
  1. italienisch – Uraufführung am 5. Oktober 1762 in Wien
  2. französisch – Uraufführung am 2. August 1774 in Paris
- Spieldauer: etwa 2 Stunden

Besetzung

Orpheus	1. Fassung	*Alt*
	2. Fassung	*Tenor*
Eurydike		*Sopran*
Eros (Amor)		*Sopran*

Schäfer, Schäferinnen, Nymphen, Furien und
  Geister der Unterwelt, Selige Geister im Elysium   *Chor und Ballett*

Die Handlung

 In der Sagenwelt des antiken Griechenland lebt der Sänger Orpheus, ein Sohn des Götterfürsten Apollo. Mit betörendem Gesang und Harfenspiel vermag er Pflanzen, Tiere, Menschen und sogar Götter zu bezaubern. Doch ein grausames Schicksal hat ihm seine geliebte Gattin Eurydike entrissen: Sie ist am Biss einer giftigen Schlange gestorben und hat den verzweifelten Orpheus allein unter den Lebenden zurückgelassen.

 Umgeben von Schäfern und Nymphen, den freundlichen Göttinnen der Natur, gibt sich Orpheus am frischen Grab Eurydikes seinem Kummer hin; gemeinsam bekränzen sie das Grabmal mit Blumen und entzünden ein Opferfeuer. Dann bleibt der todtraurige Sänger allein zurück und wendet sich auf seine Art an die Götter. Er fleht sie an, ihm Eurydike wiederzugeben, doch nur das Echo antwortet ihm. Als er aber in seiner ausweglosen Verzweiflung die Grausamkeit der Götter beklagt, erbarmt sich seiner der mitleidige Liebesgott Eros. Zu gewaltig ist diese Liebesklage, als dass er ihr widerstehen könnte! Doch Eros stellt Orpheus zwei Bedingungen, unter denen allein er seine Geliebte wiedergewinnen kann: Orpheus soll mit der Macht seiner Musik die unerbittlichen Geister der Unterwelt bezwingen, damit sie ihm Eurydike zurückgeben. Und auf dem Rückweg in die Welt der Lebenden darf er sie nicht ansehen, sonst wäre sie für ihn auf ewig verloren.

Orpheus schaudert beim Gedanken an diese harten Bedingungen; er ahnt, welch unmenschliche Qualen da auf ihn zukommen. Aber sein Entschluss ist trotzdem gefasst: »Ich werde es vollbringen!«

 Das finstere Reich der Toten unter der Erde wird vom Gott Hades beherrscht; der Fluss Styx ist die Grenze, die alle Seelen überschreiten müssen, bevor sie durch die Pforte des Tartaros ins Schattendasein hinübergleiten, aus dem es keine Rückkehr gibt. Furien – das sind Rachegöttinnen – bewachen den Eingang und beobachten nun misstrauisch Orpheus, den Lebenden, der hier auf einmal, gegen alle Regeln, Einlass begehrt. Doch da erweist sich aufs Neue und am allerstärksten die Zauberkraft des Sängers Orpheus: Mit der sanften Gewalt seiner Stimme und seines Harfenspieles bricht er allmählich den Widerstand der Furien, die ihm staunend, wie unter magischem Zwang, den Weg ins Elysium (das ist in der griechischen Sage die Bezeichnung für den Aufenthaltsort der Seligen) freigeben. Hier, in den Gefilden der seligen Geister, in lieblicher Landschaft voller süßer, sanfter Harmonie, findet er seine Eurydike wieder.

Doch es darf kein zärtliches Wiedersehen geben – die schwere Aufgabe des Rückweges lastet auf Orpheus; hastig zieht er die Geliebte hinter sich her.

Orpheus   Furien   Eurydike   Selige Geister

3 Der Weg zurück zum Leben führt die beiden durch ein unheimliches Labyrinth. Unruhig und voller trüber Ahnungen eilt Orpheus voran, seine Eurydike an der Hand hinter sich führend. Sie aber kann nicht begreifen, was ihr da geschieht: Sie sieht und fühlt ihren Geliebten und doch hat sie ihn nicht wieder, denn er würdigt sie keines Blickes. Immer stärker wird ihre Unruhe, immer drängender werden ihre Fragen; sie beginnt an seiner Liebe zu zweifeln. Wenn er sie doch liebt: Warum um alles in der Welt schaut er sie nicht ein einziges Mal an?

Ihr Flehen wird eindringlicher und mehrmals schon hat sich Orpheus fast nach ihr umgesehen. Eurydike wird immer schwächer. Als sie schließlich umzusinken droht – man weiß nicht: ist es wirklich aus Schwäche oder will sie ihn nur in seiner scheinbaren Gleichgültigkeit herausfordern? –, bricht sein Widerstand in sich zusammen. Im gleichen Augenblick, in dem sie sich ansehen, stirbt Eurydike noch einmal.

Aus Orpheus bricht nun die ganze Verzweiflung über den erneuten Verlust der Gattin hervor. Laut beklagt er sein Schicksal: »Ach, ich habe sie verloren! Wäre ich doch nie geboren!« – Doch als er sich in dieser Ausweglosigkeit selbst töten will, greift noch einmal der Gott Eros ein. Er entwindet ihm die Waffe und schenkt ihm Eurydike ein zweites Mal: Übergroße Liebe hat den Widerstand sogar von Göttern besiegt!

Inmitten einer Schar von Hirten und Hirtinnen feiern Orpheus und Eurydike in einem prächtigen Tempel ihren Gott Eros.

Hinweise

In der ersten Fassung, in italienischer Sprache, wurde die Altpartie des Orpheus von einem Kastraten gesungen. Die Kastraten waren in den Opern des 17. und 18. Jahrhunderts neben den Primadonnen die Stars der Bühne. Durch eine Operation in ihrer Jugend wurden sie entmannt und behielten dadurch ihre hohe Stimmlage. Heute wird diese Partie von einer Sängerin in Männerkleidern übernommen.

In der zweiten Fassung für Paris überarbeitete und ergänzte Gluck seine Oper und veränderte bei dieser Gelegenheit die Rolle des Orpheus: vom Sopran zum Tenor. Die wohl berühmteste Arie Orpheus' ist seine

Klage im 3. Akt: »Ach, ich habe sie verloren!«, die – obwohl sie todtrau-
rig klingt – doch in klarem C-Dur steht:

Der Gott Eros unterscheidet sich in der Art seines Singens deutlich von
den getrageneren Melodien des Orpheus und der Eurydike: Er wird von
einem Sopran (einer Soubrette) verkörpert; sein Gesang ist graziös und
heiter.

 Manches an dieser Oper war für die damalige Zeit so neuartig, dass
sich das Publikum erst allmählich daran gewöhnen musste. Neu waren
etwa die langen und ausdrucksvollen Rezitative zwischen den Arien und
Chören, die vom Orchester begleitet werden. – Rezitativ übersetzt man
etwas ungenau meistens mit »Sprechgesang«. Es wird jedoch durchaus
gesungen, nur richtet sich die Musik hier sehr exakt nach den Wortbeto-
nungen und nach dem Sinn und ist deshalb äußerst abwechslungsreich
und oft dramatisch. Neu war auch, dass die Arien nicht mehr wie bisher
einen starr festliegenden Aufbau hatten; sie folgten vielmehr in ihrem
Verlauf genau den wechselnden seelischen Stimmungen der handelnden
Personen.

 ›Orpheus und Eurydike‹ ist vor allem eine Oper mit großartigen Chö-
ren und Balletteinlagen. Besonders eindrucksvoll ist die Szene der Furien
im 2. Akt, die Orpheus immer wieder ihr unerbittliches »Nein!« entge-
genschleudern. In zartestem Gegensatz hierzu erklingt dann der »Reigen
seliger Geister«, wenn Orpheus das Elysium betritt:

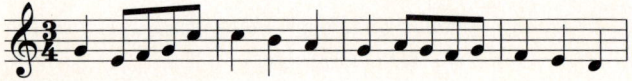

Die Ouvertüre steht überraschenderweise in C-Dur und klingt daher
recht unbeschwert und heiter. Hier wollte Gluck wohl die Hochzeit von

Orpheus und Eurydike musikalisch beschreiben. Umso düsterer wirkt unmittelbar danach dann die Grabesstimmung des 1. Aktes!

Weitere wichtige Opern von Gluck sind ›Alceste‹ (1767), ›Iphigenie in Aulis‹ (1774) und ›Iphigenie auf Taurus‹ (1779).

Wolfgang Amadeus Mozart
(1756–1791)

Die Entführung aus dem Serail

Singspiel in drei Aufzügen

- Text: von Gottlob Stephanie dem Jüngeren (nach einer Vorlage von Christoph Friedrich Bretzner)
- Aufbau: Ouvertüre und 21 Musiknummern mit gesprochenem Dialog
- Uraufführung: am 16. Juli 1782 in Wien unter der Leitung des Komponisten
- Spieldauer: etwas mehr als 2 Stunden

Besetzung

Bassa Selim	*Sprechrolle*
Konstanze, Geliebte des Belmonte	*Sopran*
Blonde, Zofe der Konstanze	*Sopran*
Belmonte	*Tenor*
Pedrillo, sein Bedienter	*Tenor*
Osmin, Aufseher über das Landhaus des Bassa	*Bass*
Klaas, ein Schiffer	*Sprechrolle*
Ein Stummer	*Stumme Rolle*
Palastwache, Janitscharen, Sklaven, Sklavinnen	*Chor, Statisten*

Die Handlung

 Weit von hier, tief in der Türkei, liegt am Meer das prächtige Landhaus des Bassa Selim, eines vornehmen Herrn mit großem Gefolge. Er ist einst selbst als Fremder aus fernem Land hierher gekommen und vom Christentum zum Islam übergetreten. Eine berühmte türkische Fußtruppe – die Janitscharen – stellen seine militärische Palastwache und der einfältige Osmin ist eine Art Hausmeister seines Palastes.

Außerdem aber leben hier drei Fremdlinge, die der Bassa sich vor einiger Zeit als Sklaven gekauft hat. Es sind zwei Engländerinnen: Konstanze – eine feine Dame – und ihr Mädchen Blonde; außerdem noch ein junger Spanier, Pedrillo, der Freund Blondes. Das Unglück wollte es, dass ihr Schiff während einer großen Seereise von Piraten überfallen und ausgeraubt wurde; so gerieten sie alle zusammen auf einen türkischen Sklavenmarkt, wo sie dann der Bassa erwarb.

Seitdem die drei im Palast sind, bemüht sich der Bassa Tag für Tag, Konstanzes Liebe zu gewinnen. Blondchen aber schenkte er dem Osmin, der mit ihr jedoch überhaupt nicht fertig wird. Und Pedrillo hat sich – gottlob – immerhin so weit beim Bassa einschmeicheln können, dass er als Gärtner beschäftigt wird. Einer seiner zahlreichen Briefe, die er aus dem Palast herausgeschmuggelt hat, ist nun endlich auf abenteuerlichen Wegen in die Hände Belmontes gelangt. Belmonte, ein vornehmer Spanier, ist der Geliebte Konstanzes; er befand sich damals beim Überfall mit auf dem Schiff und war der Einzige, der den Piraten entkam. Nun hat er sich voll neuer Hoffnungen mit einem Schiff auf den Weg gemacht, um seine Freunde aus der Sklaverei zu befreien.

 Endlich, nach langen Irrfahrten – und da beginnt die Oper – hat Belmonte den Palast des Bassa gefunden. Dort steigt Osmin gerade auf eine Leiter, um Feigen zu pflücken.

Dabei vertreibt er sich die Zeit mit einem altklugen Lied voller Ratschläge für Liebhaber. Als es Belmonte endlich nach vielen vergeblichen Versuchen gelingt, Osmins Aufmerksamkeit zu erregen, fragt er ihn unvorsichtigerweise gleich nach Pedrillo. Damit löst er bei Osmin einen Wutanfall aus: Mit wilden Drohungen versperrt der Aufseher dem verblüfften Belmonte den Zugang zum Palast. Er kann sich gar nicht beruhigen, auch als der Spanier schon längst verschwunden ist. Und er verkündet so laut und oft: »Ich hab auch Verstand«, dass man gerade deshalb daran zu zweifeln beginnt. Schließlich trollt er sich verärgert in den Palast, während sich draußen Pedrillo und Belmonte voller Freude begrüßen.

Da kommt der Bassa mit seinem Gefolge von einer Lustfahrt auf dem Meer zurück. Konstanze ist bei ihm und wieder bedrängt er sie, seine Geliebte zu werden. Als sie unverändert standhaft bleibt, ist seine Geduld fast am Ende. Noch einmal erhält sie Bedenkzeit.

Ein wenig später bringt es Pedrillo fertig, seinen Herrn Belmonte als Baumeister beim Bassa einzuführen. Der erste Schritt zur Befreiung ist getan! Diesmal gelingt es Osmin nicht mehr, Belmonte vom Betreten des Palastes abzuhalten. Belmonte und Pedrillo machen sich über ihn lustig und lassen ihn einfach stehen.

Osmin   Chor

Immer wieder versucht Osmin, Blonde – als seine Sklavin – zur Liebe zu zwingen; aber er muss sich von ihr belehren lassen, wie man das Herz einer Engländerin gewinnen kann: »Durch Zärtlichkeit und Schmeicheln…« Sie kann sich den ungestümen Freier schließlich nur noch vom Leibe halten, indem sie ihm die Augen auszukratzen droht.

Die Bedenkzeit für Konstanze ist abgelaufen. Zum letzten Mal drängt der Bassa die arme Konstanze, sie möge ihn erhören. Als sie wiederum nicht nachgibt, vergisst er sich im Zorn und stellt ihr »Martern aller Arten« in Aussicht. So bleibt ihr als einziger Ausweg nur die Hoffnung auf den Tod. Sie will, sie kann den Bassa nicht erhören, denn sie liebt Belmonte, den sie weit weg wähnt, da sie von seiner Ankunft noch nichts weiß.

Unterdessen hat jedoch Blondchen endlich von Pedrillo erfahren, dass Belmonte gekommen ist und sie alle in die Heimat entführen will. Doch ehe man zur Tat schreiten kann, muss das Haupthindernis beseitigt werden: Osmin! Pedrillo, der inzwischen Osmins kleine Schwächen gut genug kennt, überredet ihn zu einer Zecherei – wohl wissend, dass der Islam seinen Anhängern das Trinken streng verbietet. In Osmins große Flasche mit Zypernwein hat Pedrillo vorsorglich ein Schlafmittel gefüllt. Nachdem sie nun beide einträchtig ein schallendes Loblied auf Bacchus – den Gott des Weines – geschmettert haben, wankt Osmin schläfrig und lallend in den Palast. Der Plan scheint zu gelingen!

Aber bis Mitternacht ist es noch ein Weilchen hin. Erst einmal feiern alle vier ein frohes Wiedersehen, das nur durch einen kleinen Eifersuchtsanfall der beiden Männer getrübt wird: Ob denn Konstanze und Blondchen auch wirklich treu geblieben sind? Blondchen antwortet empört mit einer Ohrfeige und Konstanze ist ganz betrübt über so viel Misstrauen; aber dann versöhnen sich die beiden Paare wieder.

Inzwischen ist es dunkel geworden und allmählich beginnen die heimlichen Vorbereitungen zur Entführung. Belmontes Schiff wartet startbereit mit aufgezogenen Segeln im Schutze der Dunkelheit. Ein Matrose schafft Leitern heran. Während Pedrillo ein letztes Mal um den Palast herumspioniert, spricht sich Belmonte Mut zu: »Ich baue ganz auf deine Stärke«. Auf die Kraft der Liebe will er vertrauen.

Alles ist ruhig und Pedrillo kann Konstanze und Blondchen endlich das verabredete Zeichen zur Flucht geben: Er singt zur Mandoline ein leises Ständchen. Alles scheint zu klappen; die beiden Männer steigen mit Hilfe der Leitern durchs Fenster ein und wollen mit ihren Mädchen fliehen. Doch ein stummer Sklave hat leider alles beobachtet. Er weckt Osmin, dem er gestikulierend klar macht, was da vorgefallen ist. Osmin kommt erst allmählich zu sich, denn der Wein mit dem Schlafmittel hat ihn ziemlich benebelt. Pedrillo und Blonde können zunächst entwischen, werden aber gleich von der Palastwache wieder eingefangen. Belmonte versucht vergeblich, Osmin mit Geld zu bestechen, und so werden sie alle dem Bassa vorgeführt.

Der ist verständlicherweise empört. Im Verhör muss er auch noch erfahren, dass Belmonte ausgerechnet der Sohns eines ärgsten Feindes ist, des Kommandanten von Oran, der ihm – dem späteren Bassa – sein gesamtes Vermögen, seine angesehene Stellung und auch seine Geliebte geraubt hatte. Das Schicksal der vier Gefangenen scheint besiegelt! Angstvoll und unter quälenden Selbstvorwürfen erwarten sie ihre Strafen. Als einzigen Ausweg sehen sie den gemeinsamen Tod.

Aber da passiert ein Wunder: Der Bassa kommt zurück und schenkt ihnen allen die Freiheit, denn: »Es ist ein weit größeres Vergnügen, eine erlittene Ungerechtigkeit durch Wohltaten zu vergelten, als Laster mit Lastern zu tilgen.«

In der kurzen Zeit seiner Abwesenheit hat der Bassa sich vom Rächer zum verzeihenden Wohltäter gewandelt. Dankbar stimmen alle in das Loblied auf den großmütigen Bassa Selim ein. Nur Osmin kann sich beim besten Willen nicht mit dieser in seinen Augen so ungerechten Lösung abfinden. Seine Drohungen und Verwünschungen mischen sich noch einmal in die allgemeine Freude.

Bassa Selim   Konstanze   Belmonte   Blonde   Pedrillo

Hinweise

›Die Entführung aus dem Serail‹ ist das Bühnenwerk Mozarts, das zu seinen Lebzeiten am erfolgreichsten war und am häufigsten aufgeführt wurde. Während seiner Entstehung hatte sich Mozart gerade mit seinem Salzburger Arbeitgeber, dem Erzbischof Hieronymus von Colloredo, überworfen. Nach mehreren Auseinandersetzungen verließ er deshalb seine Heimatstadt und ging nach Wien; dort erfüllte sich jedoch seine Hoffnung auf eine Anstellung, zum Beispiel als Hofkomponist, nicht. In die Zeit der Arbeit an der ›Entführung‹ fiel Mozarts Heirat mit Konstanze Weber.

Bei der ›Entführung‹ handelt es sich um ein Singspiel. In einem Singspiel – man nannte es damals auch »deutsches Singspiel« – wird abwechselnd gesungen und gesprochen. Das war damals etwas Neues. Bisher war das Publikum gewöhnt, dass in einer Oper nur gesungen wurde, *und zwar auf Italienisch. Im Singspiel mit seinem deutsch gesprochenen Dialog ließ sich die Handlung jedoch viel besser mitverfolgen. In den gesungenen Abschnitten – den Arien und Ensembles (Duetten, Terzetten, Quartetten, Chören) – konnten die Personen auf der Bühne mit ihrem ausdrucksvollen Gesang vor allem ihre Empfindungen und Stimmungen ausdrücken.*

Die eigentliche Hauptperson in der ›Entführung‹ – der Bassa Selim – ist ungewöhnlicherweise eine Sprechrolle. Er singt keinen Ton und hebt sich gerade dadurch würdig von allen anderen ab. Auch zwei weitere kleine Nebenrollen, die in heutigen Aufführungen häufig gestrichen werden, sind mit Schauspielern, nicht mit Sängern, besetzt: Klaas, der Matrose, und natürlich der stumme Sklave, der die Entführung am Ende entdeckt.

Belmonte ist eine Paraderolle für den lyrischen Tenor. Seine bekannteste Arie ist die zweite im 1. Akt: »O wie ängstlich, o wie feurig!«

In einem berühmten Brief an seinen Vater hat Mozart selbst einmal beschrieben, wie genau er mit der Musik des Orchesters die Worte Belmontes ausgemalt hat: das ängstlich-feurige Herzklopfen, Tränen, Zittern, Wanken, die schwellende Brust, das Lispeln…

Sein lustiger Diener Pedrillo dagegen ist ein Tenor-Buffo. »Buffa« ist die italienische Bezeichnung für einen Schwank, eine Posse, ein komisches Stück.

Die Partie der Konstanze ist wegen ihrer zahlreichen schwierigen Arien und vor allem wegen der darin enthaltenen Koloraturen von den Sängerinnen gefürchtet. In ihrer längsten und berühmtesten Arie »Martern aller Arten« werden neben der Solostimme noch vier Soloinstrumente eingesetzt: Violine, Violoncello, Oboe und Querflöte.

Auch Blonde singt Sopran, sie ist eine Soubrette; ihre Arien sind kürzer und liedähnlicher, enthalten jedoch auch Koloraturen.

Osmin ist eine beliebte Basspartie; seine komischen Seiten werden vor allem durch besonders tiefe Töne zum Ausdruck gebracht.

Zur Entstehungszeit dieses Singspiels war es Mode, türkische Musik (so wie man sie sich damals vorstellte) nachzuahmen; die Erinnerung an

den Türkenkrieg hundert Jahre vorher war noch lebendig. *Mozart folgte
in der ›Entführung‹ dieser Mode: So ist die Ouvertüre dreiteilig (A B A)
und die beiden gleichen Anfangs- und Schlussteile klingen »türkisch«:*

*Hier wird sehr schnell, abwechselnd laut (forte) und leise (piano) gespielt,
unter Mitverwendung einiger Instrumente, die Mozart sonst selten oder
gar nicht in seinem Orchester einsetzt: nämlich Pikkoloflöte und die
Schlaginstrumente Becken, Triangel und große Trommel – eben die
»türkische Musik«.*

*Wenn sich nach der Ouvertüre der Vorhang zum 1. Akt öffnet, setzt
Belmonte mit genau der gleichen Melodie ein, die zuvor im langsamen
Mittelteil der Ouvertüre erklungen ist, dort jedoch in Moll:*

Ouvertüre:

Belmonte:

Hier soll ich dich denn se -hen, Kon - stan -ze, dich, _____ mein Glück

63

Wolfgang Amadeus Mozart
(1756–1791)

Figaros Hochzeit

Le nozze di Figaro
Komische Oper (Opera buffa) in vier Aufzügen

- Text: von Lorenzo Da Ponte (nach einer Vorlage von Caron de Beaumarchais)
- Aufbau: Ouvertüre und 28 Musiknummern sowie Rezitative
- Uraufführung: am 1. Mai 1786 in Wien unter der Leitung des Komponisten
- Spieldauer: etwa 3 Stunden

Besetzung

Graf Almaviva	*Bariton*
Gräfin Rosina Almaviva	*Sopran*
Susanna, ihr Kammermädchen	*Sopran*
Figaro, Kammerdiener des Grafen	*Bass / Bariton*
Cherubino, Page des Grafen	*(Mezzo-)Sopran*
Marcellina, Hausdame im gräflichen Schloss	*Mezzosopran*
Doktor Bartolo, Arzt aus Sevilla	*Bass*
Basilio, Musikmeister	*Tenor*
Don Curzio, Richter	*Tenor*
Antonio, Gärtner des Grafen, Susannas Onkel	*Bass*
Barbarina, seine Tochter	*Sopran*
Zwei Mädchen	*Sopran und Alt*
Bauern und Bäuerinnen, Gäste, Jäger, Diener	*Chor*

Die Handlung

 Graf Almaviva ist ein typischer Fürst des absolutistischen Zeitalters: Er ist es gewöhnt, dass ihm alle Untertanen widerspruchslos gehorchen. Zudem aber ist er ein bisschen eitel und einem galanten Liebesabenteuer mit einer Zofe durchaus nicht abgeneigt, obwohl er mit einer jungen, schönen Frau – der Gräfin Rosina – verheiratet ist, um die er vor gar nicht langer Zeit leidenschaftlich geworben hat. (In Rossinis ›Barbier von Sevilla‹, einer dreißig Jahre nach Mozarts ›Figaro‹ entstandenen Oper, erfahren wir hierzu die Vorgeschichte – siehe Seite 107).

Allerdings ist der Graf umgeben von einem recht gewitzten Völkchen von Untergebenen, die keineswegs auf den Mund gefallen sind und sich in jeder noch so verfahrenen Lage ihrem Herrn gegenüber mit List zur Wehr setzen.

Einer von ihnen ist sein Kammerdiener Figaro, der das hübsche Kammermädchen Susanna möglichst bald heiraten möchte. Doch seinem Herrn fällt leider immer wieder ein neuer Grund ein, warum er seine Zustimmung zur Hochzeit aufschiebt. Er möchte nämlich gar zu gern zuerst einmal selbst seine Zofe verführen, wie es übrigens zu jener Zeit tatsächlich den Fürsten nach dem Gesetz zustand (einem Gesetz, das diese natürlich selbst zu ihren Gunsten gemacht hatten!). Almaviva hat diesem »Recht auf die erste Nacht« zwar öffentlich längst abgeschworen, doch gerade jetzt bereut er seine Großzügigkeit und möchte das alte Recht just mit Susanna erneuern.

 Gerade sind Figaro und Susanna dabei, das Zimmer auszumessen und einzurichten, das ihnen der Graf im Schloss scheinbar so großzügig überlassen hat. Susannchen aber hat ihren Herrn längst durchschaut und sagt jetzt laut, was sie davon hält: Wenn der Graf seinen Diener Figaro auf Reisen schickt, kann er unterdessen rasch und ungesehen in ihr Zimmer schlüpfen. Figaros Eifersucht ist geweckt und er sinnt sofort auf Gegenmaßnahmen: »Will der Herr Graf den Tanz mit mir wagen!«

Von allen Seiten beginnt sich nun ein Netz von Intrigen zu ranken. Da sind zum Beispiel noch zwei Menschen, die etwas gegen Figaros Heiratsabsichten haben: die ältliche Marcellina und Doktor Bartolo. Figaro hat nämlich vor langer Zeit Marcellina für die Gewährung eines Darlehens die Ehe versprochen. Und nun soll der Graf ihr zu diesem Recht verhelfen, was ja auch in Almavivas Interesse liegt. Bartolo wiederum hat seine eigenen Gründe, warum er Figaro nicht mag. Schließlich hat dieser Bursche mit Graf Almaviva in Sevilla »unter einer Decke gesteckt« und seine reiche Pflegetochter Rosina – die jetzige Gräfin – entführt. Klar, dass sich auch Marcellina und Susanna nicht gut leiden können und sich gegenseitig ärgern, wann immer sie sich treffen.

Dann gibt es da noch den Pagen Cherubino, der so jung ist, dass er noch nicht einmal eine tiefe Stimme hat, aber doch schon alt genug, dass er beim Anblick eines Frauenrockes sofort entflammt und errötet, ob nun Susanna, Barbarina – die Tochter des Gärtners – oder gar die Gräfin persönlich darin steckt. Mit Barbarina hat er übrigens gerade angebandelt und ist dabei erwischt worden. Jetzt holt er sich Rat bei Susanna und trägt ihr auch gleich sein neuestes Liebesgedicht vor. Als unvermutet der Graf ins Zimmer tritt, kann sich der Junge gerade noch hinter einem großen Sessel verstecken. Sofort fängt der Graf an, Susannchen zu bedrängen: Man könnte sich doch heute Abend im Schlossgarten zu einem Stelldichein verabreden! Da hört man die Stimme des Musikmeisters Basilio, der die Spur des verliebten Grafen verfolgt. Almaviva verbirgt sich blitzschnell ebenfalls hinter dem Sessel, während sich Cherubino noch rechtzeitig auf den Sitz unter ein langes Kleid retten kann.

Sofort fängt der geschwätzige Basilio an, allerhand Klatsch zu verbreiten: Macht nicht der Bursche Cherubino gar der Frau Gräfin schöne Augen? Unbeherrscht springt der Graf hinter dem Sessel hervor – das ist doch zu stark! Und Basilio freut sich natürlich diebisch, seinen Herrn bei der Zofe seiner Frau ertappt zu haben. Welch ein Zufall! Nun hat Susanna große Sorge, dass die beiden den versteckten Pagen finden. Das Unglück nimmt seinen Lauf: Gerade erzählt der Graf vergnügt, wie er den Jungen neulich bei Barbarina erwischt hat, nämlich unter einer Decke. Und wie er das so augenfällig vormachen will, enthüllt er Cherubino auf dem Sessel. Basilio amüsiert sich boshaft: zwei Männer heimlich bei Susanna?

Mitten in die Verwirrung hinein platzt Figaro mit einigen Bauern und Bäuerinnen, die mit ihm gemeinsam um einen Hochzeitstermin bitten. Das ist jetzt natürlich – weiß Gott – nicht der rechte Augenblick dafür! Nun muss Figaro den verzweifelten Pagen trösten, den der Graf in seinem Zorn als Offizier zu den Soldaten seines Regiments schicken will.

 Gräfin Rosina ist allein in ihrem Salon, von dem aus man durch zwei Türen in Susannas Kammer und in ein weiteres Kabinett gelangen kann. Sie ist todunglücklich, dass ihr Mann kaum noch Augen für sie hat. Susanna und Figaro kommen nacheinander herein und berichten, was der Graf vor hat: Er will tatsächlich Marcellinas Heiratsabsicht unterstützen und sie Figaro zur Frau geben. Und das alles nur, weil Susanna ihn nicht erhört hat.

Man beschließt, dem Grafen eine Falle zu stellen und ihn ein wenig eifersüchtig auf seine eigene Frau zu machen. Figaro will ihm einen anonymen Brief zuspielen, in dem von einem angeblichen Stelldichein der Gräfin die Rede ist. Außerdem wird vereinbart, dass Susanna zum Schein in die vom Grafen gewünschte nächtliche Verabredung einwilligen soll, bei der man ihn dann bloßstellen will. An ihrer Stelle könnte zum Beispiel Cherubino in Frauenkleidern den Grafen empfangen. Statt zum Regiment nach Sevilla abzureisen, lässt sich der Junge nun mit Susannas Kleidern in ein ganz allerliebstes Mädchen verwandeln. Zuvor darf er aber noch schnell der Gräfin sein neuestes Liebesgedicht vorsingen, das sie entzückend findet.

Susanna hat gerade das Zimmer verlassen, um ein Kleid für den Pagen zu holen, als unerwartet der Graf anklopft, den man doch auf der Jagd vermutete. Cherubino wird Hals über Kopf ins anliegende Kabinett gesteckt, wo er eilig die Tür von innen verriegelt. Dann darf der Graf hereinkommen. In der Hand hält er Figaros anonymes Brieflein, das schon seine Wirkung tut. Da stößt Cherubino nebenan ungeschickt einen Stuhl um – wer war das? Die Gräfin ist sichtlich verlegen: Vielleicht etwa Susanna? Vergebens versucht der Graf die Tür zum Kabinett aufzumachen. Nachdem er mehrfach – erfolglos – befohlen hat, die Tür zu öffnen, beschließt der Eifersüchtige, in Begleitung seiner Frau passendes Werkzeug zur Sprengung der Tür herbeizuholen. Bevor er mit ihr das Zimmer verlässt, schließt er vorsichtshalber die Tür sowohl zu Susannas Kammer als auch die des Salons ab. Nun wäre es doch gelacht, wenn nicht Klarheit in das Dunkel gebracht werden könnte!

Susanna allerdings war inzwischen wieder in das Zimmer der Gräfin zurückgekehrt und hatte das Gespräch des Grafenpaares belauscht. Sie weiß im Augenblick keinen anderen Ausweg, als schnell den Pagen zum Öffnen der Tür zu bewegen. Cherubino bleibt nur die überstürzte Flucht durchs Fenster in den Garten. Dann schließt sich Susanna an seiner Stelle im Kabinett ein.

Das gräfliche Paar kehrt unterdessen zurück und die Gräfin gesteht in ihrer Angst, dass nebenan tatsächlich der Page verborgen sei. Schon sieht der Graf Figaros Briefchen bestätigt – ein Verehrer bei seiner Frau! Doch zum allgemeinen Erstaunen tritt nun wie selbstverständlich Susanna aus der Tür heraus. Mühsam versucht die Gräfin ihr Erstaunen zu verbergen, und ihr Mann muss sie zähneknirschend um Verzeihung bitten.

Alles scheint sich endlich zur Zufriedenheit aufzulösen, da kommt Figaro unbeschwert des Weges: Eifrig tuscheln ihm die beiden Damen die nötigen Informationen zu und Figaro weiß mit ihrer Hilfe geschickt auf die vielen misstrauischen Fragen des Grafen zu antworten. Jetzt ist der Graf in die Enge getrieben. Diesen günstigen Moment will man nutzen, um die Erlaubnis zu Figaros Hochzeit zu erwirken. Da naht neues Unheil in Gestalt des Gärtners Antonio. Empört zeigt er einen Blumentopf, den ein Unbekannter beim Sprung aus dem Fenster der Gräfin zerbrochen hat. Figaro muss wieder aus der Not helfen: »Ich selber sprang« – angeblich durch des Grafen Gepolter erschreckt, als er nämlich in Susannas Kammer gewesen sein will. Doch was ist mit den Papieren, die bei dem Sprung verloren gingen und die Antonio unter dem Fenster gefunden hat? Es sind Cherubinos Militärdokumente, auf denen – welch ein Glück! – noch das gräfliche Siegel fehlt; Cherubino hat sie der Gräfin ja gerade vorhin noch gezeigt! Glücklicherweise leuchtet dem Grafen die Darstellung ein, dass Figaro die Papiere des Jungen bei sich hatte, um sie seinem Herrn zum Siegeln vorzulegen. Zu guter Letzt kommen auch noch Basilio, Bartolo und Marcellina mit ihrem Eheanspruch dazu und machen die allgemeine Verwirrung komplett.

 Misstrauisch beobachtet der Graf die Hochzeitsvorbereitungen, die trotz allem beginnen und die er nicht mehr so recht durchschaut. Die Gräfin und Susanna schmieden indes Pläne für das nächtliche Rendezvous, zu dem die Gräfin in den Kleidern ihrer Zofe selbst zu gehen beabsichtigt. Der Graf soll endgültig und in aller Öffentlichkeit der Untreue überführt werden. Susanna stimmt unter der Bedingung, dass der Graf Figaros alte Schulden bei Marcellina abgilt, einem Stelldichein mit ihm im Park zu. Almaviva geht großzügig und in Vorfreude auf seine neue Eroberung auf den Handel ein. Als er jedoch Susannas Freude darüber beobachtet, wittert er eine Intrige und schwört zornig Rache.

Doch nun gibt es eine große Überraschung, die wieder alle Pläne des Grafen über den Haufen wirft. In der Verhandlung mit dem herbeigerufenen Richter stellt sich nämlich heraus, dass ausgerechnet Marcellina Figaros Mutter und Bartolo Figaros Vater ist! Untrügliches Zeichen dafür ist ein Muttermal an Figaros rechtem Arm. Schnell finden die beiden Alten sich in die neue Situation und schließen ihren verloren geglaubten Sohn gerührt in die Arme. Nichts ahnend kommt Susanna hinzu; sie will ihren Figaro gerade bei Marcellina mit dem gräflichen Geld loskaufen, da sieht sie empört die Umarmung zwischen Figaro und ihrer »Rivalin«. Nachdem man ihr aber die überraschende Familienzusammenführung erklärt hat, ist auch sie nur zu glücklich über diese unverhoffte Lösung. Der Graf dagegen hat dadurch seinen stärksten Trumpf gegen Figaros Hochzeit verloren. So bahnt sich eine Doppelhochzeit an, denn Marcellina und Bartolo wollen das Versäumte nachholen und ebenfalls heiraten.

Die Gräfin allein ist voller Unruhe. Auf welch unwürdige Weise muss sie sich die Liebe ihres Mannes zurückerobern! – Immer neue Hindernisse gilt es zu überwinden. Jetzt hat der Gärtner Antonio auch noch den Hut gefunden, den Cherubino offenbar beim Verkleiden im Kabinett der Gräfin verloren hat. Der Graf stutzt: Der Page sollte doch überhaupt schon längst beim Militär sein!

Einstweilen diktiert nun die Gräfin ihrer Zofe den Brief, der dem Grafen den genauen Ort zum versprochenen Stelldichein im Park kundtut. Eine kleine beigefügte Nadel muss zum Zeichen des Einverständnisses von ihm zurückgegeben werden.

Barbarina und einige Mädchen bringen der verehrten Frau Gräfin Blumen. Antonio entdeckt unter den Landmädchen den verkleideten Pagen Cherubino und teilt es übereifrig dem Grafen mit. Barbarina rettet geistesgegenwärtig die Lage: Auch an sie hat sich der Graf ja schon einmal herangemacht und ihr dabei die Erfüllung ihrer Wünsche versprochen. So bittet sie gleich in Gegenwart der Gräfin und aller Leute um die Hand Cherubinos. Wieder einmal – zum wie vielten Mal eigentlich? – sieht sich der Graf hereingelegt und muss wutschnaubend nachgeben.

Schon naht der Hochzeitszug von Susanna und Figaro. Man stellt sich fein säuberlich in Reihen zum Tanz auf. Und während der Graf Susanna den Brautschleier überreicht, steckt sie ihm das falsche Liebesbriefchen zu, wobei sich der Graf ungeduldig mit der kleinen Nadel in den Finger sticht.

Gräfin   Susanna   Graf   Figaro   Cherubino
                     Almaviva

Es ist Abend geworden, ein toller Tag neigt sich dem Ende zu. Barbarina sucht die kleine Nadel, die sie im Auftrag des Grafen zum Zeichen seines Einverständnisses an Susanna zurückgeben soll. Figaro findet sie und hört bei dieser Gelegenheit von Susannchens bevorstehendem Stelldichein mit Almaviva. Zorn und Eifersucht lädt er bei seiner alten – neuen – Mutter Marcellina ab, die jedoch einen kühlen Kopf bewahrt.

Im nächtlichen Park des Schlosses beginnt nun eine verwirrende Verwechslungskomödie. Nach und nach finden sich alle Personen mit den verschiedenartigsten Absichten ein. Figaro zum Beispiel lauert seiner Susanna auf, um sie auf frischer Tat zu ertappen. Er glaubt allen Ernstes, dass sie ihn am Abend ihrer Hochzeit mit dem Grafen betrügen könnte! Sie aber hat inzwischen mit der Gräfin die Kleider getauscht. Natürlich ist auch der ununterbrochen verliebte Cherubino unterwegs; er möchte zu Barbarina, die sich bereits in einer der Lauben versteckt hat. Da läuft ihm die als Susanna verkleidete Gräfin in die Arme und er bestürmt sie sogleich mit Liebkosungen. Als dann noch der Graf des Weges kommt, zieht sich der Page schnell in die Laube zurück. Ohne voneinander zu wissen, haben sich Figaro und

Susanna hinter verschiedenen Büschen versteckt. Sie beobachten jetzt, wie sich der Graf vom Charme seiner eigenen Frau – der vermeintlichen Zofe – betören lässt und ihr den Hof macht. Figaro huscht eifersüchtig im Dunkeln vorüber, woraufhin sich die verkleidete Gräfin rasch in der Laube verbirgt. Ihr gräflicher Anbeter aber schlägt sich in die Büsche, um nicht erkannt zu werden.

Endlich begegnen sich nun Figaro und sein Susannchen, die natürlich immer noch in den Kleidern der Gräfin steckt. In der Eile vergisst sie jedoch, ihre Stimme zu verstellen, und Figaro erkennt erleichtert sein Bräutchen. Aber er tut weiter so, als halte er sie für die Gräfin, und fällt vor ihr begeistert und anbetend auf die Knie. Dafür fängt er sich sogleich eine Ohrfeige ein, doch beide versöhnen sich schnell, denn nun kommt auch der Graf wieder, auf der erneuten Suche nach Susanna. Stattdessen sieht er »seine Frau« zwischen den Büschen stehen. Die Stunde der Rache hat geschlagen: Figaro macht »der Gräfin« (es ist ja sein Susannchen) lauthals die tollsten Liebeserklärungen und der empörte Graf vergisst ganz schnell seine eigentliche Fährte. Er ruft seinen gesamten Hofstaat zusammen, um seine Frau bloßzustellen, und muss auf einmal merken, dass alle bereits hinter den Büschen und Bäumen und vor allem in der Laube beisammen waren – als Zeugen seiner eigenen Untreue.

Schließlich aber tritt die echte Gräfin aus ihrem Versteck und Almaviva begreift endlich, dass er allein der Dumme ist. Ihm bleibt nichts als die Bitte um Verzeihung – ob er sie wohl aufrichtig meint und zu seiner Frau zurückfindet?

Hinweise

›Figaros Hochzeit‹ ist neben Verdis ›Falstaff‹ sicher die berühmteste Opernkomödie (Opera buffa). Ihre Handlung geht auf das Vorbild eines Theaterstückes des Franzosen Caron de Beaumarchais zurück, dessen Titel ›Der tolle Tag‹ genauso gut auch über der Oper stehen könnte, obwohl der Inhalt des Schauspiels viel gesellschaftskritischer ist.

Die ausgelassene Stimmung dieses einen tollen Tages bestimmt auch den Grundton der temperamentvollen Ouvertüre, die vom ersten bis zum letzten Ton im Presto dahineilt. Ihre Themen kommen in der Oper selbst zwar nicht vor, sie bereiten aber die turbulente Komödie trefflich vor:

Im ›Figaro‹ wechseln in farbiger Verschiedenartigkeit Arien und Ensembles. Berühmt ist diese Oper besonders durch ihre großen Final-Ensembles jeweils am Ende des 2. und 4. Aufzuges. Bis zu sieben Einzelpersonen singen dabei in ständigem Wechselspiel: einzeln, in Gruppen oder gar alle gleichzeitig. Keiner außer Mozart hat solche kunstvollen Ensemblesätze komponieren können, in denen jede Figur ihren eigenen unverwechselbaren Charakter bewahrt und obendrein noch das Orchester seine witzigen Kommentare zur Handlung abgibt!

Im großen Gegensatz hierzu stehen, gleichsam als Ruhepunkte, sehr ausdrucksvolle, getragene Arien, wenn zum Beispiel die Gräfin ihren Kummer um ihren untreuen Gatten zum Ausdruck bringt. Ein anrührender Höhepunkt ist auch Susannas berühmte »Rosenarie« im letzten Akt, in der sie zwar als Gräfin verkleidet ihren Figaro an der Nase herumführt, ihm aber doch zugleich die schönsten versteckten Liebesgeständnisse macht:

Cherubino, der ja noch eine Knabenstimme hat, wird von einer Frau in Männerkleidern dargestellt; man nennt so etwas eine »Hosenrolle«. Seine beiden Arien schildern uns einen ungestümen, ständig verliebten Jüngling an der Schwelle zum Mannesalter, der mit seinen eigenen Probleme noch nicht fertig wird (1. Akt):

Allegro vivace

Zwischen den Arien und Ensembles stehen Rezitative; sie treiben die spannende Handlung ungeheuer schnell voran. Wenn sie nur von einigen Cembalo-Akkorden begleitet werden, nennt man sie »Recitativo secco« (trocken, also ohne Orchester); wenn stattdessen das ganze Orchester dazu spielt und den Text musikalisch ausmalt, heißen sie »Recitativo accompagnato« (begleitet). Dieser ständige Wechsel zwischen Rezitativen und in sich abgeschlossenen Musiknummern ist typisch für die damalige italienische Opera buffa.

›Figaros Hochzeit‹ ist übrigens die erste einer Reihe berühmter Opern, die alle in Sevilla spielen: Es folgen später noch ›Der Barbier von Sevilla‹ von Rossini, ›Fidelio‹ von Beethoven und ›Carmen‹ von Bizet.

Wolfgang Amadeus Mozart
(1756–1791)

Don Giovanni

Heiteres Drama (Dramma giocoso) in zwei Aufzügen

- Text: von Lorenzo Da Ponte
- Aufbau: Ouvertüre und 24 Musiknummern mit Rezitativen
- Uraufführung: am 29. Oktober 1787 in Prag unter der Leitung des Komponisten
- Spieldauer: etwa 3 Stunden

Besetzung

Don Giovanni, ein junger, äußerst leichtfertiger Edelmann	*Bariton*
Der Komtur	*Bass*
Donna Anna, seine Tochter	*Sopran*
Don Ottavio, ihr Verlobter	*Tenor*
Donna Elvira, einstige Geliebte Giovannis, aus Burgos	*Sopran*
Leporello, Don Giovannis Diener	*Bass*
Masetto, ein junger Bauer	*Bass*
Zerlina, seine Braut	*Sopran*
Bauern, Bäuerinnen, Diener, Geisterstimmen	*Chor, Ballett*
Musikanten auf Giovannis Schloss	*Mitglieder des Orchesters*

Die Handlung

 Don Giovanni war sicherlich – neben Casanova – der berühmteste Herzensbrecher, den es je gab. Unzählige Geschichten und Theaterstücke schildern uns seine Liebesabenteuer. In dieser Oper nun erleben wir seine letzten Tage und Stunden mit, in denen es ziemlich dramatisch zugeht und die gar nicht mehr so erfolgreich verlaufen, wie er es in seinem turbulenten Leben gewöhnt war. »Don Giovanni« bedeutet übrigens »Herr Johannes«; in seiner spanischen Heimat heißt er »Don Juan«. Er lebte um 1600.

 Wieder einmal stellt Don Giovanni, seinem unbezähmbaren Triebe folgend, einer schönen Dame nach. Unerkannt war er in der Nacht bei Donna Anna gewesen und hatte versucht, sie zu verführen. Ob er bei ihr Erfolg gehabt hat? Manches immerhin spricht dafür. Auf jeden Fall verfolgt sie jetzt Hilfe rufend und in höchster Empörung den fliehenden Anbeter. Ihr alter Vater, der Komtur (Vorsteher eines Ritterordens), stellt sich dem leichtfertigen Edelmann zwar tollkühn in den Weg, ist aber dem jüngeren Mann nicht mehr gewachsen und unterliegt ihm – tödlich getroffen – im kurzen Degenduell. Don Giovannis treuer Diener Leporello, der seinen Herrn auf Schritt und Tritt begleitet, hat alles im Versteck mit angesehen. Im Schutze der Dunkelheit können Herr und Diener gerade noch entkommen.

Donna Anna empfindet den Schmerz um den toten Vater ebenso stark wie die Kränkung ihrer Ehre. Ihr vornehmer Verlobter Don Ottavio muss denn auch unverzüglich Rache schwören, obwohl er doch alles andere als ein Kämpfer ist!

Kaum ist Don Giovanni die Flucht gelungen, da steht ihm der Sinn schon nach neuen galanten Abenteuern. Doch wieder gibt es Schwierigkeiten. Diesmal gerät er peinlicherweise an Donna Elvira, eine von ihm verlassene Geliebte, die er im Zwielicht der nächtlichen Straße zu spät erkennt. Ihren Vorwürfen kann er sich nur mit einem Trick ent-

Donna Anna   Don Giovanni   Komtur

ziehen: Leporello liest stolz das unglaublich lange Register von Don Giovannis Liebesaffären in ganz Europa vor (»aber in Spanien tausendunddrei«), während Don Giovanni sich heimlich davonstiehlt.

Als nächstes trifft unser Verführer auf eine fröhliche Bauernhochzeit und sofort hat er wieder nur Augen für die niedliche Braut Zerlina. Leporello, der sich seinerseits bereits mit einigen Bauernmädchen amüsiert, erhält sogleich den Auftrag, sich um ihren Bräutigam Masetto zu »kümmern«. Don Giovanni selbst aber beginnt ohne Umschweife Zerlinchen den Hof zu machen und sie ist auf dem besten Wege, seinen betörenden Verführungskünsten zu erliegen. Lediglich das unverhoffte Auftauchen Donna Elviras rettet das Bräutchen aus seinen Armen.

Heute scheint alles schief zu gehen! Donna Anna und Don Ottavio kreuzen auch noch Don Giovannis Weg und er – der zunächst unerkannt bleibt – bietet ihnen scheinheilig Rat und Hilfe an. Doch wieder erscheint Donna Elvira und stört seine Pläne: Sie nennt ihn Heuchler, Verräter, und Don Giovanni bemüht seine gesamte Überredungskunst, um das Paar davon zu überzeugen, dass Elvira nicht ganz richtig im Kopf sei. Doch zu spät: Zweifel beschleichen Anna und Ottavio und auf einmal – Don Giovanni hat unterdessen Elvira hinausbefördert – erkennt Donna Anna an Haltung und Stimme ihren Verführer, den Mörder ihres Vaters! Atemlos lauscht Don Ottavio ihrer Schilderung der Schreckensnacht (»Du kennst nun den Frevler!«).

Leporello hat allmählich die Nase voll von den gefährlichen Streichen seines Herrn, doch der lässt ihm gar keine Atempause zum Klagen; schon plant er ein rauschendes Fest, auf dem er die reizende Zerlina zu verführen gedenkt. Die aber hat zur gleichen Zeit alle Mühe, ihren eifersüchtigen Bräutigam wieder halbwegs zu beruhigen. Sie umgarnt ihn mit einem zärtlichen Liedchen. Doch kaum hat sie ihn besänftigt, da ist bereits wieder Don Giovanni zur Stelle, der die Bauern zu sich ins Schloss einlädt.

Inzwischen wird eine Verschwörung ins Werk gesetzt: Donna Anna, Don Ottavio und Donna Elvira haben sich zusammengetan; sie werden – unerkannt, weil sie sich maskiert haben – ebenfalls ins Schloss gebeten, wo man bereits zur Musik mehrerer Kapellen tanzt und sich trefflich amüsiert. Don Giovanni nützt das fröhliche Durcheinander des Festes auf seine Weise, um mit der sich heftig wehrenden Zerlina zu verschwinden, während Leporello bemüht ist, Masetto abzulenken. Zerlinas schriller Hilfeschrei schreckt die ganze Gesellschaft auf. Alle dringen drohend auf den Bösewicht ein, der die Schuld vergeblich auf seinen Diener zu lenken versucht. Durch beherzte Flucht kann er sich schließlich noch einmal retten.

 Wieder wird es Abend. Leporello, dem das alles allmählich zu gefährlich wird, will allen Ernstes seinem Herrn den Dienst aufkündigen. Doch Don Giovanni kennt die kleinen Schwächen seines Dieners: Ein Beutel Geld beendet fürs Erste Leporellos Kündigungsneigungen; stattdessen lässt er sich sogar wieder mit in ein Abenteuer verwickeln. Don Giovannis lüsterne Neugier gilt nämlich jetzt Donna Elviras Zofe. Weil sie ein einfaches Mädchen aus dem Volk ist, will er sie lieber in Leporellos schlichtem Mantel umgarnen.

Man tauscht die Kleider und schon muss Leporello die Stelle seines Herrn einnehmen, als Donna Elvira unverhofft ans Fenster tritt. Don Giovanni bezaubert sie erneut mit einem schmeichelnden Liedchen, während sein verkleideter Diener dazu die Bewegungen macht; in der Dunkelheit ist das Verwechslungsspielchen nicht zu durchschauen! Donna Elvira lässt sich tatsächlich aus dem Haus locken und wohl oder übel muss Leporello weiter die Rolle des Verführers spielen, als Don Giovanni ihn und Donna Elvira mit einigem Lärm in die Flucht schlägt.

Endlich freie Bahn! Schmelzend lässt Don Giovanni nun zur Zither seine Stimme erschallen, doch statt der Zofe naht rachedurstig Masetto mit seinen Bauern auf der Suche nach dem verhassten Rivalen. Der hat Glück, dass er gerade in den Kleidern seines Dieners steckt. Erst schickt er die eifrigen Bauern in die falsche Richtung, dann knöpft er sich in aller Seelenruhe den einfältigen Masetto vor, entwaffnet ihn listig, schlägt ihn dann zusammen und lässt ihn hilflos liegen. So findet ihn Zerlina, die ihn behutsam wieder aufrichtet und tröstet.

Donna Elvira irrt unterdessen noch immer mit dem vermeintlichen Don Giovanni umher. Bald laufen sie Donna Anna und Don Ottavio sowie dem Brautpaar Zerlina und Masetto in die Arme, die sich gleich an Don Giovanni rächen wollen. Leporello kann sich aus seiner verzweifelten Lage nur retten, indem er seine Verkleidung abwirft und die Flucht ergreift.

Ausgerechnet auf dem Friedhof verstecken sich Herr und Diener vor ihren Verfolgern! Von der geweihten Stätte unbeeindruckt, erzählt Don Giovanni unter schallendem Gelächter seine neuesten Abenteuer. Da ertönt eine unheimliche Stimme wie aus dem Jenseits. Zufällig stehen sie gerade am Grabmal des ermordeten Komturs, dessen Standbild warnend die Stimme erhebt! Leporello, zitternd vor Angst, muss seinem Herrn die Inschrift am Sockel vorlesen – »Strafe dem Mörder!« – und erhält von ihm auch noch gleich den frevlerischen Auftrag, die Statue zum Nachtmahl einzuladen. Die steinerne Figur nickt

Donna Elvira   Leporello   Zerlina   Masetto   Don Ottavio

tatsächlich mit dem Kopf, antwortet gar mit »Ja!«, als Giovanni ungläubig und selbst erschrocken noch einmal nachfragt.

Nun ist das Unheil nicht mehr aufzuhalten. Don Giovanni speist zu
Hause am reich gedeckten Tisch zur Nacht und lässt es sich mit Musik
und schönen Mädchen wohl ergehen – so als sei nichts geschehen.
Unvermutet stürmt Donna Elvira herein; sie will den Mann, den sie
unbegreiflicherweise immer noch liebt, zur Umkehr überreden (»Entsage dem Laster!«), doch ohne jeden Erfolg. Beim Hinausgehen stößt
sie einen Schreckensschrei aus, Leporello, der ihr nachgeschickt wird,
ebenso. Gleich darauf ertönt ein mächtiges, dumpfes Klopfen: Die
steinerne Statue vom Friedhof steht in der Tür und begehrt Einlass!
Don Giovannis letzte Stunde hat geschlagen! Standhaft und mutig
widersetzt er sich bis zuletzt allen Bekehrungsversuchen seines Gastes aus dem Jenseits, ein steinern-kalter Händedruck besiegelt seinen
Untergang. Leporello, der in panischer Angst unter den Tisch gekrochen ist, muss die grausige Höllenfahrt seines Herrn mit ansehen.

Noch ganz benommen vom unfassbaren Geschehen kann er als einziger Zeuge den anderen vom Ende des Übeltäters berichten. Die Wege
trennen sich nun: Donna Elvira wird im Kloster dem weltlichen Leben

entsagen, Don Ottavio darf auf Donna Annas Hand hoffen, Zerlina und Masetto gehen unbekümmert zum Abendessen und Leporello will sich im Wirtshaus nach einem besseren Herrn umsehen…

Hinweise

Mozart hatte mit der ein Jahr zuvor uraufgeführten Oper ›Figaros Hochzeit‹ in Prag großen Erfolg errungen, einen viel größeren als daheim in Wien. So stimmte er Anfang 1787 gern und dankbar zu, als ihn der Prager Theaterdirektor Bondini bat, für seine Bühne eine neue Oper zu komponieren. Als Mozart im Sommer des gleichen Jahres in Prag eintraf, war ein Teil des neuen Stückes bereits fertig. Das übrige Werk entstand an Ort und Stelle und wurde den Sängern des Theaters sozusagen »auf den Leib« geschrieben, also unter Berücksichtigung ihres Stimmumfanges und ihrer besonderen musikalischen Fähigkeiten. Die Ouvertüre notierte Mozart gar erst in der Nacht unmittelbar vor der Premiere. Solche langweiligen Schreibarbeiten liebte er überhaupt nicht! So mussten die vorzüglichen Prager Musiker das Stück mehr oder weniger vom Blatt spielen. Wie das wohl geklungen haben mag? Das Publikum jedenfalls nahm die neue Oper mit großer Begeisterung auf; auf dem Programmzettel wurde sie als ›Der bestrafte Wüstling oder Don Giovanni‹ angekündigt.

Die Ouvertüre führt uns umgehend in die beiden gegensätzlichen Welten des ›Don Giovanni‹ ein: die düster-unruhigen Mollklänge nehmen den späteren Auftritt des Steinernen Gastes weitgehend vorweg; dann folgt ein temperamentvoller, unbeschwerter, schneller Hauptteil. Auch der Untertitel der Oper – »Dramma giocoso« (heiteres Drama) scheint diesen Zwiespalt zwischen Heiterkeit und Ernst, Komödie und Tragödie anzudeuten. Je nach Auffassung der Zeit betonte man in Aufführungen späterer Jahre eine dieser beiden Seiten: So ließ man etwa häufig den versöhnlichen Schluss fort und beendete die Oper tragisch mit der Höllenfahrt ihres Helden.

Zwischen den Arien und Ensembles stehen – wie in ›Figaros Hoch-zeit‹ – ausgedehnte Rezitative, in denen die Handlung wirbelnd vo-rangetrieben wird. Trotz ›Figaro‹ und ›Zauberflöte‹ ist ›Don Giovanni‹ Mozarts berühmteste Oper, was wohl auch an ihrem weltbekannten Stoff liegt, der die Phantasie der Dichter und Denker immer von neuem beschäftigt hat. Ihr Ruhm geht aber ebenso sehr auf Mozarts unnach-ahmlichen musikalischen Ideenreichtum zurück, mit dem er die verschie-densten Schattierungen der Liebe durch bis dahin nie gehörte Orchester-farben und melodische Wendungen zum Ausdruck brachte – ob nun überschäumend vor Lebensfreude in Don Giovannis »Champagner-Arie« (in deren Text überhaupt nicht von Champagner die Rede ist; ihr Name rührt von einer schlechten alten Übersetzung her):

Oder in zärtlichen Verführungsszenen wie dem Duett zwischen Don Giovanni und Zerlina:

Ein besonderes Meisterstück gelang Mozart mit der Ballszene im 1. Akt: Da spielen auf drei Emporen drei kleine Orchester gleichzeitig drei ver-schiedene Tänze! Doch ebenso fasziniert die kühne Vertonung des Dämo-nischen und Jenseitigen in der Friedhofszene und vor allem beim Besuch des Steinernen Gastes, wo zur Darstellung des Überirdischen drei Posau-nen erklingen.

Wolfgang Amadeus Mozart
(1756–1791)

Così fan tutte

Heitere Oper (Opera buffa) in zwei Aufzügen

- Text: von Lorenzo Da Ponte
- Aufbau: Ouvertüre und 31 Musiknummern mit Rezitativen
- Uraufführung: am 26. Januar 1790 in Wien unter der Leitung des Komponisten
- Spieldauer: 3 Stunden

Besetzung

Fiordiligi	*Sopran*
Dorabella, ihre Schwester	*(Mezzo-)Sopran*
Guglielmo, Offizier, Verlobter Fiordiligis	*Bariton*
Ferrando, Offizier, Verlobter Dorabellas	*Tenor*
Despina, Kammermädchen der Damen	*Sopran*
Don Alfonso, ein alter Philosoph	*Bass*
Soldaten, Diener, Schiffsleute, Hochzeitsgäste, Volk	*Chor*

Die Handlung

 »Così fan tutte« – das heißt auf Deutsch: »So machen's alle«. Gemeint sind alle Frauen, von denen in dieser Oper behauptet wird, sie seien alle untreu, wenn man sie nur lange genug auf die Probe stellt.

Dies ist die Geschichte von zwei Liebespaaren: Fiordiligi und Ferrando, Dorabella und Guglielmo. Die beiden Damen sind Schwestern und wohnen in Neapel; die beiden Herren sind Offiziere und miteinander befreundet.

 Die zwei jungen Offiziere haben sich mit ihrem Lehrer, Don Alfonso, an einem dienstfreien Tag getroffen und vertreiben sich ihre Zeit nun mit allerlei geistreichen Gesprächen. Gerade preisen sie in höchsten Tönen die Treue ihrer geliebten Mädchen. Alfonso aber behauptet rundheraus, keine Frau auf der ganzen Welt sei wirklich treu, man müsse sie nur gründlich genug in Versuchung führen! Ferrando und Guglielmo sind empört: Wie kann der alte Herr nur so etwas Unverschämtes über ihre Bräute sagen! Da bietet Alfonso ihnen seelenruhig eine Wette an: Die beiden Freunde sollen sich nach seinen Anweisungen verkleiden und unerkannt jeweils einen ganzen Tag lang die Geliebte des anderen umschmeicheln. Die Offiziere sind felsenfest von der Treue ihrer Mädchen überzeugt und willigen deshalb sofort in das Spiel ein. Ja, sie malen sich bereits übermütig aus, was sie mit dem gewonnenen Geld alles machen könnten: zum Beispiel ihren Freundinnen ein liebevolles Ständchen bringen …

Unterdessen schwelgen Fiordiligi und Dorabella in zärtlichen Gedanken an ihre Freunde. Da überbringt ihnen Alfonso eine schreckliche Nachricht: Es gibt Krieg; der König – so heißt es – rufe seine Soldaten ins Feld und schon eilen Ferrando und Guglielmo herbei, um herzergreifend Abschied zu nehmen. Ein Schiff entführt die Soldaten auf das Meer und die Mädchen bleiben trauernd zurück. Alsbald kündigt sich überraschenderweise Besuch an: Die beiden Offiziere haben sich schnell verkleidet und kehren nun als fremdartig herausgeputzte Albaner zurück, bunt angezogen und mit großen Bärten. Alfonso stellt sie als seine alten Freunde vor. Widerwillig geben die Mädchen der Bitte Alfonsos nach und empfangen die seltsamen Fremden. Despina, die muntere Zofe der beiden Schwestern, ist von Alfonso in den ganzen Plan eingeweiht worden und gern bereit, ihm dabei zu helfen. Sie geht umso lieber auf das Spiel ein, als sie selbst kleinen Liebesabenteuern nie abgeneigt ist und Alfonso sie für ihre Hilfe gut bezahlt.

Fiordiligi   Dorabella   Guglielmo   Ferrando   Don Alfonso
Despina

Zum Entsetzen der Mädchen verhalten sich die fremden Männer überhaupt nicht vornehm zurückhaltend, sondern beginnen sofort ihnen temperamentvoll und lautstark den Hof zu machen – jeweils ›über Kreuz‹, das heißt nicht der eigenen Freundin, sondern der des anderen! Natürlich führt dieser erste Angriff nicht gleich zum Erfolg, vielmehr wehren sich die Mädchen empört. Deshalb greifen Ferrando und Guglielmo umgehend zu einem stärkeren Mittel: In Gegenwart der erschrockenen Mädchen ziehen sie kleine Fläschchen aus der

Tasche und trinken daraus. Das vorgeblich aus Gram genommene »Gift« zeigt sogleich Wirkung: Hilflos liegen die starken Männer auf einmal am Boden und scheinen sich unter Schmerzen zu winden.

Man ruft einen Arzt; Despina erscheint in würdevoller Verkleidung und mit verstellter Stimme. Sie hat einen großen Magneten mitgebracht und »heilt« die beiden angeblich Kranken durch dessen geheimnisvolle Kräfte, so wie es zu Mozarts Zeit der berühmte Doktor Mesmer in Wien auch getan haben soll. Der Wunderdoktor hat zum Abschied noch einen Rat an die spröden Damen: Zärtliche Küsse würden die Heilung sicher sehr beschleunigen! Eine solche Zumutung weisen Fiordiligi und Dorabella zwar wütend von sich, doch man merkt ihnen an, dass die feurigen Liebhaber immerhin Eindruck gemacht haben.

 Despina trägt mit allerlei Ratschlägen in Liebesdingen dazu bei, die Standhaftigkeit der Damen ins Wanken zu bringen. Die Offiziere bemühen sich jetzt jeweils einzeln um die Braut des Freundes. Dabei erweisen sich die Mädchen als unterschiedlich widerstandsfähig. Als Erste erliegt Dorabella dem geballten Charme Guglielmos, der ihr bei einem Spaziergang im Garten glühende Liebeserklärungen macht. Doch auch Fiordiligi beginnt zu wanken – gerade noch hat sie ihrer Schwester Vorhaltungen gemacht und will ihrem Freund wild entschlossen auf das Schlachtfeld folgen. Doch Ferrando musste soeben heimlich mitansehen, wie seine eigene Freundin ihm untreu geworden ist; mit der ganzen Wut des betrogenen Liebhabers rächt er sich nun, indem er leidenschaftlich Fiordiligi umwirbt. Zu guter Letzt wird auch sie schwach und ein kleines Amulett wechselt zum Zeichen der Einwilligung den Besitzer. Don Alfonso hat seine Wette gewonnen und er versucht seine aufgebrachten und enttäuschten Freunde zu besänftigen: »So machen's alle« – er hatte es ihnen ja vorausgesagt!

Inzwischen hat der schlaue Alfonso eine kleine Zeremonie arrangiert. Bei Kerzenschein und festlich gedeckter Tafel feiert man recht überstürzt die Verlobung. Despina darf diesmal den Notar spielen, der auch gleich die vorbereiteten Eheverträge mitgebracht hat. Gerade als die Mädchen – aber nur sie, nicht etwa die Männer! – ihre Unterschrift geleistet haben, ertönt von Ferne jene Marschmusik, zu deren Klängen die Offiziere kürzlich in den Krieg gezogen waren. Lähmendes Entsetzen breitet sich aus: Die alten Freunde kommen heim! Schnell verstecken sich die neuen Verlobten und an ihrer Stelle treten Ferrando und Guglielmo auf. Sie finden den Hochzeitsvertrag, der »Notar« gibt sich zu erkennen und die unglücklichen untreuen Bräute gestehen zerknirscht ihren Fehltritt. Großmütig und wohl auch ein wenig schuldbewusst wird ihnen verziehen. – Ob sie nun wohl glücklich werden?

Hinweise

›Così fan tutte‹ ist die dritte »Opera buffa« (heitere Oper), die Mozart auf ein Textbuch von Lorenzo Da Ponte schrieb, nach ›Figaros Hochzeit‹ und ›Don Giovanni‹. Kaiser Joseph II. bestellte das Werk bei den beiden. Sein früher Tod verhinderte jedoch, dass er noch eine Aufführung der Oper persönlich besuchen konnte.

Im Gegensatz zu den beiden anderen genannten komischen Opern war ›Così fan tutte‹ bis weit ins 20. Jahrhundert hinein wenig erfolgreich. Man störte sich schon bald nach der Wiener Uraufführung am angeblich so unmoralischen Textbuch, in dem drei Männer die Treue zweier Mädchen spielerisch auf die Probe stellen und damit beweisen wollen, dass alle Frauen eben untreu sind. Sogar so berühmte Komponisten wie Ludwig van Beethoven und Richard Wagner lehnten ›Così fan tutte‹ deshalb ab. Auch die erbittertsten Gegner dieses Librettos erkannten aber immer an, dass Mozart dazu geniale Musik komponiert hatte. Man ging im 19. Jahrhundert sogar so weit, der Musik Mozarts völlig neue Texte und Handlungen zu unterlegen.

Erst in unserem Jahrhundert hat sich die Erkenntnis – wohl endgültig – durchgesetzt, dass Text und Musik in der Originalgestalt eine untrennbare Einheit darstellen und auch ›Così fan tutte‹ ein Meisterwerk ist. So taucht das Stück auf den Spielplänen unserer Theater inzwischen fast so häufig auf wie die anderen großen Mozart-Opern.

›Così fan tutte‹ besteht aus einer Folge von Arien, Rezitativen und zahlreichen Ensembles (Duetten bis Sextetten). Besonders typisch für die Gattung der »Opera buffa« und vor allem typisch für Mozarts Kunst sind die großen Ensembles, in denen sich die Handlung lebhaft fortentwickelt und jede einzelne Stimme individuell geführt wird.

Im Finale des zweiten Aktes verloben sich die beiden neuen Paare feierlich und wollen sogar einen Ehevertrag schließen. Bei dieser Gelegenheit singen sie einen kunstvollen Kanon, den Fiordiligi anstimmt:

Dieser Kanon gerät jedoch nicht bis zur Vierstimmigkeit, denn Guglielmo »stört« ihn durch einen fremden Einsatz – er singt hörbar dagegen!

Die Ouvertüre besteht aus zwei Teilen: Sie beginnt mit einem kurzen Andante und leitet alsbald zu einem turbulenten Presto-Teil über, in dem einige wenige lebhafte Themen und Motive ständig aneinander gereiht werden:

Am Ende der Andante-Einleitung erklingt eine auffällig hervorgehobene Tonfolge, die kurz vor dem Ende des Prestos wiederholt wird. Und kurz vor Schluss der Oper, wenn Don Alfonso seine Wette gerade gewonnen hat, hören wir dieses Thema ein drittes Mal, nun von den drei Männern gesungen:

(Co - sì   fan   tut - - te!)

Wolfgang Amadeus Mozart
(1756–1791)

Die Zauberflöte

Deutsche Oper in zwei Aufzügen

- Text: von Johann Emanuel Schikaneder
- Aufbau: Ouvertüre und 21 Musiknummern mit gesprochenem Dialog
- Uraufführung: am 30. September 1791 in Wien unter der Leitung des Komponisten
- Spieldauer: etwa 3 Stunden

Besetzung

Sarastro	*Bass*
Tamino, ein Prinz	*Tenor*
Sprecher, Priester bei Sarastro	*Bass*
Zwei weitere Priester	*Tenor, Bass*
Die Königin der Nacht	*Sopran*
Pamina, ihre Tochter	*Sopran*
Drei Damen der Königin	*Sopran, Mezzosopran und Alt*
Drei Knaben	*Sopran, Mezzosopran und Alt*
Papageno, ein Vogelfänger	*Bariton*
Papagena	*Sopran*
Monostatos, ein Mohr in Sarastros Diensten	*Tenor*
Zwei Geharnischte	*Tenor, Bass*
Drei Sklaven	*Sprechrollen*
Priester, Gefolge, Volk, Sklaven, Stimmen, Erscheinungen	*Chor, Statisten*

Die Handlung

 Im Märchen gibt es immer gute und böse Menschen und am Ende pflegen die guten zu siegen. Auch Mozarts ›Zauberflöte‹ ist ein Märchen, in dem sich gute und böse Mächte gegenüberstehen: hier der Sonnenpriester Sarastro mit seinen Männern, dort die sternflammende Königin der Nacht mit ihren drei Damen. Aber bei ihnen sind Gut und Böse nicht ganz so klar geschieden; immerhin hält sich Sarastro Sklaven und denkt sich recht harte Strafen aus, wenn ihm jemand nicht gehorcht. Und die Königin der Nacht hat eine Tochter, die sie sehr liebt und nach der sie Sehnsucht hat, denn Sarastro hat sie ihr entführt. Der tiefere Grund ihres Hasses auf Sarastro aber ist ein anderer: Als ihr Mann, der Herrscher über das Reich der Sterne, starb, hat er Sarastro und nicht ihr die Macht über den Sonnenkreis übergeben. Auf diese Weise wollte er die Männerherrschaft auch über seinen Tod hinaus gesichert wissen, was den Zorn und die Eifersucht der machtlosen Königin auslöste. Sarastro behauptet nun, er habe ihre Tochter Pamina nur geraubt, um sie vor der unberechenbaren Mutter zu schützen – eine ziemlich verworrene Angelegenheit!

 In diese merkwürdige Welt, in der nicht alles mit rechten Dingen zugeht, verirrt sich eines Tages Prinz Tamino auf der Flucht vor einer riesigen Schlange. Die drei Damen der Königin retten den Jüngling im letzten Augenblick und bewundern nun neugierig den hübschen Unbekannten, der in einer Ohnmacht liegt; davon muss sogleich die Königin erfahren. Vielleicht kann der junge Mann ihr in ihrer Not helfen? Schnell machen sie sich auf den Weg.

Tamino erwacht und sieht sich verwundert einem seltsamen Wesen gegenüber, einem Menschen im Federkleid, der gerade singend und unbekümmert auf seiner Panflöte spielend des Weges kommt. Es ist Papageno, der für die Königin der Nacht Vögel fängt und dafür von ihr regelmäßig seinen Lebensunterhalt bekommt. Damit lässt sich's auskommen, mehr braucht er nicht, höchstens… – eine kleine Freundin hätte er schon sehr gern!

Die beiden plaudern miteinander und lernen sich kennen. Papageno merkt bald, dass er keine Angst vor dem Prinzen haben muss, und schon fängt er an, kräftig aufzuschneiden. Mit den bloßen Händen habe er die Schlange erwürgt und ihn gerettet. Diese Schwindelei bekommen die drei Damen, als sie zurückkehren, leider gerade noch mit. Zum »Lohn« überreichen sie Papageno heute statt Zuckerbrot ausnahmsweise einen Stein und statt Wein klares Wasser. Außerdem hängen sie ihm wegen seiner Flunkerei ein Schloss vor den Mund. Dem Prinzen aber bringen sie im Auftrag ihrer Herrin das Bildnis der Tochter Pamina; wie durch Zauber verliebt sich Tamino auf der Stelle in das Mädchen, das Sarastro so grausam geraubt hat.

Damit muss die Königin wohl gerechnet haben, denn Blitz und Donner verkünden jetzt ihre leibhaftige Ankunft; plötzlich steht sie selbst dem verschüchterten Prinzen gegenüber, klagt ihm ihr Leid und gibt ihm den Auftrag: »Du wirst meine Tochter befreien!«

Tamino ist tief beeindruckt von so viel Glanz und Mutterliebe zugleich. Natürlich will er sofort ins Reich des Bösewichtes eindringen. Die drei Damen erlösen daraufhin Papageno von seinem Vorhängeschloss und ernennen ihn zu Taminos Reisebegleiter. Zum Schutz erhält jeder von beiden ein Zauberinstrument: der Prinz eine Flöte und Papageno ein Glockenspiel. Und noch etwas kündigen sie an: In der Not sollen ihnen immer drei Knaben weiterhelfen.

Sarastro hält Pamina in seinem Palast gefangen; einige Sklaven und der Mohr Monostatos passen auf sie auf. Gerade hat der Mohr einen ihrer Fluchtversuche verhindert und lässt sie nun fesseln. Lüstern macht er sich an die Wehrlose heran, da erschrickt er plötzlich zu Tode und ergreift die Flucht: Ein unbekanntes Gesicht zeigt sich am Fenster! Das ist Papageno, der inzwischen in den Palast gelangt ist. Er erkennt auch gleich Pamina, denn er hat vorsorglich das kleine Bild von ihr bei sich. Unverzüglich macht er sich mit Pamina auf die Suche nach einem Ausgang.

Tamino dagegen wählt den Weg über den Haupteingang. Ratlos steht er vor drei verschlossenen Tempeltoren; aus zweien tönen abweisende Stimmen, aber aus der mittleren Pforte tritt ihm ein weiser Priester entgegen. Verwirrt hört Tamino die rätselvollen Worte des würdigen Mannes: »Heiligtum, Freundschaft…«. Auf seine ängstlichen Fragen nach Pamina antworten ihm Geisterstimmen: »Sie lebt!« Dankbar spielt er zum ersten Mal auf der neuen Zauberflöte; da nähern sich ihm vielerlei wilde Tiere, ohne ihm etwas zu Leide zu tun.

Plötzlich mischt sich der Ton von Papagenos Panpfeifchen unter die Flötenklänge; Tamino macht sich gleich auf die Suche nach seinem Reisebegleiter. Aber Papageno und Pamina nähern sich von der anderen Seite, verfolgt von Monostatos und seinen Sklaven. Auch Papageno hat nun Gelegenheit, die Zauberkraft seines neuen Glockenspieles auszuprobieren: Kaum lässt er es ertönen, da beginnen die Sklaven sich tanzend und singend zu entfernen.

Nun aber kommt Sarastro mit großem Gefolge und vorbei ist's mit der Flucht! Der weise Priester jedoch verzeiht Pamina. Er hat sie doch nur zum Schutz vor ihrer stolzen Mutter gefangen gehalten! Monostatos führt Tamino herbei, der ihm umherirrend in die Arme gelaufen ist. Wie durch Zauberkraft erkennen sich der Prinz und die

Papageno   Tamino   Pamina   Königin der Nacht

Prinzessin und schon liegen sie sich in den Armen! So schnell und unverdient aber gibt es in Sarastros Reich kein Glück; erst einmal müssen die beiden Fremdlinge Prüfungen bestehen, um sich würdig zu erweisen.

 Sarastro versammelt seine Priesterschaft und berät mit ihnen über die beiden Eindringlinge. Er enthüllt ihnen auch das Geheimnis, warum er der Mutter die Tochter entführt hat: Pamina ist für Tamino von den Göttern vorherbestimmt worden; ihre Mutter jedoch will mit Zauberei und Aberglauben das Volk verwirren und Sarastros Sonnenreich zerstören. Tamino soll nun, geläutert durch die kommenden Prüfungen, auf Sarastros Seite gezogen werden.

Tamino und Papageno finden sich in der Nacht in einer ziemlich unwirtlichen Gegend wieder. Zwei von Sarastros Priestern nennen ihnen die Prüfungsbedingungen: Sarastros Gesetze bedingungslos befolgen und − schweigen! Zum Lohn wird der Prinz seine Pamina erhalten und auf Papageno wartet gar eine Papagena.

Schweigen ist natürlich Papagenos Sache nicht − ganz im Gegensatz zum standhaften Prinzen. Die drei Damen der Königin der Nacht, die heimlich in Sarastros Reich eingedrungen sind, können Tamino kein einziges Wort entlocken und müssen unverrichteter Dinge abziehen. Mit einem Donnerschlag verschwinden sie in der Erde.

Zur gleichen Zeit will sich Monostatos wieder einmal der schlafenden Pamina nähern. Dabei wird er unversehens Zeuge, wie die Königin der Nacht im Mondschein ihrer Tochter erscheint. Sie hat einen Dolch mitgebracht, mit dem Pamina Sarastro ermorden soll. Wenn sie dazu nicht bereit ist, droht sie ihr unerbittlich: »So bist du meine Tochter nimmermehr!« Pamina ist völlig verzweifelt.

Monostatos, der alles belauscht hat, will Paminas Notlage ausnützen − ihm allein soll sie sich anvertrauen. Da zeigt sich wieder einmal Sarastros Allgegenwart: Im letzten Moment rettet er Pamina vor der blinden Wut des Mohren. Aus den Worten des weisen Man-

Drei Damen   Monostatos   Sarastro

nes schöpft sie Zuversicht. Hier in seinem Reich kennt man keine Rache.

Unterdessen irren Tamino und Papageno weiter umher. Der Prinz hält sich tapfer an das Schweigegebot, Papageno aber kann den Mund natürlich nicht halten. Nur als sich ihm ein uraltes Weib zeigt und sich als seine Geliebte vorstellt, erschrickt er fürchterlich und es verschlägt ihm für kurze Zeit die Sprache. Gleich darauf gibt es wenigstens einen Lichtblick, denn die drei geheimnisvollen Knaben bringen den beiden Gefährten Flöte und Glockenspiel wieder, die ihnen abgenommen worden waren, und sprechen ihnen Mut zu. Den braucht nun vor allem der Prinz, denn Pamina steht auf einmal überglücklich vor ihm, um ihm in die Arme zu fallen. Er aber muss ja schweigen und sie zurückweisen, wie es sein unmenschliches Gelöbnis verlangt. Todtraurig entfernt sich Pamina wieder, während eine ferne Posaunenfanfare zur nächsten Prüfung ruft.

Inmitten seiner Priesterschar wartet Sarastro, und Tamino und Pamina müssen sich endgültig Lebewohl sagen; dementsprechend herzzerreißend ist ihr Abschied! In ihrem Schmerz achten sie beide nicht auf Sarastros Worte: »Wir sehen uns wieder!«

Papageno ist währenddessen allein und verlassen. In der Not fällt ihm endlich sein Glockenspiel ein und – o Wunder! – es zaubert sogar hier: Auf einmal taucht wieder das uralte Weib auf, das ganz raffiniert seine Notlage ausnützt und ihm einen Treueschwur abringt. Kaum aber hat er geschworen, da verwandelt es sich blitzartig in ein junges, hübsches Mädchen, das ein Federkleid wie er trägt – seine ersehnte Papagena! Noch aber dürfen sie sich nicht umarmen; ein Priester bringt Papagena hastig hinaus und Papageno versinkt im Boden.

Pamina will sich in ihrer Verzweiflung mit dem Dolch ihrer Mutter das Leben nehmen und nur die Wachsamkeit der drei Knaben kann sie daran hindern. Sie führen Pamina sogleich zu ihrem Geliebten und zu ihrer übergroßen Freude dürfen die beiden die letzten, schwersten Prüfungen gemeinsam bestehen. Zwei Priester in dunkler Rüstung öffnen ihnen die Pforten zu einem geheimnisvollen Gewölbe, in dem es dampft und zischt, raucht und prasselt. Die Macht der Liebe schützt Tamino und Pamina bei ihrem mutigen Gang durch Feuer und Wasser, während der Prinz auf seiner Zauberflöte spielt. Unversehrt überstehen sie diese letzte große Gefahr.

Auch Papageno will nicht mehr länger leben, nachdem er seine Papagena gesehen und man sie ihm wieder entrissen hat. Wieder müssen die drei Knaben rettend einspringen, als Papageno sich mit einem Strick an einem Baum aufhängen will. Sarastro hat offenbar Erbarmen mit diesem liebenswerten Naturburschen, denn er gibt Papageno seine Papagena zu guter Letzt doch, auch ohne dass er seine Prüfungen bestanden hat.

Der enttäuschte böse Mohr Monostatos hat sich inzwischen mit der Königin der Nacht und ihren Damen verschworen. Die Königin hat ihm gar die Hand ihrer Tochter versprochen, wenn er ihr nur den Weg zu Sarastro zeigt. Mitten in ihren gemeinsamen Racheschwur hinein ereilt sie allesamt Sarastros Strafe und sie versinken in ewiger Nacht.

In strahlender Pracht empfängt Sarastro mit seinem Gefolge die Liebenden, die sich endlich gefunden haben. Feierlich werden Pamina und Tamino in die Reihen der Eingeweihten aufgenommen.

Hinweise

Bei dieser volkstümlichen Oper arbeitete Mozart in seinem letzten Lebensjahr mit Emanuel Schikaneder zusammen, dem Direktor eines Wiener Vorstadttheaters. Dieser schrieb selbst den Text und übernahm in der ersten Aufführung auch die Rolle des Spaßmachers Papageno. Schikaneder kannte sein Theater und sein Publikum; er wusste am besten, womit die Leute unterhalten werden wollten. Und so brachte er auch in dieser Oper alle Effekte unter, mit denen das Theater sein Publikum beeindrucken kann: Es gibt viele schnelle Verwandlungen der Bühnendekoration, überraschende Lichtwechsel – vom Tag zur Nacht und umgekehrt – und allerlei Spuk und Zauberei, wie plötzliches Auftauchen oder Verschwinden von Personen (durch Versenkungen im Bühnenboden). Darüber hinaus dürfen die drei Knaben in einer Flugmaschine effektvoll vom Himmel herabschweben und in der großen Prüfungsszene rauscht ein Wasserfall und lodert Feuer.

Außerdem finden sich in Schikaneders Textbuch sehr unterschiedliche Anspielungen: Sarastros Priesterwelt betet die altägyptischen Götter Isis und Osiris an und zugleich gibt es manche Hinweise auf das Freimaurertum. Mozart und Schikaneder gehörten der Wiener Freimaurerloge – einem geheimnisvollen Männerbund – an.

Die ›Zauberflöte‹ enthält einige Ungereimtheiten: Wem gehorchen zum Beispiel eigentlich die drei Knaben? Der Königin oder Sarastro? Und wieso sind die drei Damen im 1. Akt so harmlos und freundlich, während sie doch später mordlustig in den Palast eindringen? Und wie passt der böse Mohr zum Sonnenheiligtum Sarastros? Diese Widersprüche haben ihre Ursache wohl darin, dass Schikaneder das Textbuch während der Arbeit – aus Gründen, die wir heute nur noch ahnen können – mehrfach abgeändert hat. Dabei ist offensichtlich der Überblick über die Handlung ein wenig verloren gegangen und es fehlte einfach die Zeit für Korrekturen. Man schrieb damals eben nicht Opern für die Nachwelt, sondern für den täglichen Bedarf im Theater! Mozarts Musik bewirkt indessen, dass man diese kleinen Schönheitsfehler im Text kaum bemerkt.

›Die Zauberflöte‹ ist, nach dem deutschen Singspiel ›Die Entführung aus den Serail‹, die erste richtige »Deutsche Oper« – mit ausführlichem deutschem Dialog und mit den verschiedenartigsten Arien und Szenen. So finden sich hier auch volkstümlich schlichte Lieder, wie die beiden Papageno-Arien, deren zweite von einem Glockenspiel begleitet wird:

Daneben stehen die getragenen Gesänge Sarastros und seiner Priester sowie zwei der berühmtesten lyrischen Arien für Sopran und Tenor: Paminas todtraurige Klage, nachdem Tamino sie vermeintlich zurückgewiesen hat, und vor allem Taminos »Bildnis-Arie« im 1. Akt, in deren Verlauf man genau verfolgen kann, wie seine Liebe allmählich erwacht:

Wieder völlig anders, wie in einer großen italienischen Oper, singt die Königin der Nacht. Ihr launischer Charakter kommt am besten in ihren Koloraturen zum Ausdruck, die wegen ihrer ungewöhnlichen Schwierigkeiten von allen Sängerinnen gefürchtet werden, z. B. in der Arie »Der Hölle Rache kocht in meinem Herzen« im 2. Akt. Koloraturen sind schnelle Tonfolgen, bei denen die Stimme wie ein Instrument eingesetzt wird und nur Tonsilben, zum Beispiel lalala, mit Tonleitern und Dreiklangsbrechungen gesungen werden:

Die Ouvertüre beginnt mit den gleichen drei Bläserakkorden, die später auch in den Priesterszenen erklingen und Tamino und Papageno ihre Prüfungen ankündigen. Nach einer ungewiss schillernden langsamen Einleitung folgt der bewegte Hauptteil, der wie in einer altertümlichen Fuge – ähnlich einem Kanon – nacheinander alle Stimmen einsetzen lässt. Mitten in diesen Teil hinein klingen noch einmal die drei weihevollen Akkorde.

Die Melodien der beiden Zauberinstrumente auf der Bühne – Flöte und Glockenspiel – werden übrigens von Musikern im Orchestergraben gespielt: auf der Querflöte und auf der Celesta, einem Stahlplattenklavier. Sein kleines Panflötchen bläst Papageno jedoch auf der Bühne immer selbst.

Mozarts wichtigste Bühnenwerke wurden hier vorgestellt. Als letzte Oper komponierte er ›La clemenza di Tito‹ (1791), eine Opera seria wie auch ›Idomeneo‹ (1781). Auch manche seiner frühen Opern vor der ›Entführung aus dem Serail‹ treten vereinzelt auf den Spielplänen auf.

Ludwig van Beethoven
(1770–1827)

Fidelio

Große Oper in zwei Aufzügen

- Text: von Joseph Sonnleithner und Georg Friedrich Treitschke
  (nach der französischen Vorlage von Jean Nicolas Bouilly)
- Aufbau: Ouvertüre und 16 Musiknummern mit gesprochenem Dialog
- Uraufführung: 1. Fassung 1805, 2. Fassung 1806 und 3. Fassung 1814,
  alle in Wien unter der Leitung des Komponisten
- Spieldauer: etwa 2 ½ Stunden

Besetzung

Don Fernando, Minister	*Bariton / Bass*
Don Pizarro, Gouverneur eines Staatsgefängnisses	*Bariton*
Florestan, ein Gefangener	*Tenor*
Leonore, seine Gattin	
(unter dem Namen Fidelio)	*Sopran*
Rocco, Kerkermeister	*Bass*
Marzelline, seine Tochter	*Sopran*
Jaquino, Pförtner	*Tenor*
Zwei Gefangene	*Tenor und Bass*
Wache, Offiziere, Soldaten, Gefangene, Volk	*Chor*

Die Handlung

 Vor den Toren der südspanischen Stadt Sevilla gibt es ein zwielichtiges Gefängnis, in dessen Zellen zahlreiche unglückliche Gefangene ausharren; unter ihnen befinden sich einige Opfer willkürlicher Gewalt, die ohne Prozess und Urteil hinter Kerkermauern verbannt wurden. Gouverneur dieses Gefängnisses ist Pizarro, der auch nicht vor Mord zurückschreckt, wenn es um seine Macht geht.

Sein Kerkermeister Rocco ist zwar sehr diensteifrig und pflichttreu, jedoch auch menschlich und mitfühlend. Er lebt mit seiner Tochter Marzelline in einer kleinen Wohnung innerhalb der Festung. Jaquino, ein kräftiger junger Mann, ist sein Pförtner; er und Marzelline haben sich ineinander verliebt.

Rocco   Marzelline   Jaquino

 Eines Tages stellt sich Fidelio vor, ein fremder Mann mit seltsam hoher Stimme; er bittet um Arbeit und wird vom Kerkermeister Rocco auch eingestellt. Von dieser Stunde an kommt eine merkwürdige Unruhe in die düsteren Mauern: Marzelline will auf einmal von Jaquino nichts mehr wissen und hat nur noch Augen für den Fremdling. Der jedoch scheint ihre Zuneigung gar nicht recht zu erwidern und interessiert sich dafür umso brennender für das Schicksal der Gefangenen. – Aufgrund seiner hohen Stimme und seiner Figur ahnt der Zuhörer trotz des Männerkostüms, dass Fidelio in Wahrheit eine verkleidete Frau ist: nämlich Leonore, die in verzweifelter Entschlossenheit auf der Suche nach ihrem verschollenen Mann Florestan ist, den sie hier im Gefängnis vermutet.

Gerade kommt Fidelio von einem Botengang zurück, mit geheimen Briefen und mit neuen Ketten für die Gefangenen. Rocco ist mit der Arbeit seines neuen Gehilfen sehr zufrieden; er hat überdies auch Marzellines Zuneigung zu Fidelio bemerkt. Zum Entsetzen Jaquinos, der sich eigentlich schon als Verlobter des Mädchens gesehen hatte, scheint sich da gar eine Ehe anzubahnen. Begreiflicherweise reagiert Fidelio (Leonore) ziemlich verstört auf diese Heiratspläne. Zugleich aber nützt »er« die gute Stimmung und macht Rocco den Vorschlag, ihm bei der Gefangenenbetreuung zu helfen. Der ist gar nicht abgeneigt – die Arbeit ist schließlich doch ziemlich anstrengend! Nur zu jenem Unglücklichen, der auf Pizarros Befehl in geheimer Einzelhaft schmachtet, darf er Fidelio eigentlich nicht mitnehmen.

Die Wache paradiert, ein Marsch kündigt den Gouverneur Pizarro an. Schon erscheint er persönlich und lässt sich die erwarteten geheimen Depeschen geben. Da – ein anonymer Brief jagt ihm einen Schreck ein: Der Minister will überraschend gerade dieses Gefängnis besuchen, in dem Pizarro seine eigenen politischen Gegner quält! Wenn er dort nun Florestan fände – im tiefsten Gewölbe, in Ketten und halb verhungert! Pizarro fasst einen schrecklichen Entschluss: Hier hilft nur »eine kühne Tat«, ein schneller, unauffälliger Mord!

Unverzüglich wird ein Trompeter auf den höchsten Turm der Festung geschickt, der die Ankunft des Ministers ankündigen soll. Dann versucht Pizarro den Kerkermeister Rocco zu bestechen: Er soll für ihn den Mord ausführen. Rocco weigert sich, Morden ist seine Sache nicht! So wird der Gouverneur selbst die verruchte Tat ausführen müssen.

Aufgeregt beobachtet Leonore (Fidelio) die beiden. Als Rocco, der den Gouverneur hinausbegleitet hat, zurückkehrt, nützt sie die Gelegenheit und ringt ihm ein Zugeständnis ab: Die Gefangenen aus den leichteren Gefängnissen dürfen ausnahmsweise ins Freie. Aber Leonore muss feststellen, dass ihr Mann nicht unter ihnen ist. Während die Gefangenen ängstlich und glücklich zugleich den Anblick des Sonnenlichtes genießen, weiht Rocco Fidelio in Pizarros Plan ein: Der Gehilfe soll mit in den geheimen Kerker hinab, um mit Rocco gemeinsam das Grab für jenen Unglücklichen zu graben.

Der Ausflug der Gefangenen ans Tageslicht wird jäh unterbrochen, denn Pizarro kommt überraschend wieder und schickt sie wütend in den Kerker.

 Tief unter der Erde, in einem finsteren, feuchten Gewölbe mit einer verfallenen Zisterne – einem Brunnen – wartet Florestan angekettet und halb verhungert auf sein Ende. Zwischen Wachen und Fieberträumen vergeht trostlos langsam die Zeit; in einem verzweifelten Aufflackern der Lebenskräfte erlebt er die Vision eines rettenden Engels: seiner Frau Leonore. Erschöpft bricht er wieder zusammen und dämmert seinem ungewissen Schicksal entgegen.

Rocco und Leonore steigen hinab, um ihr unheimliches Werk zu beginnen. Mit Hacken und Schaufeln legen sie die alte Zisterne frei, in der Florestan begraben werden soll. Da erwacht der Gefangene aufs Neue und Leonore erblickt endlich ihren vermissten Mann. Noch darf sie sich nicht zu erkennen geben, so schwer es ihr auch fällt! Immerhin lässt sich Rocco erweichen und Leonore darf Florestan Wasser und ein Stückchen trockenes Brot reichen. Dann gibt Rocco mit seiner Trillerpfeife das verabredete Zeichen: Alles ist bereit!

Pizarro taucht mit einem Dolch aus der Dunkelheit auf. Florestan erkennt im Augenblick höchster Gefahr seinen ärgsten Feind, der nun auch sein Mörder sein wird. Im letzten Moment wirft sich Leonore einen Schrei ausstoßend mit vorgehaltener Pistole dazwischen: »Töt erst sein Weib!«

Florestan   Leonore (Fidelio)   Don Pizarro

Nach einem Augenblick allgemeiner Verwirrung fasst sich der Gouverneur als Erster: »Soll ich vor einem Weibe beben?« Doch als er rachedurstig von neuem mit der Mordwaffe ausholt, ertönt aus der Ferne vom Turm das erlösende Trompetensignal – der Minister ist da! Überglücklich sinken sich Leonore und Florestan in die Arme, während Pizarro fluchend davonstürzt.

So wird nun alles gut. Als Retter in letzter Sekunde lässt der Minister Don Fernando auf Geheiß des Königs die Staatsgefangenen frei. Erschüttert entdeckt er unter ihnen seinen tot geglaubten Freund Florestan, dem nun seine Frau Leonore selbst die Ketten abnehmen darf. Pizarro aber wird auf einen Wink des Ministers von der Wache abgeführt.

Hinweise

Beethoven hat nur eine einzige Oper geschrieben: ›Fidelio‹. Nach seinem Willen sollte sie ursprünglich ›Leonore‹ heißen, doch kannte man damals bereits ein Stück gleichen Namens. Die Handlung soll auf eine wahre

Begebenheit zurückgehen, die J. N. Bouilly, der Verfasser der französischen Vorlage, in den Tagen der Französischen Revolution als Zeuge miterlebt haben will.

Der Weg der Oper zum heutigen Welterfolg war zunächst recht beschwerlich. Die Uraufführung im November 1805 fand im französisch besetzten Wien statt und sowohl das überwiegend ausländische Publikum wie die heimischen Kritiker nahmen das Werk ziemlich kühl auf. So begann Beethoven die Oper zu überarbeiten und zu ändern: Aus drei Akten wurden zwei, die Handlung wurde straffer und spannender. Doch auch diese Fassung von 1806 erlebte nur fünf Aufführungen, weil der Komponist selbst weitere Vorstellungen verhinderte – er meinte, zu wenig Geld bekommen zu haben! Erst 1814 erblickte ›Fidelio‹ in der endgültig überarbeiteten Form das Licht der Welt.

Insgesamt vier verschiedene Ouvertüren komponierte Beethoven im Laufe der Jahre dazu, von denen zwei heute regelmäßig gespielt werden: die letzte – eben die ›Fidelio‹-Ouvertüre – unmittelbar vor der Oper und außerdem noch die berühmte lange »Dritte Leonoren-Ouvertüre«. Diese erklingt häufig während des Bühnenumbaues unmittelbar vor dem letzten Bild, also nach der Rettung Florestans – oder aber auch allein im Konzertsaal. Sie schildert mit musikalischen Mitteln das dramatische Geschehen der Opernhandlung, an deren Höhepunkt jene Trompetenfanfare erklingt:

Trompete

Dann erst bricht der befreiende Jubel aus.

Die Oper ist – trotz des ernsten Stoffs – ein Singspiel, mit zahlreichen langen Dialogen zwischen den Musiknummern. Allerdings werden diese gesprochenen Texte in heutigen Aufführungen meistens sehr stark gekürzt, wohl auch wegen der Sprachschwierigkeiten ausländischer Sänger.

Eine Besonderheit findet sich in der Kerkerszene: Während Rocco und Leonore in der Zisterne graben und sich dabei unterhalten, spielt das Orchester und erläutert gleichsam musikalisch diesen Dialog; man nennt das »Melodram«.

Auch lange Rezitative gibt es, etwa vor den beiden großen Arien Leonores (1. Akt) und Florestans (2. Akt). Die Kerkerszene beginnt mit einem verzweifelten Aufschrei Florestans:

Ihm geht ein langes ausdrucksvolles Vorspiel voraus, in dem das Orchester die ausweglose Lage des Gefangenen im Kerker schildert.

Dagegen gehören Rocco, Marzelline und Jaquino eher in die heitere Welt des Singspiels; ihre Arien und Duette im 1. Akt klingen liedhaft und schlicht. Mit Leonore gemeinsam treffen sie sich im 1. Akt in einem kunstvollen Quartett, das einen musikalischen Höhepunkt der Oper darstellt:

Eine der berühmtesten und ergreifendsten Szenen der ganzen Operngeschichte ist der »Gefangenenchor« im 1. Akt. – Das Finale der Oper klingt mit nicht enden wollenden Jubelgesängen aus:

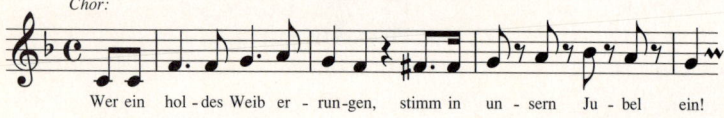

Gioacchino Rossini
(1792–1868)

Der Barbier von Sevilla

Il barbiere di Siviglia
Komische Oper (Opera buffa) in zwei Aufzügen

- Text: von Cesare Sterbini (nach einer Vorlage von Caron de Beaumarchais)
- Aufbau: Ouvertüre und 19 Musiknummern sowie Rezitative (secco)
- Uraufführung: am 20. Februar 1816 in Rom unter der Leitung des Komponisten
- Spieldauer: etwa 2 ½ Stunden

Besetzung

Graf Almaviva	*Tenor*
Bartolo, Doktor der Medizin	*Bass*
Rosina, sein Mündel	*Mezzosopran (Sopran)*
Figaro, ein Barbier	*Bariton*
Basilio, Bartolos Musikmeister	*Bass*
Fiorillo, Almavivas Diener	*Tenor*
Ambrosio, Bartolos Diener	*Bass*
Marzelline, Bartolos alte Haushälterin	*Alt*
Ein Notar	*Stumme Rolle*
Ein Offizier	*Bass*
Musikanten, Soldaten	*Chor*

Die Handlung

 Graf Almaviva ist jung, lebenslustig und voller Tatendrang, außerdem verliebt bis zur Raserei. Er hat das Schloss seiner Eltern vor den Toren Sevillas verlassen und ist in die Stadt gezogen, um hier Tage und Nächte um das Haus seiner Angebeteten zu streifen. Inzwischen weiß er, dass die schöne Rosina immer frühmorgens hinaus auf ihren Balkon tritt. Deshalb zieht er zu früher Stunde mit einigen Musikanten in jene Gasse, um ihr ein Ständchen zu bringen. Er hat aber auch erfahren, dass sie gar nicht Doktor Bartolos eigene Tochter ist, sondern nur sein Mündel, also seine Pflegetochter, die Bartolo allerdings möglichst bald selbst heiraten will, um an ihre große Mitgift heranzukommen. Rosina hat offenbar viel Geld mit ins Haus gebracht! So überwacht der alte Doktor eifersüchtig jeden ihrer Schritte, damit ihm nur ja niemand anderes zuvorkommen kann.

Graf Almaviva wiederum hat sich seiner Angebeteten noch nicht zu erkennen gegeben, sondern tritt zunächst verkleidet unter dem Namen Lindoro auf. Er möchte nämlich auf diese Weise ganz sicher gehen, dass Rosina – falls sie seine Liebe wirklich erwidert – ihn nicht seines Standes wegen heiraten will.

 Heute früh ist das gewohnte Ständchen zunächst erfolglos. Die Balkontür bleibt verschlossen und der Graf schickt seine Musikanten reich belohnt heim. Da naht Figaro, ein in Sevilla bekannter und viel beschäftigter Barbier (heute würde man sagen: Friseur), ein lustiges Lied trällernd. Er kommt dem Grafen wie gerufen! Gegen guten Lohn wird Figaro nun gleich in seine Liebesdienste eingespannt, denn Doktor Bartolo ist ein Kunde von Figaro.

Da endlich tritt Rosina auf den Balkon und hält sehnsüchtig nach ihrem Anbeter Ausschau. Bartolo folgt ihr – wie immer wachsam – auf dem Fuß, doch sie versteht es trotzdem, ein Briefchen vom Balkon zu werfen. Sie möchte zu gern wissen, wer der Unbekannte eigentlich ist und ob er es auch wirklich ernst meint. Außerdem hofft sie, mit Hilfe dieses neuen Verehrers ihrem Gefängnis entfliehen zu können.

Bartolo muss in die Stadt, um seine Hochzeitsvorbereitungen zu beschleunigen. Sorgfältig verschließt er die Haustür und eilt die Gasse hinab. Der Graf ergreift die günstige Gelegenheit und singt zur Gitarre ein Liebesliedchen. Rosina hört selig hinter dem Vorhang zu. Schnell schreibt sie ein Briefchen für ihren Lindoro. Gerade ist es Figaro gelungen, zu Rosina ins Zimmer zu gelangen. Rosina hat inzwischen zu Figaro Vertrauen gefasst, nachdem sie vom Fenster aus beobachtet hat, wie lange dieser mit ihrem Anbeter sprach. Da kommt Bartolo in Begleitung Basilios zurück und Figaro muss sich schleunigst verstecken. So kann er mit anhören, was der geschwätzige Musikmeister dem Doktor alles einflüstert: Graf Almaviva sei in der Stadt, er stelle Rosina nach, er aber – Basilio – werde durch allerhand Verleumdungen schon dafür sorgen, dass dieser ungebetene Liebhaber schnell wieder aus Sevilla verschwinde. Jetzt drängt es Bartolo mehr denn je zur Hochzeit und er zieht sich mit Basilio zurück, um alle Einzelheiten zu klären.

Figaro berichtet Rosina in aller Eile, was er an üblen Neuigkeiten aufgeschnappt hat. Am besten wäre es wohl, sie schreibe jetzt gleich einen Brief an Lindoro, der sie so innig liebt. Schelmisch zieht sie den bereits fertigen Brief hervor: Figaro soll der Liebesbote sein.

Bartolo kommt schon wieder ins Zimmer; lange lässt er sein Mündel wirklich nicht allein! Misstrauisch bemerkt er sogar, dass ein Blatt Papier auf dem Schreibtisch fehlt und Rosina Tinte am Finger hat.

Auf Figaros Rat hin hat sich der Graf inzwischen als Soldat verkleidet und bittet nun – scheinbar betrunken – Bartolo um Quartier. Ein betrunkener Soldat kommt ja wohl kaum als Nebenbuhler in Frage! Und richtig: Auf diesen Trick scheint der alte Doktor zunächst hereinzufallen; jedenfalls lässt er ihn ein. Allerdings wird er ihn keineswegs beherbergen, denn als Arzt ist er von der lästigen Pflicht befreit, Soldaten einquartieren zu müssen. Drinnen spielt der Graf seine neue Rolle trotzdem lustig weiter. Nur seiner Rosina gibt er sich ganz nebenbei zu erkennen und steckt ihr ein Briefchen zu, während er Bartolo weiter an der Nase herumführt, mit seinem Säbel fürchterlich herumfuchtelt und ein riesiges Durcheinander anstellt. Der Lärm dringt bis auf die Gasse, die Wache stürmt ins Haus, kann aber den »randalierenden Soldaten« nicht festnehmen, weil er sich hinter Bartolos Rücken schnell als Graf Almaviva zu erkennen gibt. So löst sich die ganze Versammlung zunächst einmal unverrichteter Dinge auf.

Rosina   Graf Almaviva,   Bartolo   Figaro
verkleidet als Musikmeister

Graf Almaviva hofft, mit einer neuen List ans Ziel seiner Wünsche zu gelangen. So verkleidet er sich nun zur Abwechslung als »Musikmeister Alonso« und behauptet frech, den erkrankten Basilio bei Doktor Bartolo vertreten zu müssen. Der bleibt wie immer äußerst misstrauisch: Das Gesicht kommt ihm merkwürdig bekannt vor! Durch einen Trick gewinnt aber der falsche Alonso sein Vertrauen: Er zeigt ihm nämlich Rosinas Brief, den ihm ja Figaro überbracht hat, und behauptet, Graf Almaviva habe diesen einer anderen Geliebten zugesteckt. Auf diese Weise ließe sich Rosina doch wohl leicht davon überzeugen, dass die Absichten des Grafen unehrlich seien! Wenn er, Alonso, den bewussten Zettel ihr nur schnell selbst geben dürfte?

Sogleich holt Bartolo sein Mündel; Alonso soll ihr heute Singunterricht geben! Sie erkennt, im Gegensatz zu ihrem Vormund, ihren Lindoro sofort. So führen die beiden in schönster Eintracht dem nichts ahnenden Alten eine großartige Musikstunde vor, wobei sie ein langes Liebesduett singen, von dem der einfältige Doktor glaubt, es stünde tatsächlich so in den Notenblättern!

Figaro erscheint, um den Doktor zu rasieren. Weil aber Bartolo sein Mündel jetzt nicht mehr einen einzigen Augenblick lang allein lassen möchte, will er sich gleich vor Ort rasieren lassen. Er schickt den Barbier mit seinem Schlüsselbund hinaus in die Wäschekammer, um ein Handtuch zu holen. Der nützt die günstige Gelegenheit und stiehlt den Hausschlüssel. Da kommt es zu einem Zwischenfall: Der richtige Musiklehrer Basilio steht in der Tür und will mit seiner Unterrichtsstunde beginnen. Nur eine kleine Bestechung kann da helfen: Ein Beutel mit Geld bringt ihn sehr schnell zum Schweigen. Figaro stellt bei ihm auch gleich das »gelbe Fieber« fest – also rasch ins Bett mit ihm! So wird er endlich hinausbefördert. Währenddessen verabredet sich Rosina mit Lindoro für kommende Mitternacht. Leider schnappt dies aber der Doktor mit seinen allzeit gespitzten Ohren auf und durchschaut auf einmal die Verkleidung. Wütend wirft er Figaro und Almaviva-Lindoro-Alonso hinaus.

Noch eiliger treibt er die Vorbereitungen zu seiner eigenen Hochzeit mit Rosina voran. Nun ist wirklich keine Zeit mehr zu verlieren; noch heute muss sie ihm gehören! Mit einem üblen Trick will er sich sein Mündel gefügig machen: Jenes Briefchen, das ihm der geheimnisvolle Alonso zugesteckt hat, wird Rosina sicher brennend interessieren! In der Tat: Sie fällt prompt auf diese Lüge herein und aus Wut über Lindoros scheinbar erwiesene Untreue willigt sie sogar ein, den alten Bartolo gleich heute zu heiraten, ja, sie verrät ihm sogar den mitternächtlichen Entführungsplan.

Die Nacht ist sehr stürmisch, ein Gewitter tobt.

Der Graf und Figaro steigen mit einer Leiter in Rosinas Zimmer ein und haben zunächst alle Mühe, ihr die Situation zu erklären; Almaviva gibt sich ihr endlich zu erkennen. Basilio und der Notar sind auch gleich zur Stelle; Figaro und der Musikmeister werden schnell zu Trauzeugen gemacht – der eine freiwillig, der andere mit einem Ring bestochen. Und schon sind Rosina und Almaviva ein Paar.

Inzwischen hat Bartolo, der noch gar nicht ahnt, was sich in seinem Haus abgespielt hat, in aller Ruhe draußen die Leiter weggeräumt und glaubt nun, »den losen Vogel« gefangen zu haben. Triumphierend tritt er mit einem Offizier und der Wache ein und steht auf einmal vor vollendeten Tatsachen. Der Graf gibt sich auch ihm zu erkennen und spendiert ihm gleich zur Beruhigung Rosinas ganze Mitgift; Geld genug hat er schließlich selbst. Schlagartig erhellt sich Bartolos Gesicht: Er hat endlich bekommen, was er immer haben wollte. Man verträgt sich, umarmt sich, küsst sich. – Ende gut, alles gut!

Hinweise

In dieser turbulenten Verwechslungs- und Verkleidungskomödie erfahren wir in allen Einzelheiten die Vorgeschichte zu Mozarts ›Figaros Hochzeit‹, obwohl diese Oper später entstanden ist. Die meisten Personen dort treten auch hier auf: etwa der geschwätzige, hinterlistige Basilio, der immer unternehmungslustige, einfallsreiche Figaro, sogar Marzelline, Bartolos Haushälterin in einer kleinen Nebenrolle. Die Charaktere sind in beiden Opern die gleichen, die Stimmlagen jedoch zum Teil anders.

Auch das spritzige Tempo, mit dem die verzwickte Handlung abläuft, erinnert stark an Mozarts ›Figaro‹. Hier wie dort entwickelt sie sich in den witzigen Rezitativen, während die Personen ihre Gefühle und Gedanken in den Arien aussprechen. Besonders berühmt ist Figaros Auftrittslied »Ich bin das Faktotum der schönen Welt«, in dem er in halsbrecherischem Tempo sein abwechslungsreiches Leben als viel beschäftigter Barbier schildert:

Ja,_____ das Fak - to-tum der schö - nen Welt bin ich!

Die Partie der Rosina ist bei Sängerinnen ausgesprochen gefürchtet, da sie höchste »Stimmbandakrobatik« fordert. Koloraturen und Verzierungen, die sich etwa in ihrer ersten »Kavatine« (liedähnliche Arie) im 1. Akt aneinander reihen, müssen gemeistert werden:

Sanft bin __ ich ___, treu und gut, bin __ so __ be -

- schei - - den.

Mit Recht berühmt ist auch die »Gewittermusik«: jenes Orchesterzwischenspiel, das zur letzten Szene des 2. Aufzuges überleitet und auf sehr eindrucksvolle Weise mit rein instrumentalen Mitteln ein nächtliches Unwetter schildert.

Wie so oft trieben äußere Umstände Rossini auch bei der Komposition des ›Barbier‹ sehr zur Eile an. Nur reichlich zwei Monate lagen zwischen der Vertragsunterzeichnung und der Uraufführung des Werkes und die Komposition selbst erfolgte in ganzen 26 Tagen! So wundert es kaum, dass für eine neue Ouvertüre keine Zeit mehr blieb. Rossini übernahm sie einfach aus einer seiner früheren Opern. Sie passt in ihrem launigen Temperament dennoch hervorragend zum ›Barbier‹. Mit diesem Werk sicherte Rossini erneut den Weltruhm der italienischen »Opera buffa«.

Übrigens: Das turbulente Künstlerleben scheint dem Komponisten schließlich doch zu anstrengend geworden zu sein; jedenfalls schrieb er nach 1829, also ab seinem 38. Lebensjahr, keine einzige Oper mehr. Be-

*kannt ist auch seine Leidenschaft für die Kochkunst, der er sich die rest-
lichen 39 Jahre seines Lebens besonders widmete.*

Neben weiteren heiteren Opern wie etwa ›Die seidene Leiter‹ (1812),
›Die Italienerin in Algier‹ (1813) oder ›Aschenbrödel‹ (›La Ceneren-
tola‹, 1817) komponierte Rossini auch ernste, tragische Opern, z.B.
›Otello‹ (1816) oder ›Wilhelm Tell‹ (1829) nach Schillers gleichnamigem Drama.

Carl Maria von Weber
(1786–1826)

Der Freischütz

Romantische Oper in drei Aufzügen

- Text: von Johann Friedrich Kind
- Aufbau: Ouvertüre und 16 Musiknummern mit gesprochenem Dialog
- Uraufführung: am 18. Juni 1821 in Berlin unter der Leitung des Komponisten
- Spieldauer: etwa 2 ½ Stunden

Besetzung

Ottokar, ein böhmischer Fürst	*Bariton*
Kuno, fürstlicher Erbförster	*Bass*
Agathe, seine Tochter	*Sopran*
Ännchen, eine junge Verwandte Agathes	*Sopran*
Kaspar, erster Jägerbursche bei Kuno	*Bass*
Max, zweiter Jägerbursche bei Kuno	*Tenor*
Eremit (ein frommer Einsiedler)	*Bass*
Kilian, ein Bauer	*Bariton*
Vier Brautjungfern	*Sopran*
Samiel, der Schwarze Jäger	*Sprechrolle*
Jäger, Bauern, Diener, Brautjungfern	*Chor*

Die Handlung

 Unsere Geschichte spielt vor mehr als dreihundert Jahren, zu einer Zeit, da weite Teile Deutschlands noch von undurchdringlichem, dunklem Wald bedeckt waren. In ihm lebten zahllose wilde Tiere, die wir heute nur noch aus dem Zoologischen Garten oder aus Filmen kennen: zum Beispiel Wölfe und Bären. Die Menschen jener Jahre – kurz nach dem Dreißigjährigen Krieg, also um die Mitte des 17. Jahrhunderts – mieden den Wald, wenn sie nicht beruflich als Jäger darin zu tun hatten oder sich nicht gerade darin verstecken wollten, weil sie vor dem Gesetz auf der Flucht waren. Der Wald war braven Bürgern unheimlich: Man hielt ihn für einen Ort, an dem böse Geister ihr Unwesen trieben, vor allem in der Nacht.

Mitten im finsteren Böhmischen Wald liegt Kunos Försterei, die er von seinem Vater geerbt hat. Weil er selbst keinen Sohn hat, soll sie später einmal seiner Tochter Agathe gehören, um deren Hand sein zweiter Jägerbursche Max anhält. Der gütige Fürst Ottokar hat bereits erlaubt, dass Max als zukünftiger Schwiegersohn einmal die Erbförsterei übernehmen darf. Allerdings gibt es da seit urdenklichen Zeiten einen geheimnisvollen Brauch: Jeder neue Erbförster muss zuvor einen Meisterschuss – den »Probeschuss« – ablegen, mit dem er vor seinem Fürsten sein Können beweisen soll.

 Nun steht der Tag dieses Probeschusses unmittelbar bevor. Max aber wird seit Tagen vom Jagdpech verfolgt. Kein Schuss will ihm mehr gelingen und auch im Preisschießen, beim Wirtshaus mitten im Wald, hat er das Nachsehen gehabt: Der einfache Bauer Kilian hat ihn besiegt! Max ist verzweifelt und obendrein wird er auch noch von der ganzen Jagdgesellschaft gehänselt.

Erbförster Kuno nimmt seinen Jagdburschen in Schutz und erinnert ihn dabei beiläufig an den Probeschuss. Da bedrängen die Jäger neugierig ihren Herrn und Kuno enthüllt ihnen, wie es einstmals zum

Probeschuss kam. Er erzählt: »Einer meiner Vorfahren, der auch Kuno hieß, war fürstlicher Leibschütze. Auf einem Jagdausflug seines Fürsten begegnete ihnen ein Hirsch, auf dessen Rücken ein Mensch angeschmiedet war; so bestrafte man in alten Zeiten die Wilderer. Den Fürsten aber erfasste bei diesem Anblick doch Mitleid. Er versprach deshalb demjenigen, der den Hirsch erlegte, ohne den Übeltäter zu verwunden, eine Erbförsterei. Der tapfere Leibschütze besann sich nicht lange, legte an, feuerte und traf das Tier, ohne dem Wilddieb ein Haar zu krümmen. Umgehend erfüllte der Fürst sein Versprechen. Kunos Neider aber behaupteten, bei diesem Meisterschuss sei es nicht mit rechten Dingen zugegangen. Aus diesem Grund machte der Fürst bei der endgültigen Stiftung noch einen Zusatz: Jeder künftige Nachfolger in der Erbförsterei muss zuvor einen Probeschuss ablegen.«

Max versinkt in düstere Ahnungen, aber Kuno und seine Jäger versuchen ihn zu trösten und aufzumuntern. Schließlich brechen sie zur Jagd auf. Max bleibt allein im Wirtshaus zurück. Bauer Kilian und die anderen Bauernburschen tanzen einen lustigen Walzer und entfernen sich dann allmählich.

Max   Kaspar   Kilian   Fürst Ottokar

Die Nacht bricht herein. Immer noch hängt Max seinen trüben Gedanken nach; er denkt an Agathe und an vergangenes Jagdglück. Es ist, als ob sich finstere Mächte gegen ihn verschworen hätten. Da erscheint im Hintergrund, lautlos wie ein Spuk, die unheimliche Gestalt Samiels, des Schwarzen Jägers. Doch als Max in seiner Verzweiflung ausruft: »Lebt denn kein Gott?«, da zuckt Samiel zusammen und verschwindet ebenso stumm, wie er gekommen ist.

Listig macht sich nun Kaspar, Kunos erster Jäger, an Max heran und überredet ihn mit tückischen Trinksprüchen zum Wein. Aus dem Dunkel des Waldes aber werden die beiden wieder von Samiel belauscht. Kaspar gibt sich als mitleidiger Freund und verspricht Max, ihm morgen zu einem glücklichen Schuss zu verhelfen. Zum Beweis leiht er dem Zweifelnden sein eigenes Gewehr und Max trifft im trüben Licht der Dämmerung, fast ohne zu zielen, einen Adler.

Staunend und verzweifelt lässt er sich überreden, mit Kaspar neue »Freikugeln« zu gießen – Zauberkugeln, die immer treffen! Denn dies war gerade Kaspars letzte Freikugel. Welch ein Zufall! Sie verabreden sich für die kommende Mitternacht in der Wolfsschlucht, einem verrufenen Ort im tiefen Wald. Als Kaspar allein ist, triumphiert er im Voraus: »Der Hölle Netz hat dich umgarnt.«

 Im einsamen Forsthaus vertreiben sich am gleichen Abend Agathe und Ännchen die Zeit. Ännchen hat soeben das Gemälde des Urvaters Kuno, von dem wir schon gehört haben, wieder aufgehängt, denn aus unerklärlichen Gründen war es von der Wand gefallen. Agathe aber hat trübe Gedanken: Vor ein paar Stunden erst war sie beim Eremiten, der sie eindringlich vor einer unbekannten großen Gefahr gewarnt hat. Das lebenslustige Ännchen versucht, sie mit einem Liebesliedchen aufzumuntern, und lässt sie dann eine Weile allein.

Agathe tritt an das dunkle Erkerfenster und spricht ein inniges Abendgebet. Auf einmal hört sie die schnellen Schritte ihres Verlobten. Verstört und gehetzt erscheint Max, am Hut den Federbusch jenes

Agathe   Ännchen

Adlers, den er mit Kaspars Gewehr geschossen hat. Unheimlicherweise stellt sich heraus, dass Kunos Bild gerade in dem Augenblick von der Wand fiel und Agathe leicht verletzte, als Max mit Kaspars letzter Freikugel den Vogel traf! Max ist unruhig, ihn hält es nicht im Forsthaus. Unter einem Vorwand drängt er wieder hinaus in die Nacht. Zum Entsetzen Agathes will er ausgerechnet in die Wolfsschlucht! Vergebens versucht sie ihn zurückzuhalten; sie hat Angst um den Geliebten und warnt ihn dringend vor der Gefahr, in die er sich begeben will.

In der einsamen und verrufenen Wolfsschlucht, bei bleichem Vollmondschein, wartet ungeduldig Kaspar, der bereits mit allerlei geheimnisvollen Vorbereitungen zum Kugelgießen beschäftigt ist. Unsichtbare Geister prophezeien Unheil: »Eh' noch wieder Abend graut, ist sie tot, die zarte Braut!« Da schlägt eine ferne Kirchenglocke Mitternacht und auf Kaspars Anrufung hin erscheint der Schwarze Jäger Samiel. Ihm bietet er an seiner Stelle Max als neues Opfer an. So hofft er sein eigenes Leben retten zu können, denn seine Frist auf Erden ist abgelaufen. Er fleht Samiel um neue Freikugeln an und verspricht ihm: »Die siebente sei dein!« – und die soll Agathe treffen. Samiel scheint tatsächlich einzuwilligen: »Es sei. Bei den Pforten der Hölle! Morgen – er oder du!«

Endlich taucht Max hoch oben über dem Abgrund auf, traut sich aber nicht in die Schlucht hinab. Ein Spukbild, die Erscheinung seiner toten Mutter, warnt ihn. Doch der Schwarze Jäger Samiel lockt ihn mit einer anderen Vision hinunter: Agathe will sich, so sieht es aus, in einen Wasserfall stürzen. Max hält nichts mehr, er muss in die Schlucht, um sie zu retten.

Erleichtert rührt Kaspar nun den Zauberbrei an. Dann spricht er die Beschwörungsformel und sie fangen an, Freikugeln zu gießen. Sogleich erhebt sich um sie herum ein ungeheures Unwetter: Ein wahrer Höllenlärm bricht los, von Kugel zu Kugel bis zur letzten – der siebenten – steigern sich Gewitter, Sturm und Spuk. Die Wilde Jagd rast durch die Nacht, die ganze Schlucht scheint, wie von einem Erdbeben geschüttelt, in sich zusammenzustürzen. Samiels Erscheinung greift nach Max, der in Todesangst das Kreuzzeichen macht. Gleichzeitig schlägt die Glocke eins und in diesem Augenblick ist der ganze Spuk vorbei – Totenstille!

 Am nächsten Morgen, nach dem großen Unwetter über der Wolfsschlucht, sind die beiden Jägerburschen schon früh auf den Beinen. Sie haben sich die neuen Freikugeln brüderlich geteilt: drei für Kaspar und vier für Max, der vor den Augen seines zufriedenen Fürsten bereits drei Meisterschüsse getan hat. Kaspar aber verschießt seine letzte Kugel völlig sinnlos nach einem Füchslein, sodass Max nur noch die letzte – die siebente, deren Ziel allein Samiel bestimmen kann! – für den Probeschuss übrig behält.

Im Forsthaus bereitet sich Agathe, von dunklen Ahnungen geängstigt, auf ihren Hochzeitstag vor. Sie sucht Zuflucht im Gebet: Möge der gütige Gott ihr und Max helfen! Sie erzählt Ännchen von einem schrecklichen Alptraum, der sie in dieser stürmischen Nacht gepeinigt hat: Sie sei eine weiße Taube gewesen und Max habe auf sie geschossen! Ännchen weiß sich nicht anders zu helfen, als sie mit einer derben, unheimlich-komischen Ballade aufzumuntern.

Da kommen die Brautjungfern herein und singen nach altem Brauch ihr Lied an den Jungfernkranz. Ännchen will die Schachtel mit dem Brautkranz öffnen und fährt entsetzt zurück: Darin liegt stattdessen eine Totenkrone! Nach dem ersten Schrecken besinnt sich Agathe und nimmt die weißen Rosen, die ihr der Eremit am Vortag geschenkt hat, als Brautkranz.

Später am Tag ist alles zum Fest des Probeschusses vorbereitet. Eine große Jagdgesellschaft ist beisammen und die Jäger verbreiten mit ihren Liedern fröhliche Feststimmung. Fürst Ottokar und Kuno beobachten besorgt Max, den sie doch sehr gern haben. Wieso ist er heute so unruhig und nervös? Nach seinen ersten drei Treffern hat er wieder danebengeschossen. Die letzte noch verbliebene Freikugel ist ihm selbst unheimlich, doch nun gibt es für ihn kein Zurück mehr!

Fürst Ottokar, der mit Max Mitleid hat, will ihm die Last des Probeschusses so leicht wie möglich machen. Er kann die Nervosität eines Bräutigams am Hochzeitstag gut verstehen. Schnell gibt er Max ein leichtes Ziel auf: »Siehst du dort auf dem Zweig die weiße Taube? Schieß!« Da überschlagen sich auf einmal die unglücklichen Ereignisse: Im gleichen Moment, in dem Max schießt, tritt Agathe zwischen den Bäumen hervor. Die Taube flattert auf, ohne von der Kugel getroffen zu sein; stattdessen sinken Agathe und Kaspar, der sich im Geäst des Baumes verborgen hatte, zu Boden.

Unter den Festgästen entsteht zunächst ein aufgeregtes Durcheinander: »Oh schaut, er traf die eigne Braut!« Die allgemeine Erleichterung ist groß: Agathe lebt, da sie durch den Kranz aus den geweihten Rosen des Eremiten geschützt war. Kaspar jedoch ist tödlich getroffen! Samiel erscheint – unsichtbar für die anderen – und holt sich sein Opfer. Mit einem grässlichen Fluch stirbt der Bösewicht.

In seiner Verzweiflung offenbart Max nun dem Fürsten sein Vergehen. Der empörte Ottokar will ihn sofort in die Verbannung schicken: »Nie empfängst du diese reine Hand!« Alle Anwesenden jedoch bitten für Max um Verzeihung.

Da kommt jener weise Eremit, bei dem sich Agathe Rat und Trost geholt hat. Seinem Urteil unterwirft sich ehrfürchtig auch der Fürst: Der unselige Probeschuss wird mit dem heutigen Tage abgeschafft und Max darf hoffen, nach einem Probejahr doch noch Agathes Hand zu gewinnen. Ein gemeinsames feierliches Dankgebet beschließt versöhnlich diesen unglückseligen Feiertag: »Lasst uns zum Himmel die Blicke erheben!«

Hinweise

›Der Freischütz‹ ist die erste romantische Oper. Oft wird gesagt, in ihr spiele eigentlich der Wald die Hauptrolle – der deutsche Wald, in dem es gleichermaßen Spuk und Jägerlust gibt. Das ist sicherlich zutreffend und man hört dies auch gleich in der Ouvertüre: Jagdhornklänge erinnern uns an den Wald. Dann jedoch verdüstert sich auf einmal die Musik und es erklingt das dumpfe rhythmische Motiv Samiels, das in der Oper immer dann zu hören ist, wenn der Schwarze Jäger auftritt:

Im abwechslungsreichen und lebhaften Hauptteil der Ouvertüre kann man sehr gut den Ablauf des dramatischen Geschehens bis zu seinem glücklichen Ausgang mitverfolgen, wobei einige markante Themen aus der Oper bereits vorweggenommen werden.

Die Oper errang schon bei der Uraufführung in Berlin unter der Leitung ihres Komponisten einen riesigen Erfolg, der ihr bis heute treu geblieben ist. Einige Melodien wurden wie Schlager vom Volk auf der Straße gesungen und gepfiffen, allen voran das berühmte Lied vom Jungfernkranz:

Oder der fröhlich geschmetterte Jägerchor:

Aber auch Agathes inniges Gebet »Leise, leise, fromme Weise« aus dem 2. Akt oder die große Soloszene von Max, in der er seine ganze Verzweiflung zum Ausdruck bringt, sind populär geworden:

Der ›Freischütz‹ ist ein deutsches Singspiel mit zahlreichen (bei heutigen Aufführungen oft stark gekürzten) Dialogteilen. Neuartig für die Zeit seiner Entstehung wirkt vor allem der Klang des Orchesters, in dem manche Instrumente auf recht ungewohnte Weise eingesetzt werden, etwa die Klarinette mit ihren unheimlichen tiefen Tönen zur Schilderung des spukhaften Geschehens. Die gesamte Wolfsschluchtszene lebt von der faszinierenden Ausdruckskraft und Farbigkeit des großen Orchesters, mit dessen vielfältigen Mitteln diese Geisterszene grandios untermalt wird. Zusätzlich werden die raffiniertesten Geräusch- und Lichteffekte auf der Bühne eingesetzt: Hier ist die gesamte Bühnentechnik mit ihren Versenkungen und sonstigen Tricks gefordert.

Von Webers Opern wird heute nur ›Der Freischütz‹ häufig gespielt. Unter den übrigen sind ›Euryanthe‹ (1823) und ›Oberon‹ (1826) hervorzuheben, die beide sehr schöne Musik enthalten, jedoch mehr oder weniger misslungene Textbücher besitzen.

Albert Lortzing
(1801–1851)

Zar und Zimmermann

Komische Oper in drei Aufzügen

- Text: vom Komponisten
- Aufbau: Ouvertüre und 16 Musiknummern mit gesprochenem Dialog
- Uraufführung: am 22. Dezember 1837 in Leipzig
- Spieldauer: etwa 2 ¾ Stunden

Besetzung

Peter I., Zar von Russland, unter dem Namen Peter Michaelow als Zimmergeselle	*Bariton*
Peter Iwanow, ein junger Russe, Zimmergeselle	*Tenor*
van Bett, Bürgermeister von Saardam	*Bass*
Marie, seine Nichte	*Sopran*
Admiral Lefort, russischer Gesandter	*Bass*
Lord Syndham, englischer Gesandter	*Bass*
Marquis von Chateauneuf, französischer Gesandter	*Tenor*
Witwe Browe, Zimmermeisterin	*Alt*
Ein Offizier	*Sprechrolle*
Ein Ratsdiener	*Sprechrolle*
Ein Brautpaar	*Stumme Rollen*
Zimmerleute, Hochzeitsgäste, Einwohner von Saardam, holländische Soldaten, Magistratspersonen, Matrosen	*Chor, Ballett*

Die Handlung

 Manche politischen Entscheidungen und Verträge kommen auf recht abenteuerlichen Wegen zustande. Das ist nicht erst heute so; auch aus vergangenen Tagen gibt es da merkwürdige Geschichten zu erzählen. Ein beliebter Trick, dessen sich mancher Fürst bediente, war zum Beispiel das »Inkognito«: Da verkleidete sich jemand von hohem Rang als einfacher Mann und nahm einen anderen Namen an. Auf diese Weise konnte zum Beispiel Peter der Große von Russland (1672–1725) unerkannt und ungestört sogar im Ausland seinen politischen Geschäften nachgehen.

 Zar Peter I. arbeitet unter dem Namen Peter Michaelow seit einem Jahr auf einer Schiffswerft in dem kleinen holländischen Städtchen Saardam und lässt sich von erstklassigen Fachleuten in das Handwerk des Schiffszimmermanns einweisen. Hier, unter den einfachen und gutmütigen Arbeitern, fühlt er sich so richtig wohl. Außer dem Zaren gibt es noch einen zweiten jungen Russen, der sich gleichfalls mit falschen Angaben zu seiner Person unter den Zimmerleuten bewegt: Peter Iwanow, ein desertierter Soldat. Der hat großes Vertrauen zu Michaelow gefasst und erzählt ihm heimlich die Geschichte seiner Flucht aus der Armee, nicht ahnend, dass er seinem obersten Dienstherr gegenübersteht. Außerdem aber hat er sich in Marie, die niedliche Nichte des Bürgermeisters van Bett, verliebt und ist schrecklich eifersüchtig. Marie beklagt sich nämlich, dass ihr seit gestern ein junger Franzose ständig nachschleiche. Sogar küssen wollte er sie schon! Peter regt sich darüber sehr auf und Marie hält ihm eine kleine Standpauke über die Eifersucht, obwohl sie sich insgeheim eigentlich über seine Sorge freut. Viel wichtiger aber ist etwas anderes: Ihr Onkel will auf einmal wie aus heiterem Himmel die Werft besichtigen, was er seit drei Jahren nicht mehr getan hat.

Da erhält Zar Peter den heimlichen Besuch seines russischen Gesandten Lefort, der ihm unangenehme Nachrichten aus der Heimat überbringt. Es hat Unruhen in Russland gegeben. Das Volk beginnt über die lange Abwesenheit seines Herrschers zu murren und auch seine Gegner sind nicht untätig geblieben. Da muss der Zar wohl endlich zu Hause nach dem Rechten sehen! Wütend entschließt er sich zur Rückreise. Wenn doch seine Untertanen begreifen könnten, dass er nur für sie die ganze Arbeit im Ausland auf sich genommen hat!

Bürgermeister van Bett ist zu seinem angekündigten Besuch auf der Werft eingetroffen. Groß und aufgeblasen erscheint er auf der Bildfläche, die Bedeutsamkeit in Person. Vor lauter Angeberei verwendet er lauter Fremdwörter. Nun lässt er sich von der Witwe Browe, die für ihren verstorbenen Mann die Werft leitet, herumführen. Er hat auch einen Brief mitgebracht; Peter Michaelow darf ihn laut vorlesen. Sollte der Bürgermeister etwa selbst gar nicht lesen können? So erfährt der Zar auch gleich den wirklichen Grund, warum der eitle, dumme van Bett hier ist. Die hohe Politik hat herausgefunden, dass sich unter den Werftarbeitern ein wichtiger Unbekannter verborgen hält, und nun soll er, van Bett, die Ermittlungen leiten!

Sofort lässt er alle Arbeiter zusammenrufen: »Wer von euch heißt Peter?« Da melden sich natürlich sehr viele – bei so einem Allerweltsnamen. Doch sehr bald lenkt sich der Verdacht auf einen der beiden verkleideten Fremdlinge, die ja auch beide Peter heißen. Allerdings verfällt van Bett gerade auf den Falschen, auf Iwanow. Bestärkt wird er in seinem Verdacht dadurch, dass eben jener Peter seiner Nichte Marie schöne Augen macht.

Zum Abschied lädt er sich noch schnell plump und dreist bei der Meisterin Browe ein, die heute ein Festessen zur Hochzeit ihres ältesten Sohnes gibt.

In letzter Zeit treiben sich noch einige weitere Ausländer in Saardam herum. Einer von ihnen, ein englischer Lord, sucht nämlich auch einen jungen Mann namens Peter und bietet sogar 200 Pfund als Belohnung für den, der ihn findet! Er vertraut sich dem Bürgermeister an, der ihm wichtigtuerisch seine Hilfe verspricht. Für van Bett kann es sich nur um Peter Iwanow handeln und so macht er sich auch gleich an diesen heran. Der arme Russe jedoch, stets in Angst, dass seine Flucht aus der Armee entdeckt wird, wird aus den Worten des Bürgermeisters nicht schlau. Warum nur bietet van Bett ihm sogar die Hand seiner Nichte Marie an, wenn er die Wahrheit über seine Person sagen würde?

Auch der französische Gesandte Marquis Chateauneuf, der Marie nachstellt, glaubt in Peter Iwanow den Zaren entdeckt zu haben. Erst als ihm der richtige Zar gegenübersteht, erkennt er seinen Irrtum. Beide verabreden sich; im Trubel des Hochzeitsfestes können sie sicherlich ganz ungestört und unentdeckt verhandeln.

 Bald ist das Fest in vollem Gange; man trinkt, singt, tanzt und freut sich des Lebens. Doch immer ungeduldiger drängt der russische Gesandte den Zaren zur schnellen Abreise; der aber möchte unbedingt zuvor noch mit dem französischen Gesandten sprechen. Angesichts der Unruhen daheim in Russland kann er Hilfe vom französischen König brauchen. Der Franzose hat sich inzwischen, als holländischer Offizier verkleidet, auch unter die Festgäste gemischt. So bespricht er nun unerkannt mit dem Zaren den Staatsvertrag, während sich alle rundherum nichts ahnend amüsieren. Dabei bemüht sich der Franzose zum Schein immer noch um Marie, sehr zum Ärger Peter Iwanows.

Auch der englische Lord ist natürlich da, er wiederum als holländischer Schiffer verkleidet. Er trifft sich hier mit dem Bürgermeister, der ihm bedeutungsvoll Peter Iwanow als den gesuchten Unbekannten vorstellt. So verhandeln nun zwei ungleiche Paare nebeneinander am Tisch: der echte Zar mit dem Franzosen, der vermeintliche mit dem Engländer, während das Fest munter weitergeht. Peter Iwanow macht dem Lord Versprechungen, immer fürchtend, dieser sei ein Abgesandter seines eigenen russischen Obersten, aus dessen Truppe er desertiert ist. Auf diese Weise scheint also auch der englische Gesandte ans Ziel zu kommen, ohne zu ahnen, dass er einem Irrtum aufsitzt, während unterdessen der französische Gesandte wirklich erreicht, was er wollte.

Gerade als Marie das Brautlied vorträgt, entsteht große Unruhe: Holländische Soldaten dringen ein und besetzen auf Befehl der Regierung den Hafen von Saardam. Sie sollen jeden Fremden, der sich nicht ausweisen kann, unverzüglich verhaften. In letzter Zeit sind nämlich zu viele wertvolle Arbeitskräfte aus den Werften von ausländischen Agenten abgeworben worden, gerade hier in Saardam. Das will man nun endlich verhindern. So kommt auf einmal ans Tageslicht, dass gleich drei Gesandte großer Mächte auf dieser ganz normalen Hochzeit zu Gast sind: aus England, aus Frankreich und aus Russland! Im allgemeinen Durcheinander verliert der Bürgermeister nun völlig den Überblick, denn die beiden Gesandten aus England und Frankreich stellen ihm jeweils einen anderen »richtigen« Zaren vor. Kurzerhand will er die ganze Versammlung einsperren lassen. Zum Glück bürgt der russische Gesandte für die Freiheit der beiden Peter.

Am nächsten Tag finden wir Bürgermeister van Bett im Rathaus – nicht etwa bei seinen Amtsgeschäften, sondern bei der Probe mit einem schnell zusammengestellten Chor! Der alte Einfaltspinsel glaubt, seinem hohen Gast – dem vermeintlichen Zaren Peter – einen würdigen Empfang bereiten zu müssen. Deshalb studiert er nun eine Kantate ein, zu der er den Text selbst verfasst hat. Die Probe verläuft jedoch ziemlich wüst und durcheinander. Und als Peter Michaelow, der echte Zar, hinzukommt, droht van Bett ihm gar mit einem Verhör.

Marie aber ist doch sehr beunruhigt über die dunklen Andeutungen, die alle über die Herkunft ihres Peters machen. Und der schlaue Michaelow bestärkt ihre Sorgen noch: Ja, Iwanow sei vielleicht wirklich der Zar und sie könne ihn womöglich heiraten. Dafür wolle er, Michaelow, sich verbürgen! Nur eine Bedingung stellt er: Sie muss ihren Peter vorläufig in der Öffentlichkeit auch als Kaiser behandeln.

Iwanow selbst ist begreiflicherweise ebenfalls ziemlich verwirrt, denn alle Welt, allen voran der unsympathische Bürgermeister, ist auf einmal so zuvorkommend zu ihm, nennt ihn gar Kaiser; jetzt tut das sogar seine Marie. Auch als er mit Michaelow zusammentrifft, klärt sich für ihn das Durcheinander nicht auf. Zar Peter aber erkennt während des Gesprächs mit Peter Iwanow ihrer beider Rettungsmöglichkeit, die er gleich nutzen will: Der englische Gesandte nämlich hat Iwanow, den er ja seit gestern Abend für den Zaren hält, heimlich einen Pass zugesteckt und ein Schiff zur Ausreise bereitstellen lassen!

Jetzt aber erfolgt der große Auftritt des Bürgermeisters mit seinem Chor und Iwanow wird dabei vor aller Welt als Zar gefeiert. Mitten hinein in die komisch-feierliche Veranstaltung hört man auf einmal Kanonenschüsse und Lärm vom Hafen her. Ein Gerücht breitet sich in Windeseile aus: Peter Michaelow ist soeben dabei, an der Spitze einer großen Mannschaft mit einem Schiff aus dem Hafen auszulaufen! Eilig reißt man die Vorhänge im Saal beiseite, der Blick zum Hafen wird frei und siehe da: Auf dem Schiff steht prächtig gekleidet der russische Zar.

Peter Iwanow aber und seine Marie dürfen auf sein Geheiß hin gleich mit ihm zusammen nach Russland reisen – er als kaiserlicher Oberaufseher und sie als dessen Frau!

Peter Iwanow   van Bett   Zar Peter I. (Peter Michaelow)

Hinweise

Albert Lortzing war ein waschechter Theatermann, der sich aus eigener Berufserfahrung auf der Bühne bestens auskannte. Er war selbst Schauspieler, Sänger und sogar Kapellmeister. So komponierte er nicht nur zahlreiche erfolgreiche Opern, sondern verfasste auch gleich die Textbücher selbst. Als Vorlage zu seinem ›Zar‹ diente ihm ein Stoff, der zu jener Zeit sehr beliebt war, schon in zahlreichen anderen Schauspielen und Opern verarbeitet worden war und auf eine wahre historische Begebenheit zurückgeht. Lortzing veränderte allerdings manches: Besonders der 3. Akt lebt von seinen eigenen originellen Einfällen, worunter vor allem die köstliche Kantatenprobe des Bürgermeisters zu nennen ist.

Wir verdanken Lortzing die »Deutsche Spieloper«, deren lustige und verständliche Handlung immer unter einfachen Leuten »wie du und ich« spielt. Diese Spieloper ist das deutsche Gegenstück zur italienischen »Opera buffa«. In ihr gibt es keine Rezitative, sondern – wie in Mozarts deutschen Singspielen – nur gesprochenen Dialog. Typisch für Lortzings Spielopern sind seine eingängigen, volkstümlichen Lieder, ob nun für Chor oder für Solostimmen. In ›Zar und Zimmermann‹ finden sich einige der bekanntesten, so gleich zu Beginn das rhythmische Zimmermannslied:

Später, im 2. Akt, gibt es dann etwa das zarte, ausdrucksvolle »Flandernlied«, das der Marquis von Chateauneuf Flöte spielend anstimmt; diesem Stück liegt eine flandrische Volksweise zugrunde:

Das etwas später folgende Brautlied geht auf eine russische Volksmelodie zurück.

Auch das Ballett hat einen großen Auftritt mit dem berühmten Holzschuhtanz:

Besonders wirkungsvoll sind natürlich die Szenen, in denen der einfältige und aufgeblasene Bürgermeister auftritt. Der musikalische Humor dieser Szenen hat – neben den volkstümlichen Liedern – zum Ruhm dieser Oper beigetragen. Sie hieß übrigens mit vollem Titel ›Zar und Zimmermann oder Die beiden Peter‹.

Albert Lortzing

(1801–1851)

Der Wildschütz

Komische Oper in drei Aufzügen

- Text: vom Komponisten
- Aufbau: Ouvertüre und 16 Musiknummern mit gesprochenem Dialog
- Uraufführung: am 31. Dezember 1842 in Leipzig
- Spieldauer: 3 Stunden

Besetzung

Graf von Eberbach	*Bariton*
Die Gräfin, seine Gemahlin	*Alt*
Baron Kronthal, Bruder der Gräfin	*Tenor*
Baronin Freimann, eine junge Witwe, Schwester des Grafen	*Sopran*
Nanette, ihr Kammermädchen	*Mezzosopran*
Baculus, Schulmeister auf dem Gut des Grafen	*Bass*
Gretchen, seine Braut	*Sopran*
Pankratius, Haushofmeister des Grafen	*Bass*
Diener und Jäger, Dorfbewohner, Schuljugend	*Chor, Ballett*

Die Handlung

 Verkleidungen waren seit eh und je im Theater beliebt, vor allem dann, wenn das Publikum mehr weiß, als die Figuren auf der Bühne zu ahnen scheinen. Im ›Wildschütz‹ wird dieses lustige, doppelte und dreifache Verkleidungsspiel auf die Spitze getrieben!

 Baculus ist als Schulmeister beim Grafen von Eberbach angestellt. Er hat schon eine Reihe von Dienstjahren auf dem Buckel. Umso ausgelassener feiert er unter Freunden und Bekannten seine Verlobung mit dem hübschen Gretchen, das viel jünger als ihr zukünftiger Ehemann ist. Da findet das Fest auf einmal ein jähes Ende: Graf Eberbach schickt Baculus einen Brief, in dem er ihm fristlos kündigt, und zwar wegen Wilderei! Schuld daran hat genau genommen Gretchen. Sie hat Baculus nämlich dazu angestachelt, in den Wäldern des Grafen auf die Jagd zu gehen, damit sie zum Fest etwas Leckeres zu essen bekämen. Als er einen Bock schoss, wurde er jedoch erwischt.

Gretchen will die Sache beim Grafen gleich selbst wieder in Ordnung bringen; Baculus aber ist – wohl mit Recht! – eifersüchtig und hindert sie daran. Zu Hilfe kommen zwei Studenten, von denen einer – als Mädchen verkleidet – für Gretchen aufs Schloss gehen will. In Wirklichkeit aber handelt es sich bei diesen beiden »Burschen« um die Baronin Freimann, die Schwester des Grafen, und deren Zofe Nanette. Das merkt jedoch niemand. Die Baronin hat eigentlich ganz andere, private Absichten, warum sie unerkannt ins Schloss gelangen möchte: Jung verwitwet, will sie sich dort einen möglichen Heiratskandidaten ansehen, ohne dass dieser es gleich merken soll. Es handelt sich dabei um den Baron Kronthal, den Bruder der Gräfin Eberbach, der es seinerseits vorgezogen hat, als Stallmeister unerkannt zu bleiben, um sich so in aller Ruhe unter den adligen Schönen des Landes umsehen zu können. Nur der Graf selbst kennt die Verkleidung des

Barons; die Gräfin aber hat ihren Bruder nicht mehr gesehen, seit er in den Windeln lag. Und auch der Graf ist seiner Schwester, der Baronin, seit Kindertagen nicht mehr begegnet – gute Voraussetzungen also für ein verzwicktes Verkleidungsspielchen!

Die Verwirrung setzt auch sogleich ein: Der Graf und sein Stallmeister kehren gerade, müde von der Jagd, im Dorfgasthaus ein. Hier begegnen sie Gretchen und der Baronin, die sich unterdessen in ein niedliches Bauernmädchen verwandelt hat. Man ist sich spontan sympathisch; vor allem Kronthal findet Gefallen an dem einfachen Mädchen und der Graf lädt die beiden zu seinem Geburtstag ein.

 Am Abend gewinnt Baculus im Schloss eine Verbündete in der Gräfin, die für ihn beim Grafen gut Wetter machen soll: In ihrer Begeisterung für die griechische Antike ist sie von dem Schulmeister, der ihr geschickt eigene Griechischkenntnisse vorzugaukeln weiß, sehr angetan. Doch bald kommt der Graf hinzu: Er kennt keine Gnade für Wilddiebe! Baron und Baronin – jeweils verkleidet – erscheinen, wobei die Baronin sich jetzt als Braut des Schulmeisters vorstellt. Baculus hat unüberlegt noch den »Studenten« um Hilfe gerufen; deshalb macht ihm seine »Braut« nun eine Szene. Der Versöhnungskuss aber, auf dem die Gräfin besteht, erweckt sofort die Eifersucht des Grafen und seines »Stallmeisters«.

Nun möchte man sich auf den Heimweg machen, doch ein aufziehendes Gewitter kommt dazwischen. Platz zum Übernachten ist mehr als genug im Schloss, doch wer soll nun bei wem schlafen? Schließlich einigt man sich darauf, den Schulmeister mit seiner (falschen) Braut im Salon unterzubringen; Graf und (falscher) Stallmeister aber wollen über die Moral der beiden wachen, indem sie sich mit Billardspielen vergnügen. So beschäftigt sich jeder auf seine Weise: Baculus lernt laut den Choral für das Geburtstagsfest auswendig und seine »Braut« – die Baronin – strickt.

Da schickt die Gräfin nach ihrem Mann. In Abwesenheit des Grafen erklärt der Baron der Baronin temperamentvoll seine Liebe. Aber er kommt nicht weit, denn der Graf kehrt schnell zurück und schickt nun seinerseits den Baron zur Gräfin. Kaum ist dieser draußen, will auch der Graf die Baronin küssen, doch der Baron ist ebenfalls schnell genug wieder da, um das zu verhindern. Die Stimmung wird immer gereizter, nicht zuletzt durch die ständigen lautstarken, aber vergeblichen Versuche des Schulmeisters, sich mit dem Choralsingen müde zu machen. Sie geraten in Streit und zerschlagen dabei versehentlich die Lampe. Im willkommenen Dunkel greifen die Männer sofort nach der Baronin, die sich gerade noch unter den Spieltisch retten kann. Unterdessen hat der Lärm die Gräfin auf den Plan gerufen, sodass sich dem Haushofmeister, der schließlich Licht bringt, das folgende überraschende Bild bietet: Graf und Gräfin halten sich in den Armen und der Baron drückt zärtlich den Schulmeister. Umgehend nimmt die Gräfin das »Bauernmädchen« mit sich auf ihr Zimmer, um es vor den zudringlichen Männern zu schützen. Der Baron aber bietet Baculus 5 000 Taler an, wenn der ihm seine entzückende »Braut« verkauft. Der Lehrer ist natürlich begeistert und sagt sofort zu – auf diese Weise wäre seine Zukunft mit Gretchen gesichert!

Am nächsten Morgen klärt sich dann alles nacheinander auf: Baculus stellt dem Baron seine echte Braut Gretchen vor und macht ihm zugleich die schockierende Mitteilung, dass das »Bauernmädchen« in Wirklichkeit ein Mann sei, nämlich ein Student. Das Entsetzen des Barons legt sich erst, als sich die Baronin hinter der Maske des Studenten zu erkennen gibt, und nach und nach begreifen alle, was da gespielt worden ist: Jeder hat ja nur das Beste gewollt und ist der Stimme des Herzens gefolgt! Baron und Baronin haben sich endlich gefunden, Graf und Gräfin gehören weiterhin zusammen und Baculus kann sein Gretchen heiraten. In dem Augenblick, als der Graf auch noch großmütig dem Schulmeister verzeihen will, kommt der Haushofmeister Pankratius mit einer verblüffenden Nachricht: Baculus ist gar kein Wilderer, denn er hat im Dunkeln keinen Bock getroffen, sondern seinen eigenen Esel!

| Graf | Gräfin | Gretchen | Baculus |

Hinweise

Lortzing war in jungen Jahren einmal als Schauspieler in Detmold ange-
stellt gewesen. Aus dieser Zeit noch kannte er das Lustspiel ›Der Rehbock
oder Die schuldlosen Schuldbewussten‹ von August Friedrich Ferdinand
von Kotzebue (1761–1819), einem der damals bekanntesten Theaterdich-
ter in Deutschland. Kotzebue schrieb seine volkstümlichen Stücke zur
Unterhaltung, nicht zur Belehrung seines Publikums und hatte damit
großen Erfolg; Lortzing hatte ähnliche Absichten mit seinen Opern. Das
Libretto verfasste der Komponist wie gewöhnlich selbst; in dieser Hinsicht
war er ein Vorläufer Richard Wagners. Seine Opern allerdings zeigten
noch nicht die geringsten Spuren des späteren großen Musikdramas. Sie
waren vielmehr richtige in Nummern gegliederte Spielopern mit gespro-
chenem Dialog – in der Nachfolge also von Mozarts ›Entführung aus
dem Serail‹, der ›Zauberflöte‹ oder auch Beethovens ›Fidelio‹.

Dass es Lortzing hier trotz aller Absicht, sein Publikum zu unterhal-
ten, nicht nur um oberflächlichen Spielwitz ging, zeigt sich indessen bei
seinem wohl bedeutendsten Werk mehrfach: So macht er sich über eine

Mode der damaligen Zeit lustig – nämlich die verständnislose Begeisterung für alles Griechische, Antike. Diese Modeerscheinung wird in der Rolle der Gräfin vorgeführt und gründlich verspottet. Mit der Figur des Lehrers Baculus parodiert Lortzing eine weitere Zeiterscheinung: den weltfremden Gelehrten jener Epoche in der ersten Hälfte des 19. Jahrhunderts, die wir heute das Biedermeier nennen.

Baculus' Arie »5 000 Taler« am Schluss des 2. Aktes zählt zu den Höhepunkten der Oper:

›Der Wildschütz‹ ist eine Oper der großen Ensembleszenen, von denen es viel mehr gibt als Arien – dreizehn gegenüber ganzen dreien! In diesen Ensembles hat Lortzing gewiss viel von Mozarts Meisterschaft gelernt. Nicht nur hierin kann man eine gewisse Verwandtschaft zu ›Figaros Hochzeit‹ erkennen; auch die Handlung weist einige Ähnlichkeiten auf.

Die Ouvertüre ist – wie bei Singspielen üblich – eine »Potpourri-Ouvertüre«, die musikalisch mit bestimmten Melodien auf den Gang der Ereignisse vorausweist und darüber hinaus die festliche erste Szene der Oper vorbereitet, in der die Landleute ihr Lied anstimmen:

Lortzing war ein sehr produktiver Opernkomponist. Heute berücksichtigen die Theater ihn zwar leider wenig, doch sollten etwa seine romantische Zauberoper ›Undine‹ (1845) oder auch ›Der Waffenschmied‹ (1846) nicht vergessen werden.

Richard Wagner
(1813–1883)

Der fliegende Holländer

Romantische Oper in drei Aufzügen

- Text: vom Komponisten
- Aufbau: Ouvertüre und drei durchkomponierte Aufzüge
- Uraufführung: am 2. Januar 1843 in Dresden
- Spieldauer: etwa 2 ½ Stunden

Besetzung

Daland, ein norwegischer Seefahrer	*Bass*
Senta, seine Tochter	*Sopran*
Erik, ein Jäger	*Tenor*
Mary, Sentas Amme	*Alt*
Der Steuermann Dalands	*Tenor*
Der Holländer	*Bariton*
Matrosen des Norwegers, Mannschaft des Holländers, Mädchen	*Chor*

Die Handlung

Auf dem Meer vor der norwegischen Küste ist die Hölle los. Kapitän Daland hat sein Schiff mit letzter Kraft in eine halbwegs schützende Felsenbucht retten können. So kurz vor dem heimatlichen Gestade musste ihm das Unwetter noch diesen Streich spielen! Den ersehnten Hafen und sogar die vertrauten Häuser hatten die heimkehrenden Seeleute schon erkannt, da war auf einmal aus heiterem Himmel der Wind umgeschlagen und hatte sie sieben lange Meilen zurückgeworfen.

Daland schickt seine todmüde Mannschaft zur Ruhe und übergibt seinem Steuermann die Wache. – Hier, in der Bucht Sandwike, droht ihnen keine Gefahr mehr.

Allmählich beruhigt sich der Sturm. Auch der Steuermann ist schrecklich müde; er versucht sich mit einem Seemannslied wach zu halten: »Ach, lieber Südwind, blase doch!«, aber auch ihn übermannt schließlich der Schlaf. Da bäumen sich die Wellen geheimnisvoll auf, der Himmel verdunkelt sich und wie ein Spuk taucht jäh ein schwarzes Schiff aus der Finsternis hervor. Mit blutroten Segeln hält es direkt auf Dalands Schiff zu, bis krachend der Anker herabsaust. – Dann wieder Totenstille!

Plötzlich erkennt man eine düstere Gestalt: Der Kapitän des unheimlichen Schiffes geht an Land. In langem Selbstgespräch voller verzweifelter Ausbrüche gibt er sein Schicksal preis: Vergeblich sucht er alle sieben Jahre an Land eine Heimat, seine Erlösung; er fand bisher »… nirgends ein Grab! Niemals den Tod«, auch wenn er ihn noch so sehr herbeisehnte. Sogar Piraten bekreuzigen sich, wenn sie ihm begegnen. Letzte Hoffnung ist ihm der Tag des Jüngsten Gerichtes, wenn alle Toten auferstehen. Dann wäre seine Irrfahrt zu Ende.

Da kommt der ausgeruhte Daland wieder an Deck, rügt seinen verschlafenen Steuermann, der das fremde Schiff überhaupt noch nicht bemerkt hat. Eilfertig schickt dieser den üblichen Seemannsruf hinüber, aber auf dem Gespensterschiff rührt sich nichts. Doch Daland

hat inzwischen den Kapitän entdeckt, der sich ihm als »Holländer«
vorstellt. Sie tauschen ein paar Redensarten zur Begrüßung. Der Holländer kommt fast unhöflich schnell zur Sache: Er bittet Daland um
Gastfreundschaft nur für eine Nacht und zeigt ihm auch sogleich un-
ermessliche Schätze, mit denen er bezahlen will. Daland ist verdutzt,
seine Begehrlichkeit ist jedoch schnell geweckt und er lädt den Fremden ein. Wieder bedrängt der ihn: »Hast du eine Tochter?«, und der
überrumpelte, von Reichtum und Schmuck geblendete Daland verspricht ihm seine Tochter gar zur Frau (»… wonach alle Väter trachten; ein reicher Eidam, er ist mein!«), obwohl sie doch mit dem Jäger
Erik verlobt ist. Schon schlägt wieder, wie auf Geisterbefehl, der Wind
um. Der ersehnte Südwind bläst und beide Schiffe legen nacheinander
ab, um noch heute den heimatlichen Hafen Dalands zu erreichen.

Der Holländer   Daland   Steuermann

In Dalands Haus, in der großen Schifferstube, vertreiben sich
die Mädchen die Zeit mit Spinnen und Singen. Sie warten
auf die heimkehrenden Seeleute. Zugleich aber beobachten
sie neugierig Dalands Tochter Senta, die abseits steht und wieder einmal seltsame Anwandlungen zu haben scheint: Sie starrt unverwandt
ein großes Gemälde an der Wand an, das einen fremdartigen Seemann

darstellt. Auch Mary, ihrer Amme, gelingt es nicht, Senta abzulenken. Unwirsch weigert sie sich, die Ballade vom Fliegenden Holländer vorzutragen, obwohl Senta sie gerade wieder einmal – zum wie vielten Male schon? – darum gebeten hat.

Gespannt hören die Mädchen auf zu spinnen und rücken um Senta zusammen, als diese nun selbst, wie entrückt, die schaurige Ballade singt: vom ruhelosen Seemann, den ein Fluch auf ewige Meeresreise gebannt hat und den einzig ein treues Weib erlösen kann. Gerade als Senta sich wie von Sinnen selbst dem Holländer als Retterin anbietet, tritt ihr Verlobter Erik ein. Er hat Dalands Schiff gesehen und alsbald verfallen Mary und die Mädchen voller Vorfreude in geschäftige Unruhe. Erik aber hält Senta beschwörend zurück; eindringlich, aber schließlich doch vergeblich, bittet er sie, ihr feierliches Heiratsversprechen endlich einzulösen. Sie weicht seinem Drängen aus und führt ihn stattdessen vor das Gemälde. Da warnt Erik sie und erzählt von seinem Traum: Wie in einer Vision schildert er Sentas erste Begegnung mit dem Holländer, wobei sie ihm immer wieder, seine Erzählung ergänzend, ins Wort fällt. Hoffnungslos gibt Erik auf und überlässt sie seinem schaurigen Wahrtraum: In der Tür erscheinen der Holländer und Sentas Vater!

Senta   Mary   Erik

Daland stellt seiner Tochter den unbekannten Seemann ganz selbstverständlich als Bräutigam vor, merkt aber bald, dass keiner von beiden ihn auch nur beachtet. Sie haben nur Augen füreinander. Leise zieht er sich zurück und überlässt sie ihrem Schicksal.

»Wie aus der Ferne längst vergangner Zeiten« erscheint dem Holländer Senta als erlösender Engel – Senta, die ihn längst erkannt hat! Sie verspricht ihm Treue bis zum Tod.

In der hellen Nacht des Nordens feiern die Matrosen und Mädchen mit Gesang und Tanz ihr fröhliches Wiedersehensfest. Bei Dalands Haus am Hafen liegen Norweger- und Holländerschiff nebeneinander: hell und belebt das eine, unnatürlich finster und totenstill das andere. Die Stimmung wird immer ausgelassener; vergeblich versucht man, die Holländer-Mannschaft aus dem Schiff zu locken. Auf dem Höhepunkt des Festes verdüstern sich unversehens Himmel und Meer. Man hört spukhaften Gesang aus dem Bauch des Gespensterschiffes und ein gellendes Hohngelächter, dann ist wieder alles ruhig.

Da kommt Senta gelaufen, verfolgt vom verzweifelten Erik. Beschwörend erinnert er sie daran, dass sie ihm Liebe und Treue gelobt hat – aber vergebens! Unbemerkt nähert sich der Holländer. Entsetzt hat er Eriks letzte Worte mitangehört und gibt seiner Mannschaft nun mit grellem Pfiff das Signal zum Aufbruch. Dann wendet er sich zum letzten Mal an Senta: »Ich zweifl' an dir, ich zweifl' an Gott … Erfahre das Geschick, vor dem ich dich bewahre …!« Wer auch immer ihm die Treue bricht – ewige Verdammnis ist das Los und zahllose Opfer hat es schon gegeben. Noch hat Senta ihm nicht vor Gott Treue geschworen …

In gespenstischer Eile hat die Mannschaft das Schiff bereitgemacht. Blitzschnell gelangt der Holländer an Bord und augenblicklich sticht das Schiff in See. Alle Umstehenden wollen Senta festhalten, doch sie reißt sich los und springt dem Holländer mit einem Aufschrei: »… treu bis in den Tod!« nach ins Meer. Fassungslos und wie gelähmt sehen die Zurückgebliebenen das Wunder der Verklärung: Schiff und Mannschaft versinken im Meer, während Senta und der Holländer Arm in Arm gen Himmel schweben.

Hinweise

Von dieser Oper gibt es zwei verschiedene Fassungen, die auch beide noch aufgeführt werden. Die erste wird ohne Pause durchgespielt; hier werden die drei Aufzüge durch Zwischenspiele miteinander verbunden. Die zweite besteht aus drei getrennten Aufzügen, zwischen denen jeweils eine Pause ist. In heutigen Aufführungen wird häufig auf die Verklärung am Schluss verzichtet.

Die Idee zum ›Fliegenden Holländer‹ kam Richard Wagner auf einer langen Seereise 1839, auf der er vor der norwegischen Küste in einen Sturm geriet. Auch den Einfall des Matrosenchores »Steuermann, halt die Wacht…« hatte er auf dieser Reise, die ihn von Riga über London nach Frankreich führte. Die Fabel vom verfluchten Holländer kannte er von Heinrich Heine (1797–1856), dem großen deutschen Dichter und Zeitgenossen Wagners. Sie steht in Heines ›Memoiren des Herren von Schnabelewopski‹. Ein bekanntes Märchen von Wilhelm Hauff handelt von einer ganz ähnlichen Spukbegebenheit: In der ›Geschichte von dem Gespensterschiff‹ kann die auf dem Meer umherirrende Schiffsbesatzung erst dann erlöst werden, wenn sie wieder mit dem Erdboden in Berührung kommt.

Im Mittelpunkt dieser »romantischen Oper« steht das Meer. Immer wieder sind Wellen und Sturm im leidenschaftlich bewegten Orchester zu hören, vor allem in der langen Ouvertüre, dann aber auch in der 1. Szene während der Ankunft der beiden Schiffe in Sandwike oder später im letzten Bild der Oper: auf- und absteigende Tonleitern, an- und abschwellende Lautstärke und tremolierende Streichinstrumente (tremolieren = Zittern des Bogens; schnelles Hin- und Herfahren des Bogens auf einem Ton).

Im Verlauf der Oper begegnen uns an wichtigen Stellen der Handlung sehr einprägsame, gegensätzliche Melodien (Motive): Sie sind den Hauptpersonen und den Hauptgedanken der Oper zugeordnet und weisen den Hörer nachdrücklich auf sie hin. Die beiden wichtigsten dieser so genannten »Leitmotive« gehören

- zu Senta – oder genauer zu ihrer Vision der Erlösung:

- und zum Holländer selbst:

Auch der Chor der Matrosen klingt immer wieder leitmotivartig an:

Steu - er - mann, lass ———— die Wacht!

Zum ersten Mal hören wir alle diese Motive in der Ouvertüre, später dann vor allem in den großen Hauptteilen der Oper: in der Auftrittsarie des Holländers im 1. Akt – »Die Frist ist um« –, in Sentas Ballade im 2. Akt, die der eigentliche Mittelpunkt des Werkes ist und auch zuerst komponiert wurde, und dann im dramatisch-tragischen Schluss, der übrigens zugleich dem Schluss der Ouvertüre entspricht.

Richard Wagner
(1813–1883)

Tannhäuser und der Sängerkrieg auf Wartburg

Große romantische Oper in drei Akten

- Text: vom Komponisten
- Aufbau: Ouvertüre und drei durchkomponierte Aufzüge
- Uraufführung: 1. Fassung am 19. Oktober 1845 in Dresden,
  2. Fassung am 13. März 1861 in Paris
- Spieldauer: etwa 2 ¾ Stunden

Besetzung

Hermann, Landgraf von Thüringen	*Bariton*
Tannhäuser	*Tenor*
Wolfram von Eschenbach	*Bariton*
Walther von der Vogelweide	*Tenor*
Biterolf	*Bass*
Heinrich der Schreiber	*Tenor*
Reinmar von Zweter	*Bass*
Elisabeth, Nichte des Landgrafen	*Sopran*
Venus	*Sopran*
Ein junger Hirt	*Sopran*
Vier Edelknaben	*Sopran und Alt*
Thüringische Ritter, Grafen und Edelleute, Edelfrauen, ältere und jüngere Pilger, Sirenen	*Chor*
Najaden, Nymphen, liebende Paare, Bacchantinnen	*Ballett*

Die Handlung

 Die Handlung der Oper spielt im märchenhaften Zwischenreich geschichtlicher und legendärer Überlieferung. Einzelne Personen – etwa die uns namentlich überlieferten Minnesänger wie Walther von der Vogelweide oder Wolfram von Eschenbach, aber auch vermutlich Tannhäuser – haben tatsächlich gelebt. Die hier mitgeteilten tragischen Vorkommnisse allerdings haben mit der Wirklichkeit jener Zeit wenig gemeinsam.

 Der Minnesänger Tannhäuser ist vor Liebe wie von Sinnen: Er ist von niemand Geringerem als von der Liebesgöttin Venus persönlich verzaubert worden und gibt sich mit ihr gemeinsam allen Genüssen der Liebe hin. Wir sehen ihn in ihren Armen, hingestreckt auf einem Lager in einer unwirklich erleuchteten unterirdischen Grotte in ihrem Reich – dem Venusberg –, aufwachend nach einer langen Liebesnacht. Um sie herum bewegen sich singend und tanzend allerlei märchenhafte Paare, Nymphen und Najaden (Wassernymphen).

Tannhäuser erwacht wie aus einem langen Traum und spürt auf einmal wachsenden Überdruss an den pausenlosen Freuden der Liebe. Die Sehnsucht nach der Welt der Menschen mit allen ihren Sorgen und Freuden keimt in ihm auf und er hat den immer dringenderen Wunsch nach Rückkehr. Mühsam entzieht er sich den Umarmungen und Verführungskünsten der Göttin, die seine Wünsche überhaupt nicht begreifen kann. Tannhäuser versucht sie durch seinen schmelzenden, leidenschaftlichen Gesang zu beruhigen, fühlt jedoch immer stärker sein Begehren nach Freiheit. Venus kann ihn mit all ihren Reizen nicht mehr zurückhalten und verflucht ihn schließlich leidenschaftlich. Allerdings lässt sie ihm ein Hintertürchen offen: Wenn er einst von den Menschen doch genug haben sollte, will sie ihn gerne wieder empfangen!

Tannhäuser   Venus

Nun begegnen wir Tannhäuser auf seinem Rückweg in die Welt der
Menschen. Im Tal der Wartburg, umgeben von frühlingshaft blühenden Bäumen, lauscht er beglückt den Liedern und Schalmeienmelo-
dien der Hirten. Auf einmal dringen von Ferne her fromme Lieder an
sein Ohr und Pilger ziehen vorbei. Tannhäuser ist tief betroffen und
spricht am Wegesrand erschüttert ein Gebet.

Da kündigen Jagdhörner die Ankunft des Landgrafen und seines
Gefolges an. Sie finden zu ihrer Überraschung Tannhäuser, der einst
im Streit von ihnen gegangen war und den sie verloren geglaubt
hatten. Unsicher nähert er sich den einstigen Freunden, die ihn zunächst etwas verlegen, aber recht freundlich begrüßen. Als ihn der
Landgraf schließlich auf seine Burg einlädt, zögert Tannhäuser. Doch
sein Freund Wolfram findet endlich das erlösende Wort: Er erinnert
Tannhäuser an Elisabeth, die Nichte des Landgrafen, an ihre zarte
Zuneigung und an ihre Trauer nach seinem rätselhaften Verschwinden. Bewegt schließt sich Tannhäuser den Männern an.

 Nun lernen wir die berühmte Wartburg von innen kennen.
Seit Tannhäusers Verschwinden war Elisabeth nie mehr in
der Sängerhalle der Burg. Heute aber erwartet sie ihn auf-

geregt zurück und lässt uns mit einem jubelnden Lied an ihrer Vorfreude teilnehmen. Atemlos stürmt Tannhäuser herein und wirft sich ihr zu Füßen. Wolfram aber, der ihn begleitet und der sich auch auf Elisabeth Hoffnungen gemacht hat, zieht sich leise und enttäuscht zurück und überlässt die beiden ihrem Wiedersehensglück. Auch der Landgraf tritt auf, der die leidenschaftlichen Gefühle seiner Nichte für Tannhäuser ahnt. Er kündigt aus Anlass dieser unverhofften Heimkehr einen großen Sängerwettkampf an.

Bald beginnt sich die Sängerhalle in froher Erwartung des großen Ereignisses mit festlichen Gästen aus nah und fern zu füllen. Der Landgraf richtet an seine Gäste eine Ansprache, in der er ihnen die Aufgabe verkündet, um die es in dem Wettstreit gehen soll: Sie sollen von der Liebe und ihrem Wesen singen. Dem Besten unter allen soll Elisabeth dann den Siegespreis überreichen – einen Preis, so hoch und kühn der Sieger in fordern wolle… Das Los bestimmt die Reihenfolge der Sänger. Wolfram muss beginnen; er tut es mit einem eher zurückhaltenden, nachdenklichen Lied und begleitet sich dabei selbst auf der Harfe. Ihm folgen Walther und Biterolf.

Doch der eigentlich so friedliche Wettkampf gerät rasch außer Kontrolle, weil Tannhäuser nach jedem einzelnen Sänger ziemlich unbeherrscht das Wort ergreift. Ihm ist das alles, was seine Kollegen über die Liebe äußern, viel zu trocken und wirklichkeitsfern. Er schildert stattdessen in immer glühenderen Farben das Erlebnis der leidenschaftlichen, sinnlichen Liebe.

Auf einmal geht es hoch her im Sängersaal; fast werden die Streitenden handgreiflich. Der bedächtige Wolfram versucht sie noch einmal mit einem beschwörenden Lied zu besänftigen, erreicht damit jedoch gerade das Gegenteil. Tannhäuser nämlich ist in Ekstase geraten, er stimmt jetzt ein Loblied auf Venus an und lädt obendrein auch noch alle in den Venusberg ein – welch ein Skandal auf der ehrwürdigen Wartburg! Es kommt zu einem gewaltigen Durcheinander. Die Sänger dringen mit dem Schwert auf Tannhäuser ein und wollen ihn in ihrer Raserei gar umbringen. Elisabeth ist völlig verzweifelt; sie wirft sich dazwischen, bittet für Tannhäuser um Gnade und rettet ihm so schließlich das Leben. Zornbebend verkündet der Landgraf die Strafe: »Wir stoßen dich von uns …« – So bleibt Tannhäuser nur noch die Bußreise zum Papst nach Rom. Zerknirscht schließt er sich einer Pilgerschar an.

Wolfram von Eschenbach   Elisabeth   Tannhäuser

 Elisabeth hat ihrer Liebe zu Tannhäuser längst entsagt und sorgt sich nur noch um sein Seelenheil. Vergeblich wartet sie sehnsüchtig auf seine Rückkehr aus Rom. Auch Wolfram, der sie immer noch heimlich liebt, muss einsehen, dass sie für ihn und die Welt endgültig verloren ist. So singt er für sie wie zum Abschied sein wehmütiges »Lied an den Abendstern«.

Im Dunkel der Nacht taumelt Tannhäuser herein. Man sieht ihm gleich an, dass seine Bußreise vergeblich gewesen sein muss. Mitleidig will Wolfram den ehemaligen Freund aufnehmen, doch Tannhäuser stößt ihn verzweifelt zurück. Stockend und niedergeschlagen berichtet er Wolfram von seiner Audienz beim Papst, der ihn unerbittlich und streng abgewiesen hat: Eher würde ein verdorrter Stecken wieder ergrünen, als dass er – Tannhäuser – erlöst werden könnte! Ohne jede Hoffnung auf Erlösung scheint sich ihm jetzt nur noch ein einziger irrer Ausweg aufzutun: der Weg zurück in den Venusberg, in die Arme der Venus. Wie von Sinnen beschwört er mit seinen Worten den Zauber der Liebesgöttin.

Schon scheint seine Vision Wirklichkeit zu werden, da bannt Wolfram endlich mit einem einzigen Wort den höllischen Spuk: »Elisabeth!« Die Geistervision verschwindet und zugleich schwankt von der Burg her ein düsterer Trauerzug mit Elisabeths Leiche heran. Tot bricht Tannhäuser an ihrer Bahre zusammen. Da nähert sich von der anderen Seite ein Zug frommer Pilger. Sie bringen einen Bischofsstab, dessen trockenes Holz frisches Grün trägt – Zeichen der Sühne und Erlösung.

Hinweise

Noch entschiedener als im ›Fliegenden Holländer‹ verzichtete Wagner im ›Tannhäuser‹ auf die herkömmliche Gliederung der Oper in einzelne »Nummern«, also in abgegrenzte Arien und Ensembles. Stattdessen komponierte er nun komplette Szenen in einem großen musikalischen Zusammenhang durch. Nur noch an wenigen Stellen ist eine Art Arie zu erkennen, begünstigt durch szenische Anlässe wie etwa den Sängerwettstreit, bei dem die einzelnen Minnesänger sich mit einem Lied vorstellen. Auch Wolframs berühmtes »Lied an den Abendstern« kann man noch als Arie ansehen:

Wolfram:

O! du mein hol - der A - bend - stern

So groß die Gegensätze der Handlung sind, so groß sind folgerichtig in dieser Oper auch die musikalischen Kontraste. Auf der einen Seite haben wir die musikalisch farbenprächtig gezeichnete, rauschhafte Welt des Venusbergs, in die Wagner die ganze Meisterschaft seiner Instrumen-

tationskunst gelegt hat. Ihr gegenüber stehen vor allem die weihevollen, religiös geprägten Szenen der Pilgerzüge mit ihren Chorälen und Gebeten. Dieses offensichtliche Gegenüber von Extremen erleben wir auch bei der Schilderung der handelnden Personen: Da ist der zwischen seiner Leidenschaft und tiefster Zerknirschung schwankende Tannhäuser, dort der eher zurückhaltende Wolfram mit seinen lyrischen Liedern. Ein anderes musikalisches Gegensatzpaar findet sich in der sinnlichen Venus und der nach innen gewandten, am Ende religiös verklärten Elisabeth.

Die meisterhafte Ouvertüre nimmt diese Gegensätzlichkeit sehr deutlich vorweg und stellt sie auf beispielhafte Weise musikalisch vor. Zu Beginn erklingt in den Bläsern die getragene Weise des späteren Pilgerchores:

Im weiteren Verlauf lernen wir dann wesentliche Melodien der folgenden Oper kennen, darunter die leidenschaftlich glühende Musik des Venusberges und auch Tannhäusers Hymne auf Venus und die Liebe.

Von ›Tannhäuser‹ erstellte Wagner zwei Fassungen, die sich inhaltlich und auch musikalisch in einigen Punkten unterscheiden. So leitet in der zweiten, der so genannten »Pariser Fassung« die Ouvertüre direkt in die erste Venusberg-Szene über, an der er manche Änderungen und Erweiterungen vornahm. Und am Ende der Oper – bei Tannhäusers Vision vom Venusberg – erscheint Venus sogar noch einmal leibhaftig auf der Bühne.

Für sein Textbuch stützte sich Wagner auf einige romantische Dichtungen seiner Zeit, die sich mit der Epoche der Minnesänger beschäftigten, kaum jedoch auf die eigentlichen historischen Überlieferungen.

Richard Wagner
(1813–1883)

Lohengrin

Romantische Oper in drei Aufzügen

- Text: vom Komponisten
- Aufbau: Vorspiel und drei durchkomponierte Akte, vor dem 3. Akt ebenfalls ein längeres Vorspiel
- Uraufführung: am 28. August 1850 in Weimar unter der Leitung von Franz Liszt, dem berühmten Pianisten und Komponisten (1811–1886)
- Spieldauer: etwa 4 Stunden

Besetzung

Heinrich der Vogler, deutscher König	*Bass*
Lohengrin	*Tenor*
Elsa von Brabant	*Sopran*
Friedrich von Telramund, brabantischer Graf	*Bariton*
Ortrud, seine Frau	*(Mezzo-)Sopran*
Der Heerrufer des Königs	*Bariton*
Vier brabantische Edle	*Tenor und Bass*
Vier Edelknaben	*Sopran und Alt*
Herzog Gottfried, Elsas Bruder	*Stumme Rolle*
Sächsische und thüringische Edle und Grafen, brabantische Edle und Grafen, Edelfrauen, Edelknaben, Männer, Frauen, Knechte	*Chor*

Die Handlung

 Die wundersame Geschichte vom Schwanenritter Lohengrin spielt vor rund tausend Jahren in Brabant, in einem Land, das schon seit vielen Jahrhunderten in dieser Ausdehnung nicht mehr besteht. Es umfasste einst Teile des heutigen Holland und Belgien und gehörte zum deutschen Reich König Heinrichs I., genannt der Vogler, der in der ersten Hälfte des 10. Jahrhunderts regierte.

Wieder einmal bedrohen die Hunnen das Reich an seiner Ostgrenze. König Heinrich begibt sich in seine Provinzen, um sich deren Beistand gegen den gemeinsamen Feind zu sichern. Am Ufer der Schelde bei Antwerpen empfängt er die Fürsten und Edlen von Brabant. Unter ihnen aber herrscht Unfrieden: Graf Friedrich von Telramund erhebt schwere Anklage gegen Elsa von Brabant. Er hatte sie gemeinsam mit ihrem jungen Bruder Gottfried nach dem Tod des Vater in seine Obhut genommen. Gottfried aber ist verschollen; von einem gemeinsamen Spaziergang mit seiner Schwester ist er nicht mehr zurückgekehrt. Nun beschuldigt Telramund Elsa des

König Heinrich   Ortrud   Graf Telramund

153

Elsa

heimtückischen Mordes an ihrem Bruder. Er unterstellt ihr dabei die böse Absicht, sich auf verbrecherische Weise gemeinsam mit einem unbekannten Liebhaber die Krone von Brabant sichern zu wollen. Er aber, Graf Telramund, sei doch schließlich der nächste Erbe nach Gottfried, und sein Weib Ortrud sei ebenfalls aus würdigem fürstlichem Geblüt.

Das ist eine unerhörte Anschuldigung, zumal Telramund keinen einzigen Beweis für seine kühnen Behauptungen vortragen kann. Der König weiß keinen anderen Rat, als nach altem Brauch ein Gottesgericht über die Wahrheit entscheiden zu lassen. Denn auch Elsa, die man herbeigerufen und befragt hat, trägt nicht zur Klärung bei: Sie erzählt seltsame Dinge von einem strahlenden Ritter, der ihr im Traum erschienen sei. Er soll für sie im Kampf gegen den Verleumder streiten! Zum Lohn und Dank bietet sie ihm ihr Land, ihre Krone und ihre Hand. Feierlich verkündet der Heerrufer des Königs den Beginn des Gotteskampfes, doch nichts als Schweigen antwortet ihm auf die

Lohengrin

weithin hallende Frage, wer für Elsa in den Kampf ziehen wolle. Erst als Elsa in inbrünstigem Gebet ihren Traum-Ritter anruft, geschieht vor aller Augen ein Wunder: Auf dem Fluss nähert sich ein Nachen (Kahn), von einem Schwan gezogen, und ein Ritter in silberglänzender Rüstung entsteigt ihm.

Ehrfürchtiges Staunen breitet sich unter dem Volk am Ufer aus. Der Ritter beugt sein Knie vor dem König. Dann erklärt er sich bereit, für Elsas Unschuld zu streiten. Eine Bedingung allerdings stellt er ihr mit feierlichem Ernst: Niemals darf sie ihn fragen, wie er heißt und woher er stammt!

Alsbald kommt es zum Gotteskampf. Wer siegt, auf dessen Seite ist das Recht, so sagen die Regeln. Telramund unterliegt dem fremden Ritter. Sein Leben scheint verloren, aber der Unbekannte schenkt es ihm – möge er seine Verleumdung aufrichtig bereuen! Als Ehrloser wird Telramund aus Brabant verstoßen. Der Ritter aber wird im Triumphzug mit Elsa zur Stadt geführt.

In tiefer Nacht kauern Friedrich von Telramund und seine Frau Ortrud auf den Stufen des Münsters innerhalb der Burg. Nur aus den Fenstern der Ritter- und Frauengemächer in den Gebäuden gegenüber fällt noch Licht und manchmal dringt festliche Musik herüber. Die besonderen Ereignisse des gestrigen Tages und die kommenden Hochzeitsfeierlichkeiten lassen die Menschen keinen Schlaf finden.

Friedrich macht seiner Frau schwere Vorwürfe: Sie allein hat ihn zu jener falschen Anschuldigung angestiftet, die nun zu Schmach und Verbannung geführt hat. Sie hatte ihn damals auch davon abgehalten, um Elsa zu freien, und alles drangesetzt, dass er sie, Ortrud, heiratete. Ortrud – als Heidin besessen vom Hass gegen alle Christen – stammt aus dem Geschlecht der Friesenfürsten, die einst die Herrschaft über Brabant ausübten. Diese Herrschaft will sie wieder erringen; darauf ist ihr ganzes Handeln ausgerichtet. Ihre Macht über Friedrich ist magisch und ungebrochen; von neuem stachelt sie ihn auf: der Fremde sei ein Betrüger. Seine Macht müsse unverzüglich erlöschen, wenn ihn jemand zwänge, seinen Namen preiszugeben!

Da tritt Elsa auf den Balkon, um in der Kühle der Nacht Atem zu holen. Friedrich verbirgt sich. Ortrud geht zu der Fürstin und sucht heuchlerisch ihr Mitleid zu wecken. Arglos bittet Elsa ihre ärgste Feindin zu sich ins Haus. Im Dunkeln aber wartet Friedrich von Telramund in ahnungsvollen Gedanken: »So zieht das Unheil in dies Haus!«

Der Tag der Hochzeit dämmert herauf. In den frühen Morgenstunden schon ziehen König Heinrich und seine Fürsten zum Münster, zur Ehre des unbekannten Ritters und seiner Braut. In einem prunkvollen Festzug wird Elsa zum Kirchenportal geleitet. Da stellt sich ihr überraschend Ortrud in den Weg und macht ihr zornig den Vortritt streitig. Mit bösen Worten weckt sie Elsas Misstrauen gegenüber der geheimnisvollen Herkunft des fremden Ritters. Der Hochzeitszug stockt, Betroffenheit breitet sich aus. Nun kommen der König und der Ritter und stellen sich schützend vor Elsa. Auch Telramund tritt tollkühn vor den König und beschuldigt den Ritter der Zauberei. Vor allem Volk fragt er ihn laut nach seinem Namen. Doch würdevoll wendet sich der Beschützer an Elsa: Allein ihr gegenüber ist er an sein heiliges Gelübde gebunden. Wenn sie wirklich darauf bestünde, dann müsste er die verlangte Auskunft geben. Selbst des Königs Frage aber dürfe er unbeantwortet lassen.

Elsa bleibt jedoch nach innerem Ringen standhaft: »Hoch über alles Zweifels Macht soll meine Liebe stehn!« – Nein, sie wird ihn nicht nach seinem Namen fragen. Unter festlichen Orgelklängen und Glockengeläute wendet sich der Festzug wieder dem Münster zu.

 Nach den Vermählungsfeierlichkeiten sind Elsa und ihr ritterlicher Ehemann endlich zum ersten Mal ganz allein. Im Brautgemach nimmt er seine junge Frau zärtlich in die Arme, doch in Elsas Brust hat das Gift aus Ortruds heimtückischen Worten längst zu wirken angefangen. Erst sanft, dann immer unruhiger und beschwörender bedrängt sie ihn. Schließlich bricht die verhängnisvolle Frage aus ihr hervor: »Den Namen sag mir an, woher die Fahrt, wie deine Art!«

Während ihr Ritter sie noch vergeblich zu unterbrechen sucht, dringt Telramund mit einigen Verschwörern in das Schlafgemach ein. Mit einem mächtigen Schwertstreich aber trifft ihn sein Gegner tödlich.

Die verbotene Frage ist gestellt, nun gibt es kein Zurück mehr. Wieder versammeln sich die Edlen von Brabant um ihren König. Durch die betroffen zurückweichende Menge trägt man die Bahre mit dem Leichnam Telramunds. Mit schwankenden Schritten nähert sich auch Elsa, gestützt von ihren Frauen. Zuletzt erscheint ihr Ritter, wieder in der silbernen Rüstung seiner Ankunft, und tritt mit gesammeltem Ernst vor den König hin. Zuerst gibt er ihm Kunde von dem feigen Mordanschlag Telramunds. Dann aber enthüllt er allen sein großes Geheimnis: Er ist Lohengrin, der Sohn Parzifals; er steht als Ritter in den Diensten des Heiligen Grals auf der fernen Burg Monsalvat. Von dort wurde er ausgesandt, der unschuldigen Elsa beizustehen. Doch die heilige Macht der Gralsritter reicht nur so lange, wie das Geheimnis ihrer Herkunft gewahrt bleibt. Nun muss Lohengrin wieder ins Reich des Grals zurück. Schon naht auf dem Fluss der Schwan mit dem Nachen.

Mit schmerzlicher Rührung verabschiedet sich Lohengrin von Elsa. Verzweifelt sinkt sie zu Boden, als er ihr sein Horn, sein Schwert und seinen Ring übergibt. Diese Dinge soll sie ihrem totgeglaubten Bruder Gottfried überreichen, wenn er in einem Jahr zurückkehren wird.

Mit jubelndem Triumph unterbricht Ortrud den Trennungsschmerz der beiden: Am Kettchen, das der Schwan um seinen Hals trägt, hat sie Gottfried erkannt, den von ihr verzauberten Erben von Brabant! Sie selbst hat es ihm einst umgelegt. Voll Hohn wendet sie sich an Elsa: »Dank, dass den Ritter du vertrieben! ... den Bruder hätt' er auch befreit!« Die Heidin erkennt in dem Geschehen die Rache ihrer Götter. Da kehrt Lohengrin ein letztes Mal um und sinkt zum Gebet auf die Knie. Und vor den Augen der gebannten Menge ereignet sich ein neues Wunder: Auf einmal schwebt die weiße Gralstaube über dem Nachen und Lohengrin löst dem Schwan die Kette. An seiner Stelle erscheint ein schöner Knabe im Silbergewand – Gottfried, der Herzog von Brabant!

Mit einem Schrei bricht Ortrud zusammen. Gottfried fängt Elsa, die entseelt zu Boden sinkt, sanft in seinen Armen auf. Die Taube aber zieht an Stelle des Schwanes Lohengrin im Kahn davon.

Hinweise

Auch seinen ›Lohengrin‹ nennt Wagner noch »Oper«, obwohl hier schon eine Reihe von Kennzeichen seines späteren »Musikdramas« vorhanden sind. Wie im ›Fliegenden Holländer‹ und auch im ›Tannhäuser‹ wird das dramatisch-märchenhafte Geschehen durch einige sehr anschauliche Motive im Orchester zum Ausdruck gebracht, die an wichtigen Stellen der Handlung wiederkehren und auch verändert werden (Leitmotive). Dabei heben sich die gegensätzlichen Welten von Gut und Böse, von Licht und Nacht, von Heiligkeit und Zauber deutlich voneinander ab.

Auf der einen Seite steht die Lichtgestalt des Gralsritters Lohengrin, dessen wundersame Herkunft mit einem eigenen Thema in Töne gefasst wird. Es prägt zugleich das Vorspiel der Oper mit seinen zarten, in vielfache Stimmen geteilten Streicherklängen:

Auch das unerbittliche Frageverbot Lohengrins – »Nie sollst du mich befragen!« – klingt im Verlauf der Handlung immer wieder mahnend an:

Auf der anderen Seite steht die heidnische Nachtgestalt Ortruds mit ihrem ihr hörigen Mann Telramund, deren unheimliches Zwiegespräch im Morgengrauen vor dem Dom (2. Akt) eine der packendsten Szenen der Opernbühne überhaupt ist. Zur Schilderung der spukhaft-dämonischen Atmosphäre setzt Wagner hier – wie an anderen ähnlichen Stellen – das effektvolle Mittel des Streichertremolos ein (Zittern des Bogens, schnelles Hin- und Herfahren des Bogens auf einem Ton).

Die weltliche Pracht des Königs und seiner Edlen wiederum erstrahlt im Glanz der Blechbläser, im klaren C-Dur. Der königliche Heerrufer, der alle wichtigen Ereignisse und somit auch das Gottesgericht bekannt gibt, wird mit einer Fanfare angekündigt, die von vier Trompeten auf der Bühne geblasen wird:

Die vier Hauptpersonen der Handlung (Lohengrin, Elsa, Telramund, Ortrud) sind sehr anspruchsvolle und typische Partien des so genannten dramatischen Sängerfaches. Neben ihnen aber ist der Chor ein weiterer wichtiger »Hauptdarsteller«: Fürsten und brabantisches Volk begleiten die Geschehnisse mit ihrer leidenschaftlichen Anteilnahme. ›Lohengrin‹ ist eine der ganz großen Chor-Opern, deren Bühnenwirkung mit dem Können dieses bis zu achtstimmigen Sängerensembles steht und fällt. Der Brautchor zu Beginn des 3. Aufzuges ist ungemein populär geworden und erklingt (neben dem Hochzeitsmarsch aus der Musik zum ›Sommernachtstraum‹ von Mendelssohn Bartholdy) in aller Welt noch heute immer wieder bei Hochzeitsfesten:

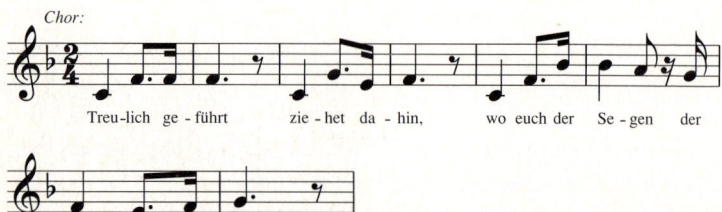

Wagners eigener Text geht auf mehrere mittelalterliche Dichtungen zurück, in denen Einzelheiten der Sage vom Schwanenritter Lohengrin enthalten sind. Die Bestandteile dieser alten Vorlagen sind in Wagners Textbuch zu einem eigenen neuen Ganzen verwoben worden.

Die geheimnisvolle Welt des Grals steht in Wagners letztem Werk, dem Bühnenweihfestspiel ›Parsifal‹, noch einmal im Mittelpunkt des Geschehens. Der Gral war in der mittelalterlichen Dichtung ein heiliger Stein oder auch eine Schale mit wunderbaren Kräften, aufbewahrt auf der sagenumwobenen Burg Monsalvat und gehütet von der Schar der Gralsritter. Der christliche Glaube sah in diesem Gral die Schale, aus der Christus beim letzten Abendmahl mit seinen Jüngern trank und die dann sein Blut am Kreuz auffing.

Richard Wagner
(1813–1883)

Die Meistersinger von Nürnberg

Oper in drei Aufzügen

- Text: vom Komponisten
- Aufbau: Vorspiele und drei durchkomponierte Aufzüge mit vier Bildern; die beiden Bilder des 3. Aufzuges durch ein Zwischenspiel verbunden
- Uraufführung: am 21. Juni 1868 in München
- Spieldauer: etwa 4 ½ Stunden

Besetzung

Die Meistersinger:

Hans Sachs, Schuster	*Bass / Bariton*
Veit Pogner, Goldschmied	*Bass*
Kunz Vogelgesang, Kürschner	*Tenor*
Konrad Nachtigall, Spengler	*Bass*
Sixtus Beckmesser, Stadtschreiber	*Bass*
Fritz Kothner, Bäcker	*Bariton*
Balthasar Zorn, Zinngießer	*Tenor*
Ulrich Eißlinger, Gewürzkrämer	*Tenor*
Augustin Moser, Schneider	*Tenor*
Hermann Ortel, Seifensieder	*Bass*
Hans Schwarz, Strumpfwirker	*Bass*
Hans Foltz, Kupferschmied	*Bass*
Walther von Stolzing, ein junger Ritter	*Tenor*
David, Lehrbub bei Hans Sachs	*Tenor*
Eva, Pogners Tochter	*Sopran*
Magdalene, Evas Amme	*Mezzosopran / Alt*
Ein Nachtwächter	*Bass*
Bürger und Frauen aller Zünfte, Gesellen, Lehrbuben, Mädchen, Volk	*Chor, Ballett*

Die Handlung

 Alt-Nürnberg in der Mitte des 16. Jahrhunderts – das war eine winkelige Häuseransammlung von der Ausdehnung eines heutigen größeren Dorfes, ringsherum von einer Stadtmauer beschützt; in der Mitte einige prächtige Kirchen und die aufragende Burg. Hier blühten die Handwerkszünfte. Aus ihren Reihen gingen – wie auch in anderen Städten – die berühmten Singschulen der Meistersinger hervor, in denen nach überlieferten strengen Regeln die Kunst des Singens gepflegt wurde. In Nürnberg traf man sich regelmäßig zur Singstunde in der Katharinenkirche. Meistersinger konnte nur werden, wer eine nach Text und Melodie neue Weise erfunden und vor dem Preisrichter, dem »Merker«, erfolgreich vorgetragen hatte.

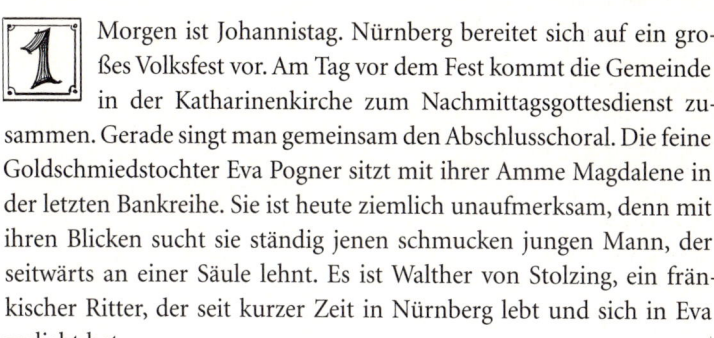 Morgen ist Johannistag. Nürnberg bereitet sich auf ein großes Volksfest vor. Am Tag vor dem Fest kommt die Gemeinde in der Katharinenkirche zum Nachmittagsgottesdienst zusammen. Gerade singt man gemeinsam den Abschlusschoral. Die feine Goldschmiedstochter Eva Pogner sitzt mit ihrer Amme Magdalene in der letzten Bankreihe. Sie ist heute ziemlich unaufmerksam, denn mit ihren Blicken sucht sie ständig jenen schmucken jungen Mann, der seitwärts an einer Säule lehnt. Es ist Walther von Stolzing, ein fränkischer Ritter, der seit kurzer Zeit in Nürnberg lebt und sich in Eva verliebt hat.

Der Gottesdienst ist zu Ende, die Gemeinde drängt zum Ausgang. Eva findet listig ein paar Ausreden, mit denen sie ihre Amme ablenkt, um einige Worte mit dem Junker wechseln zu können. Ihn beschäftigt nur eine einzige Frage: Ob sie wohl schon Braut sei? Die Antwort ist schnell gegeben und beunruhigt ihn sehr: Evchen soll morgen, am Johannistag, heiraten! Aber ihren Freier kennt sie noch gar nicht, denn der Sieger beim Wettsingen der Meistersinger soll ihr Bräutigam sein – so ist der Wunsch ihres Vaters.

Da heißt es, keine Zeit zu verlieren, denn auch Eva hat sich in den Ritter verliebt, den sie erst gestern bei seinem kurzen Geschäftsbesuch im väterlichen Haus kennen gelernt hat. Zum Glück kommt gerade David, der Lehrbub von Hans Sachs und Magdalenes Schatz; der soll Stolzing nun erst einmal erklären, was es mit dem Meistergesang auf sich hat. Jetzt, gleich im Anschluss an den Gottesdienst, wird hier nämlich eine Versammlung der Meistersinger abgehalten, eine »Freiung«, bei der ein Probesingen um die Meisterwürde stattfinden soll. David baut mit den Lehrbuben gemeinsam alles Nötige auf: die Bänke für die Meister, den Singstuhl und das »Gemerk«, den Platz des Merkers.

Für Stolzing steht fest, dass er morgen beim Wettgesang um die Hand Evas streiten wird. Aber: Um zum Preissingen überhaupt zugelassen zu werden, muss man erst einmal Meister sein! Und die Aufnahmebedingungen sind schwer und streng.

Bei der Arbeit erklärt David dem aufmerksam und manchmal ziemlich erstaunt lauschenden Ritter die Regeln nach der »Tabulatur«, wo diese alle aufgeschrieben sind. Bald brummt Stolzing der Schädel vor lauter Gesetzen und Vorschriften – und vor der verwirrenden Vielzahl von »Weisen«, deren Namen so lustig und viel sagend klingen: die Schreibpapier-, die Strohhalm-, die Regenbogen-, die Nachtigallen-Weise oder der abgeschiedene Vielfraß-, der Kälber- und der Stieglitz-Ton … Wie soll man sich das nur alles merken?

Bei den Lehrbuben hinter Davids Rücken geht es inzwischen drunter und drüber. Jetzt muss er aber schnell für Ordnung sorgen, denn schon erscheinen nacheinander die würdigen Nürnberger Meister, unter ihnen der vornehme Goldschmied Pogner und der über die Stadtgrenzen hinaus berühmte Schuster-Poet Hans Sachs. Wie es sich für einen richtigen Verein gehört, wird die Versammlung nach strengem Brauch eröffnet: Der Vorsitzende Kothner sorgt für Ruhe und ruft nacheinander alle Namen auf. Dann erhält Pogner das Wort und gibt den Meistern noch einmal öffentlich seinen kühnen Entschluss bekannt: Morgen soll der Sieger im Wettsingen die Hand seines einzigen Kindes Eva erhalten. »Ein Meister muss es sein!« Sachs meldet

Bedenken an: Sollte man bei einer so wichtigen Entscheidung nicht doch auch das Volk um seine Meinung fragen? Entschieden lehnen die starr am Gesetz hängenden Meister ab. Wie kann man nur so einen unmöglichen Vorschlag machen!

Stolzing hat Pogner noch vor der Sitzung schnell davon unterrichtet, dass auch er sich morgen bewerben will. Nun also stellt ihn der Goldschmied, dem der junge Mann gut gefällt, der überraschten Runde als Kandidaten vor. Misstrauisch beäugen die Meister den Eindringling und sie trauen ihren Ohren nicht, als sie vernehmen müssen, wo er denn die Singkunst erlernt haben will: auf der Wiese, von den Vögeln. Dabei kann ja nicht Gutes herauskommen!

Griesgrämig begibt sich der Merker Sixtus Beckmesser in sein Gestühl; ein saures Amt ist das heute für ihn! Er, der Stadtschreiber, will sich nämlich morgen auch um Eva bemühen. Und nun kommt ihm dieser windige Nebenbuhler in die Quere? Stolzing lässt sich nicht beirren. Unbekümmert trägt er den verdutzten Meistern ein freies, improvisiertes Liebeslied vor, begeistert und gefühlvoll, aber gegen alle überlieferten Regeln. Und vom Singstuhl springt er gar auch noch auf! Die verbohrten Meister und ihr Merker sind empört über diese freche Unkenntnis der Regeln: Der Junker hat versungen und versagt! Beckmesser zeigt allen seine Merktafel, auf der die zahllosen Regelverstöße gar nicht alle unterzubringen waren.

In allgemeinem Durcheinander löst sich die Versammlung auf. Entrüstet und unbelehrbar machen sich die Meister auf den Heimweg. Nur Sachs ist nachdenklich geworden, nachdem er Walther von Stolzings Lied aufmerksam verfolgt hat. Hinter all den sorglosen Unkorrektheiten hat er doch das große Talent des Sängers gespürt.

Das Wetter meint es gut mit den Nürnbergern. Der schönste Frühsommerabend bricht an und verheißt für morgen einen strahlenden Festtag. Magdalene hat ihren David ein wenig ausgehorcht und dabei von Stolzings Missgeschick erfahren. Nun will Evchen, die um den Ausgang des morgigen Preissingens bangt, von ihrem Freund Sachs etwas mehr herausbekommen. Sie trifft ihn in der lauen Abendluft vor seiner Werkstatt bei der Arbeit, gerade gegenüber dem Pognerschen Haus. Die Schuhmacherei bereitet ihm heute kein rechtes Vergnügen, denn seine Gedanken sind immer noch bei Stolzings Auftritt und bei seinem so beunruhigend neuartigen Lied. Und der Flieder duftet betörend; es ist auch wirklich kein Abend zum Arbeiten! Eva umschmeichelt Sachs, dessen heimlicher Zuneigung sie sicher ist. Er aber stellt sich recht störrisch: Für den Junger gibt es keine Hoffnung. Er hat versungen – und damit basta! Wütend verlässt Eva ihn und er zieht sich in seine Werkstatt zurück.

Hans Sachs

Es ist schon spät geworden. Allmählich wird es finster; nur durch einen Spalt in der Ladentür der Schusterwerkstatt fällt noch ein Lichtstrahl. Vater Pogner ruft nach seiner Tochter; die aber sieht gerade ihren Ritter die Gasse heraufkommen und eilt ihm freudig entgegen. Beide sind sich in ihrem Zorn auf die unverständigen alten Meister einig. Da scheint es nur einen Ausweg zu geben: Flucht! Schnell verschwindet Evchen im Haus und kommt in Magdalenes Kleidern wieder zurück. Wie sie beide die Gasse hinablaufen wollen, öffnet Sachs wie zufällig den Verschlag, sodass der Schein seiner Arbeitslampe quer über das Pflaster fällt. Er hat nämlich alles in seinem Laden mitangehört und will den beiden nun den Weg versperren. – Eine solch unüberlegte Flucht scheint ihm denn doch nicht die richtige Lösung zu sein!

Und noch jemand wandelt spät am Abend auf Freiersfüßen: Stadtschreiber Beckmesser kommt die Gasse herauf, baut sich vor Pogners Haus auf und stimmt eifrig seine mitgebrachte Laute. Er möchte Fräulein Pogner zur Probe schon heute einmal das Ständchen vortragen, mit dem er sie morgen beim Fest zu ersingen hofft. Eva und Walther ziehen sich auf die dunkle Bank unter der Linde zurück und belauschen das nächtliche Geschehen.

Auch Sachs hat Beckmesser bemerkt und stellt kurz entschlossen seinen Arbeitstisch wieder vor seiner Werkstatt auf. Laut und unbekümmert schmettert er ein Lied und hämmert dazu auf den Leisten. Beckmesser bringt keinen Ton heraus; zornig beschwert er sich bei dem Störenfried. Sachs macht ihm scheinheilig einen Vorschlag: »Singt ihr nur zu, ich wollte schon immer die Kunst des Merkers erlernen!« Und mit dem Hammer auf dem Leisten merkt er, streng nach den Regeln, alle Fehler an. Nervös singt der Stadtschreiber sein Lied, das voller Absonderlichkeiten und unschöner Wendungen ist – zwar wohl korrekt nach dem Gesetz, aber ohne Kunstverstand! Sachs hämmert dazu nach Herzenslust. Beckmessers Stimme wird laut und lauter, zumal er oben am Fenster Eva zu erkennen glaubt. In Wirklichkeit aber ist es Magdalene, die sich in Evchens Kleidern diesen Spaß nicht entgehen lässt.

Rundherum gehen in den Häusern die Lichter an, Fenster öffnen sich. Beckmessers Ständchen hat die braven Bürger um ihren wohlverdienten Schlaf gebracht. Auch David schaut heraus, erkennt seine Magdalene am Fenster und glaubt, das Lied gelte ihr. Gleich steigt er mit einem Knüppel aus dem Fenster und stürzt sich auf den ungebetenen Sänger. Bald ist die schönste Schlägerei im Gange und alle beteiligen sich daran, Meister wie Lehrbuben. Als die Prügelei auf dem Höhepunkt ist, will sich Stolzing mit Eva entschlossen durch die Menge kämpfen. Doch Sachs, der als Einziger den Überblick bewahrt hat, hält ihn fest und zieht ihn schnell zu sich in die Werkstatt; Evchen aber findet heim ins Elternhaus. Im gleichen Moment hört man das Horn des Nachtwächters und mit einem Mal ist der ganze Spuk vorbei. Rasch verschwinden alle wieder in ihren Häusern. Der Nachtwächter kommt des Weges, reibt sich verwundert die Augen, singt sein Lied und trollt sich. Der Mond tritt hervor und scheint hell in die leere Gasse hinein.

 Am nächsten Morgen, am Johannistag, traut sich David kaum zu seinem Meister. Umso erstaunter ist er, ihn milde und freundlich zu erleben. Er will seinen Lehrbuben sogar als Herold mit zum Festplatz nehmen! Beim Vortrag seines Festtagsspruches entdeckt David auf einmal, dass sein Meister heute ja Namenstag hat – Johannes, Hans!

Sachs sinnt noch über den gestrigen Abend nach, als Junker Stolzing ausgeschlafen aus seiner Schlafkammer tritt. Zu seinem Erstaunen ermuntert ihn Sachs, es noch einmal mit der Singekunst zu versuchen – und das, obwohl die Probe gestern doch so jämmerlich danebenging! Unbeirrt führt ihn der Meister in die wichtigsten Regeln ein und macht ihm Mut: »Gedenkt des schönen Traums am Morgen; fürs andre lasst Hans Sachs nur sorgen!« So erzählt Stolzing ihm seinen Traum, fasst ihn unmerklich in kunstvolle Verse und schmückt sie mit einer passenden, wohl gebauten Melodie. Sachs aber schreibt sorgsam alles mit, immer mit kleinen Vorschlägen und Hinweisen weiterhelfend. Danach ist es auch schon Zeit zum Umkleiden, denn bald beginnt das Fest.

Vor den Fenstern der leeren Werkstatt taucht das schmerzverzerrte Gesicht Beckmessers auf. Schlimm hat es ihn gestern erwischt. Mühsam kommt er hereingehumpelt; immer noch glaubt er sich verfolgt und gehänselt. Da fällt sein Blick zufällig auf das Blatt mit Stolzings Lied in Sachsens Handschrift – ein Lied von Sachs! Schon wittert Beckmesser Verrat. Als er die Tür gehen hört, steckt er eilig das Blatt in seine Tasche und sieht sich unversehens Sachs gegenüber. Gleich überschüttet er ihn mit Vorwürfen wegen gestern Abend und außerdem: Will dieser Schwindler Sachs nicht in Wirklichkeit selbst um Eva werben? Sachs durchschaut schnell die Zusammenhänge, als er das Fehlen des Blattes bemerkt. Scheinbar großzügig schenkt er Beckmesser das gestohlene Gedicht. Er darf das Lied sogar öffentlich vortragen, wenn er will. Nur soll er sich nie rühmen, das Lied sei von Sachs! Das verspricht der Merker natürlich nur zu gern. Er besitzt ein Lied vom berühmten Sachs. Nun kann nichts mehr schief gehen, so meint er. Begeistert humpelt er davon, um das Lied zu lernen.

Wather von   Eva   Hans Sachs   Sixtus Beckmesser
Stolzing

Auch Eva ist längst auf. Ihr bleiches, trauriges Gesicht passt gar nicht zu ihrem strahlenden Festgewand. Zaghaft und Hilfe suchend nähert sie sich Sachs und druckst herum. Er geht auf ihr verlegenes Spiel ein: »Wo drückt denn der Schuh?« Da tritt Walther von Stolzing ein, nun in glänzender Rittertracht. Sachs tut so, als ob er nichts bemerke, klagt ein bisschen über seine Arbeit und macht sich am Schuhwerk zu schaffen. Stolzing aber singt seiner Eva die dritte Strophe seiner

Traumerzählung vor. Von Gefühlen überwältigt gesteht Eva dem Meister, dass sie eigentlich ihn hätte heiraten wollen, wenn das Schicksal sie jetzt nicht so unvermutet in die Arme des Ritters geführt hätte. Sachs fängt sich als Erster wieder: »Mein Kind, von Tristan und Isolde kenn ich ein traurig Stück!« Er will die Liebe der beiden nicht zerstören.

Schnell entschlossen begrüßt Hans Sachs in einer kleinen Feier, zu der auch David und Magdalene hereingerufen werden, die Geburt eines neuen Meisterliedes und tauft es auf den Namen »Selige Morgentraumdeutweise«. Bei dieser Gelegenheit wird David mittels einer kräftigen Ohrfeige gleich noch zum Gesellen befördert. Dann machen sich alle auf den Weg zur Festwiese.

Auf einer Wiese vor den Toren der Stadt strömen die Bürger zusammen und erleben den farbenprächtigen Aufmarsch aller Handwerkszünfte und Vereine. Nach und nach füllt sich der weite Platz mit einer bunten Menschenmenge. Als Letzte kommen die hoch angesehenen Meistersinger und nehmen ihre Ehrenplätze ein. Als Hans Sachs vortritt und ein paar Worte sagen will, überrascht ihn das Volk mit einer außergewöhnlichen Ehrung: Alle zusammen singen für ihn einen machtvollen Choral auf sein eigenes Gedicht »Wach auf, es nahet gen den Tag«. Sachs überwindet seine Rührung und bedankt sich herzlich. Dann verkündet er den Bürgern den Entschluss Meister Pogners.

Kothner ruft die Teilnehmer des Wettsingens auf. Als Einziger tritt der Stadtschreiber vor, sichtlich nervös und immer noch wackelig auf den Beinen. Atemlose Stille breitet sich aus, als er nun ein absonderliches Lied zum Besten gibt. Verzweifelt versucht er, aus Sachsens Handschrift etwas Zusammenhängendes zu entziffern. Doch er bringt nur ein wirres, unverständliches Machwerk zustande. Unruhe kommt auf; niemand versteht die seltsame Weise und den merkwürdigen Text.

Schließlich bricht die Menge in dröhnendes Gelächter aus. Beckmesser stürzt wütend auf Sachs zu und überhäuft ihn mit Vorwürfen: Er habe ihn mit einem schlechten Lied betrogen. Kopfschüttelnd wenden sich auch die Meister an Sachs, damit er ihnen diese seltsame

Geschichte aufkläre. Sachs aber ruft Walther von Stolzing als Zeugen: »Das Lied ist schön, aber das Lied ist nicht von mir!«

So kommt der Ritter zu seinem großen Auftritt. Inmitten der Meister und umgeben vom gespannt lauschenden Volk trägt er seine neue Meisterweise vor. Kothner, dem Sachs das geschriebene Gedicht zur Prüfung in die Hand gedrückt hat, lässt bald das Blatt sinken, so leidenschaftlich und mitreißend ist der Gesang. Stolzing muss sich nicht mehr streng an seine Vorlage halten, sondern überlässt sich seinem Gefühl und fährt in freier Fassung fort. Brausender Beifall belohnt seinen Vortrag und auch die Meister können nicht verbergen, dass sie beeindruckt sind. Einstimmig erhält Stolzing den Siegespreis zugesprochen. Ja, sie wollen den Ritter sogar gleich als Kollegen in ihre Reihen aufnehmen! Doch Trotz übermannt den Junker. Zu übel hatten sie ihm gestern in der Kirche mitgespielt. – »Nicht Meister! Nein! Will ohne Meister selig sein!«

Betroffen und ratlos blicken alle auf Sachs, den weisen Lehrmeister. Und wieder weiß er in verfahrener Lage Rat: Ernst wendet er sich an Stolzing und erinnert ihn mit mahnenden Worten an Sinn und Wert von Kunst und Meistertum.

So nimmt das Fest ein glückliches Ende. Zum Zeichen der allgemeinen Verehrung hebt Eva den Ehrenkranz von Walthers Stirn und drückt ihn Sachs aufs Haupt.

Hinweise

Unter Wagners Opern und späteren Musikdramen sind ›Die Meistersinger‹ das einzige heitere Werk. Für sein Libretto trieb Wagner umfangreiche Vorstudien, in denen er sich mit Regeln und Gebräuchen der historischen Meistersinger vertraut machte. Manche Einzelheiten übernahm er aus geschichtlichen Vorlagen wörtlich in seine eigene Dichtung. Die Meister haben alle ihr namentliches Vorbild in der Meistersingerzeit. Auch die teilweise recht kuriosen Bezeichnungen der Meisterweisen, die David im

1. Aufzug aufzählt, stimmen; ebenso die Regeln der »Tabulatur«, nach denen sich die Meister zu richten haben.

Der Text hält sich bewusst auch an die Dichtersprache des wichtigsten und berühmtesten Meistersingers Hans Sachs (1494–1576), etwa in Gestalt des vierhebigen so genannten »Knittelverses«:

»Nún, Junker, kómmt! Habt fróhen Mút!
Dávid, Geséll! Schließ den Láden gút!«

Wörtlich von Hans Sachs übernommen ist allerdings nur der Choral, mit dem das Volk ihn auf der Festwiese ehrt: »Die wittenbergisch Nachtigall« von 1525.

Wagner wollte mit seiner Dichtung auch einem künstlerischen Anliegen Ausdruck verleihen: Er wollte zeigen, dass letztlich doch das gesunde Empfinden des Volkes über alle spießbürgerlichen, regelgläubigen Meister triumphiert. Deshalb besiegt der phantasiebegabte jugendliche Ritter Stolzing – unterstützt von dem einzigen weit blickenden Meister Hans Sachs – den schrulligen Beckmesser, der die Sturheit einer Kunst verkörpert, die in ihren eigenen Gesetzen erstarrt ist. Beckmesser sollte in Wagners Werk übrigens zunächst »Hans Lick« heißen und war als böse Karikatur jenes Wiener Kritikers Eduard Hanslick gedacht, der Wagner das Leben schwer machte. Die heute noch geläufigen Redewendungen »beckmessern« und »Beckmesserei« gehen also auf Wagners ›Meistersinger‹ zurück!

Das Handlungsgefüge ist weitgehend Wagners eigene Erfindung. Die drei Aufzüge sind jeweils pausenlos durchkomponiert, wobei der überlange 3. Aufzug in zwei Bilder unterteilt ist (»Schusterstube« und »Festwiese«). Sie werden durch eine Überleitungsmusik verbunden, während derer die gesamte Bühne umgebaut werden muss.

Die hochkomplizierte Partitur der ›Meistersinger‹ enthält ein raffiniertes Geflecht von Leitmotiven. Diese Leitmotive lassen die Figuren und ihre unterschiedlichen Handlungen und Empfindungen einprägsam und lebendig werden. Unmöglich können hier alle Motive aufgezählt werden:

Die Leitmotiv-Übersicht im Klavierauszug führt etwa 45 Motive an! Das wichtigste und auffälligste ist ohne Zweifel das »Meistersingerthema«, das auch das kunstvolle Vorspiel eröffnet:

Am Ende dieses Vorspiels vereinigt es sich mit dem gleichzeitig ertönenden »Liebesmotiv«. – Genauso klingt dann später die 3. Strophe von Stolzings Preislied auf der Festwiese:

Auf diese Weise wird musikalisch bereits hier der glückliche Ausgang der Oper vorweggenommen: Stolzing erringt mit seinem neuartigen Lied die Meisterehre und zugleich die Hand der geliebten Eva.

Auf der anderen Seite steht die zwielichtige Figur des alternden Junggesellen Beckmesser, der so gern die reiche Goldschmiedstochter heiraten möchte. Sein Ständchen im 2. Aufzug wirkt komisch und verunglückt, ganz wie eine Parodie:

Den Tag seh ich er-schei - nen, der mir wohl ge -fall'n tut.

Die große Prügelszene, die Beckmesser mit seinem Lied auslöst, ist zugleich ein äußerst vielschichtiges musikalisches Geschehen, das neben und mit dem wilden Getümmel auf der Bühne abläuft.

Weitere Höhepunkte sind die beiden Monologe von Hans Sachs im 2. und 3. Bild: »Wie duftet doch der Flieder« und »Wahn! Wahn! Überall Wahn!« Darüber hinaus ist das ausdrucksvolle Quintett zur Taufe der neuen Meisterweise (3. Bild) hervorzuheben, aber auch die so sinnfäl-

lige und anschauliche Einführung, die David dem Ritter Stolzing gibt (1. Bild). Dabei erhält jede »Weise« auch ihren eigenen »Ton«. Da ist zum Beispiel der »Rosenton«:

Oder die »Stieglitzweise«:

›Die Meistersinger‹ gehören wiederum zu den großen, anspruchsvollen Choropern und auch das Orchester hat hier eine seiner schwierigsten, aber zugleich auch interessantesten Aufgaben zu bewältigen.

Zu Wagners Hauptwerken, deren Reihe mit dem ›Fliegenden Holländer‹ beginnt, sind ferner zu zählen: ›Tristan und Isolde‹ (1859, von Wagner schlicht mit »Handlung« bezeichnet) und sein Zyklus aus vier zusammenhängenden Musikdramen ›Der Ring des Nibelungen‹ (mit ›Rheingold‹ 1854, ›Walküre‹ 1856, ›Siegfried‹ 1871 und ›Götterdämmerung‹ 1874) – eine spannende Geschichte von Göttern und Menschen, in der es um geschlossene und gebrochene Verträge, Liebe und Verrat, Hoffnungen und Katastrophen geht. Gegen Ende seines Lebens schrieb Wagner ›Parsifal‹ (»Ein Bühnenweihfestspiel«, 1882); dieses Werk bestimmte er ausschließlich zur Aufführung im Bayreuther Festspielhaus.

Giuseppe Verdi

(1813–1901)

Rigoletto

Oper in drei Aufzügen

- Text: von Francesco Maria Piave (nach einem Bühnenstück von Victor Hugo mit dem Titel ›Le roi s'amuse‹ – ›Der König vergnügt sich‹)
- Aufbau: Vorspiel und 20 Musiknummern, pausenlos ineinander übergehend und in Szenen gegliedert
- Uraufführung: am 11. März 1851 in Venedig
- Spieldauer: 2 ½ Stunden

Besetzung

Der Herzog von Mantua	*Tenor*
Rigoletto, sein Hofnarr	*Bariton*
Gilda, Rigolettos Tochter	*Sopran*
Graf Monterone	*Bass*
Graf Ceprano	*Bariton*
Gräfin Ceprano	*Sopran*
Marullo, Kavalier am Hof des Herzogs	*Bariton*
Borsa, ein Höfling	*Tenor*
Sparafucile, ein Bandit	*Bass*
Maddalena, seine Schwester	*Mezzosopran*
Giovanna, Gildas Gesellschafterin	*Alt*
Ein Gerichtsdiener	*Bass*
Ein Page der Herzogin von Mantua	*Mezzosopran*
Damen und Herren am Hof, Pagen, Diener	*Chor (Ballett)*

Die Handlung

 In früheren Zeiten waren behinderte und verkrüppelte Menschen häufig dem Gespött ihrer Umgebung ausgesetzt. An Fürstenhöfen mussten sie oft den Spaßmacher spielen. Man amüsierte sich über ihre lustigen Einfälle und lachte doch zugleich insgeheim über ihre Gestalt.

Einen solchen Hofnarren – mit Namen Rigoletto – hält sich auch der Herzog von Mantua. Dieser Fürst ist ein äußerst rücksichtsloser, genusssüchtiger Mensch. Pausenlos stellt er den schönen Damen seiner Umgebung nach. Weder List noch Bestechung scheut er, wenn es um die Eroberung irgendeines weiblichen Wesens geht, das ihm gefällt. Ständig feiert er rauschende, lärmende Feste mit viel Musik und köstlichen Speisen und Getränken.

 Wieder einmal ist der Herzog mit einem seiner unzähligen amourösen Abenteuer beschäftigt: Er hat sein Auge auf eine schöne Unbekannte geworfen, die er öfter beim Gottesdienst in der Kirche gesehen hat. Und seine Spione haben auch schon ihre Wohnung ausgekundschaftet, in der sie – zu seiner Verwunderung – des Nachts regelmäßig von einem geheimnisvollen Mann besucht werden soll.

Solche Sehnsüchte hindern den Herzog jedoch nicht im Geringsten, nebenbei auf seinem Fest anderen vornehmen Damen aufdringlich den Hof zu machen, ob sie nun verheiratet sind oder nicht. Diesmal ist das Opfer die Gräfin Ceprano, mit der er unter den Augen ihres empörten Gatten heftig flirtet. Die übrigen Herren der Gesellschaft vertreiben sich die Zeit auf ihre Weise; an diesem Abend machen sie sich zur Abwechslung über den buckligen Rigoletto lustig, der angeblich in einem versteckt liegenden Haus ein Liebchen haben soll, das er nachts heimlich aufsucht. Rigoletto seinerseits macht dem Herzog ziemlich gemeine Vorschläge, wie man sich des lästigen Grafen Ceprano entledigen könne, um besser an seine Frau heranzukommen.

Sogar der leichtfertige Herzog glaubt, seinen Narren warnen zu müssen: »Treib's nicht zu weit, sonst könnte es dir einmal übel ergehen!« Und richtig: Ceprano hat alles belauscht und wirbt nun ohne zu zögern einige Hofherren an, mit denen er sich gemeinsam an dem üblen Spaßmacher rächen will. Sie beschließen, Rigolettos Liebchen zu entführen und an den herzoglichen Hof zu bringen.

Der Herzog hat aufgrund seines Lebenswandels natürlich zahlreiche Feinde. Einer von ihnen ist Graf Monterone, den er sogar einsperren ließ, nur um bequem und ungehindert seine Tochter verführen zu können. Nun – nach seiner Freilassung – wird Monterone von Rigoletto auch noch verhöhnt. Von Rigolettos Unverschämtheit derartig gereizt, tritt Monterone mutig vor den Herzog und verflucht beide. Da bekommt es der abergläubische Rigoletto doch mit der Angst zu tun!

In der Nacht schleicht der Narr zu jenem Haus, in dem die unbekannte Schöne wohnt – die Spione des Herzogs sind ja bereits dahinter gekommen. Dass sie aber in Wirklichkeit Rigolettos Tochter Gilda ist, die er ängstlich gerade vor Schürzenjägern wie dem Herzog bewahren will, ist ihnen bisher entgangen. Vor dem Haus lauert eine finstere Gestalt – Sparafucile, der Rigoletto seine Dienste als bezahlter Mörder anbietet. Er wäre für Geld bereit, den unbekannten »Nebenbuhler«, von dem Rigoletto gehört hat, aber nicht weiß, wer es ist, zu beseitigen.

Rigoletto ist beunruhigt. Seine Tochter ist sein einziges Glück; eifersüchtig behütet er sie vor der bösen Welt. Eigentlich hält er sie in dem Haus, in dem sie mit ihrer Gesellschafterin lebt, wie in einem Gefängnis. Er kann nicht wissen, dass ausgerechnet der von ihm am meisten gefürchtete Herzog sie längst aufgespürt hat und nicht mehr ruhen wird, bis auch sie erobert ist. Schon hat der Fürst nämlich Gildas Gesellschafterin bestochen und schleicht sich nun frech hinter dem Rücken des Vaters ins Haus. Der bemerkt jedoch bei seinem nächtlichen Besuch nichts Verdächtiges und schließt das Haus wieder sorgfältig zu, bevor er sich entfernt.

Nun kommt der Herzog aus seinem Versteck; überrumpelt und überglücklich gesteht ihm Gilda ihre Liebe. – Das ist der Mann, den sie heimlich in der Kirche angebetet hat! Dieser nennt sich allerdings vorsichtshalber Gualtier Maldé und gibt sich als harmloser Student aus – man kann nie wissen!

Auf einmal sind leise Schritte und Stimmen vor dem Haus auf der Gasse zu hören und der Herzog macht sich schnell aus dem Staube. Draußen haben sich nämlich Graf Ceprano und die Verschwörer eingefunden. Sie wollen nun ihren Plan ausführen: Rigolettos vermeintliche Geliebte entführen und aufs Schloss bringen. Der Hofnarr aber kommt ausgerechnet heute Abend noch einmal voller Misstrauen zurück: Der Fluch des alten Monterone hat ihn doch ziemlich betroffen gemacht. Tatsächlich! Da stehen im Schutz der Dunkelheit maskierte Männer! Geistesgegenwärtig erklären ihm aber die Verschwörer, dass sie aus dem Palast gegenüber die Gräfin Ceprano für den Herzog entführen wollen. Ceprano selbst hält sich derweil im Hintergrund. Das leuchtet Rigoletto ein und bereitwillig bietet er seine Hilfe an. Er lässt sich wie die anderen maskieren und hält sogar nichts ahnend die Leiter fest, mit deren Hilfe die Höflinge seine eigene Tochter rauben. Als die Entführer längst mit ihrem Opfer über alle Berge sind, bemerkt er entsetzt den Betrug: Man hat ihn nämlich nicht richtig maskiert, sondern ihm im Dunkeln Augen und Ohren zugebunden. Auf der Straße sieht er die Schärpe liegen, die Gilda bei ihrer Entführung verloren hat. Beginnt der Fluch des Alten schon zu wirken?

 Am nächsten Vormittag ist der Herzog nervös, denn er hat bereits von Gildas Entführung Wind bekommen. Als ihm seine Höflinge stolz von ihrer nächtlichen Heldentat erzählen – »Wir haben Rigolettos Liebchen geraubt!« –, da begreift er plötzlich die Zusammenhänge. Unverhofft und ganz ohne sein eigenes Zutun ist er am Ziel seiner Wünsche! Schnell macht er sich auf, um Gilda in seinem weitläufigen Palast zu suchen, während sein Hofnarr Rigoletto verzweifelt umherirrt, ohne seiner Tochter zu begegnen. Weinend enthüllt er den Hofherren, dass statt der angeblichen Geliebten seine Tochter in jenem dunklen Haus gewohnt habe, doch niemand will ihn zu Gilda führen. Sie aber findet in ihrer Not selbst den Weg zu ihrem Vater und beichtet ihm nun ihre Liebe zu jenem »Studenten«, den sie heimlich in der Kirche kennen gelernt hat. Für Rigoletto bricht eine Welt zusammen. Nun gibt es nur noch einen Weg: Gemeinsam mit Gilda will er diesen schrecklichen Ort verlassen, um sich anderswo in der Fremde ein neues Leben aufzubauen. Vorher aber gilt es, Rache am Herzog zu nehmen!

 In einer abgelegenen verrufenen Vorstadtkneipe am Fluss hat sich Rigoletto mit dem finsteren Sparafucile verabredet, der ihm kürzlich seine Dienste als Mörder angeboten hat. Nun soll er zeigen, was er kann! Sparafucile hat seine schöne Schwester Maddalena mitgebracht, die ihm bei solchen Anlässen immer als Lockvogel dient und dem Herzog hier ein Stelldichein versprochen hat. Auf diese Weise hofft Rigoletto, seiner Tochter das wahre Gesicht des Herzogs zeigen zu können, den sie immer noch liebt. Wie wird sie wohl reagieren, wenn der Herzog Gilda direkt vor ihren Augen mit einer anderen betrügt?

Durch eine Spalte im halb verfallenen Gemäuer der Schänke muss sie nun fassungslos mit ansehen, wie der Herzog in der Wirtsstube Maddalena umschmeichelt. Gebrochen fügt sie sich dem Wunsch des Vaters, nach Hause zurückzukehren und noch in dieser Nacht in Männerkleidern die Stadt zu verlassen.

Inzwischen ist Rigoletto fest entschlossen, den Herzog umbringen zu lassen. Die Nacht wird immer finsterer und unheimlicher. Ein Gewitter kündigt sich an, Regen und Sturm brechen herein. Keinen Hund würde man bei einem solchen Wetter auf die Straße jagen! Sparafucile überlässt also dem Herzog scheinheilig ein Zimmer im Dachboden, wo der sich auch gleich in aller Seelenruhe aufs Ohr legt.

Wie verabredet hat sich Gilda in der Zwischenzeit zwar als Mann verkleidet, aber sie bringt es doch nicht übers Herz zu fliehen. Sie kann den untreuen Herzog einfach nicht vergessen. Unruhig und voller banger Ahnungen treibt es sie durch das Unwetter zurück zum Gasthof. Durch den bewussten Mauerspalt wird sie dort Zeugin eines grausigen Gespräches zwischen Sparafucile und seiner Schwester: Maddalena hat sich nämlich auch in den charmanten Herzog verliebt und will nun verhindern, dass ihr Bruder ihn umbringt. Soll er doch statt seiner Rigoletto töten – so bekommt er auf jeden Fall den versprochenen Mordlohn, den der Alte doch sicher in der Tasche hat! Aber auch Mörder stehen zu ihrem Wort: Sparafucile lehnt den Vorschlag ab; es sei denn, irgendein Fremder käme – bei diesem Wetter kaum zu erwarten – des Weges und suchte hier in der Herberge noch rechtzeitig vor Mitternacht Unterkunft. Der könnte ja dann seinetwegen das Ersatzopfer sein. Eine Leiche muss jedenfalls her, wie auch immer! Mit dem Mut der Verzweiflung klopft Gilda an die Tür und wird von Maddalena eingelassen. Hinter der Tür aber hat sich ihr Bruder verborgen und sticht Gilda, die in ihren Männerkleidern unerkannt bleibt, brutal nieder.

Herzog   Maddalena   Sparafucile   Gilda   Rigoletto

Um Mitternacht kommt Rigoletto wieder. Die beiden legen ihm – wie ausgemacht – das Opfer in einen alten Mantel gehüllt vor die Füße.

Sparafucile erhält seinen versprochenen Henkerslohn und verzieht sich schleunigst mit seiner Schwester. Triumphierend setzt Rigoletto den Fuß auf die vermeintliche Leiche des Herzogs. – Da: Die Stimme des angeblich Ermordeten tönt fröhlich durch die Nacht! Der Herzog ist soeben in seinem Dachzimmer aufgewacht und macht sich nun, ein Lied singend, vergnügt und unbeschwert auf den Heimweg. Allmählich verliert sich seine Stimme in der Nacht …

So steht der alte Narr wie vom Donner gerührt vor seiner zu Tode verwundeten Tochter. Mit letzter Anstrengung gesteht sie ihm, dass sie sich aus Liebe geopfert habe, um dem Herzog – seinem ärgsten Feind! – das Leben zu retten. Dann stirbt sie in Rigolettos Armen. Der Fluch Monterones ist schreckliche Wirklichkeit geworden!

Hinweise

›Rigoletto‹ ist Verdis sechzehnte Oper. Ihn reizte bei der Vertonung vor allem der schillernde Charakter des buckligen Spaßmachers in seiner tragischen Doppelrolle als liebender Vater und Hofnarr. Ursprünglich sollte die Oper ›Der Fluch‹ (›La maledizione‹) heißen: Immer wieder klingt in der Musik die Erinnerung an den Fluch des alten Monterone an. Gerade dieses wichtige Motiv der Handlung erwies sich jedoch noch vor der Uraufführung als Hindernis. Zu jener Zeit nämlich mussten alle neuen Theaterstücke der Zensur vorgelegt werden. Das bedeutete oft Änderungswünsche und Eingriffe der Obrigkeit in das Werk, manchmal sogar ein totales Verbot. In diesem Fall nun nahm man Anstoß daran, dass ein bekannter Fürst von einem Untergebenen verflucht werden sollte, denn das Stück spielte zunächst am Hofe des Königs von Frankreich. Das hielt man für ungehörig, das durfte nicht sein! Also musste die Handlung schnell nach Mantua an einen unbedeutenderen kleinen Fürstenhof verlegt werden. In dieser endgültigen Fassung erlebte ›Rigoletto‹ dann seine triumphale Uraufführung. Gemeinsam mit den Werken ›La Traviata‹ und ›Troubadour‹, die in den beiden folgenden

Jahren entstanden, trug diese Oper nachhaltig zu Verdis Ruhm bei. Bis heute hat sich an dieser weltweiten Wertschätzung nichts geändert.

Dabei fällt gerade ›Rigoletto‹ in mancher Hinsicht aus dem Rahmen des damals Üblichen. So war es neu, dass ein so zwiespältiger Charakter wie Rigoletto im Mittelpunkt einer ganzen Oper steht. Der typische italienische jugendliche Heldentenor und Liebhaber, der Herzog, ist diesmal nicht die Hauptperson. Er bildet hier vielmehr den wirkungsvollen Hintergrund, vor dem sich Rigoletto besonders gut abhebt.

Unübertreffliche Vielfalt des Ausdrucks kennzeichnet die Musik. Da gibt es auf der einen Seite die heitere, rhythmisch beschwingte Tanzmusik am Hof des Herzogs, mit der zusätzlichen Tanzkapelle hinter der Bühne, und effektvolle Chöre. Da gibt es auch die unbeschwerten Lieder des Herzogs, die fast so populär wurden wie Schlager, etwa sein reißerischer, frecher Gesang im letzten Akt:

Herzog:
O wie so trü - ge - risch sind Wei - ber - her - zen!

Da gibt es die unerhört anspruchsvolle und deshalb gefürchtete Partie der Gilda, deren große Arie im 1. Akt mit ihren halsbrecherischen Koloraturen zum Schwierigsten gehört, was eine Sopranistin des italienischen Stimmfaches zu bewältigen hat:

Gilda:
Teu-rer Na - me, des - sen Klang tief mir in die See - le drang.

Und auf der anderen, gleichsam der Nacht-Seite stehen die zahlreichen düsteren Szenen, wie etwa die gespenstische erste Begegnung zwischen dem Mörder Sparafucile und Rigoletto oder der so folgenreiche Fluch Monterones, der Rigoletto wie ein musikalisches Leitmotiv durch die ganze Oper verfolgt. Bereits das kurze Vorspiel (Preludio) enthält nichts anderes als dieses Fluch-Thema:

Ein grandioser Höhepunkt der Operngeschichte ist der letzte Akt mit seiner unheimlichen Nacht- und Gewitterstimmung. Die gesamte Wirtshausszene wird von einem Unwetter begleitet, das nicht nur durch allerhand Beleuchtungs- und Geräuscheffekte nachgeahmt wird, sondern auch im Orchester seinen schaurigen Nachhall findet. Darüber hinaus hatte Verdi den genialen Einfall, das an- und abschwellende Heulen des Sturmes durch einen summenden Chor hinter der Bühne darstellen zu lassen.

Giuseppe Verdi
(1813–1901)

La Traviata

Violetta
Oper in drei Aufzügen

- Text: von Francesco Maria Piave (nach Alexandre Dumas)
- Aufbau: zwei Vorspiele (zum 1. und 3. Akt) und 19 Musiknummern
- Uraufführung: am 6. März 1853 in Venedig
- Spieldauer: etwas mehr als 2 Stunden

Besetzung

Violetta Valéry	*Sopran*
Flora Bervoix	*Mezzosopran*
Annina, Violettas Dienerin	*Mezzosopran*
Alfredo Germont	*Tenor*
Georg Germont, Alfredos Vater	*Bariton*
Gaston, Vicomte von Létorières	*Bariton*
Baron Douphal	*Bariton*
Marquis von Obigny	*Bass*
Doktor Grenvil	*Bass*
Joseph, Diener Violettas	*Tenor*
Ein Diener bei Flora	*Bariton*
Ein Kommissionär	*Bass*

Freunde und Freundinnen Violettas, Matadore,
Pikadore, Zigeunerinnen, Diener Violettas und Floras,
Masken   *Chor*

Die Handlung

 Im Mittelpunkt der Geschichte, die in Paris um 1700 spielt, steht eine reiche Lebedame: eine schöne Frau, die viele wohlhabende Freunde und Liebhaber hat und von deren Geld gut lebt. Sie heißt Violetta Valéry und sie liebt es, in ihrem eleganten Salon mit ihren Freiern rauschende Feste zu feiern.

 Bei einem solchen Ball lernt sie eines Tages Alfredo Germont kennen, den sein Freund Gaston mitgebracht hat. Alfredo verliebt sich sofort in die Dame des Hauses und als sie ihn ermuntert, einen Trinkspruch anzustimmen, preist er in überschwänglichen Worten die Liebe.

Da erleidet Violetta plötzlich einen Schwächeanfall und zieht sich von der Gesellschaft zurück. Alfredo ist äußerst besorgt und bemüht sich rührend um sie. Mit zärtlichen Worten gibt er ihr zu verstehen, dass er sie liebt und sich gerne in Zukunft um ihre Gesundheit kümmern möchte. So leichtlebig und oberflächlich Violetta auch sein mag, so empfindet sie dennoch dankbar das echte, tiefe Gefühl der Zuneigung, das ihr Alfredo entgegenbringt. Zwar antwortet sie ihm zunächst mit spöttischen Bemerkungen, wie es ihre Art ist. Aber zum Abschied schenkt sie ihm als Zeichen ihrer Sympathie eine Kamelienblüte: Alfredo soll sie ihr wiederbringen, wenn die Blütenblätter welken. – Alfredo verabschiedet sich. Nun ist Violetta mit ihren Gefühlen, die ihr so neu und so fremd sind, allein. Unter dem überwältigenden Eindruck dieser neuen Empfindungen beschließt sie spontan, von ihrem Leben der Lust und der ausschweifenden Feste Abschied zu nehmen.

 Violetta hat ihren Entschluss wirklich in die Tat umgesetzt und sich mit ihrem geliebten Alfredo außerhalb von Paris auf einem Landgut niedergelassen. Allerdings fehlt es den beiden bald an Geld, und Alfredo muss von Violettas Dienerin Annina

Violetta   Alfredo

erfahren, dass Violetta hinter seinem Rücken heimlich ihren Schmuck verkaufen will, um zu Geld zu kommen. Schnell macht er sich auf den Weg nach Paris, um sich dort um das nötige Geld zu kümmern.

Während seiner Abwesenheit meldet sich bei Violetta unerwarteter Besuch: Es ist ein älterer Herr, der keineswegs – wie sie zunächst glaubt – ihre Wertsachen kaufen will, sondern sich alsbald als Georg Germont, der Vater ihres Geliebten, vorstellt. Er kommt auch sogleich auf den Grund seines Besuches zu sprechen: Mit bewegten Worten beschwört er Violetta, auf Alfredo zu verzichten, denn ihre Liebesverbindung bedrohe das Glück der Familie Germont. Alfredos Schwester nämlich hat einen Bräutigam und der will nun allen Ernstes die Verlobung auflösen, wenn Alfredo sich nicht von jener Dame mit ihrer zweifelhaften Vergangenheit lossagt.

Violetta ist im Grunde ihres Herzens ein weiches Geschöpf und so gibt sie den eindringlichen Bitten Vater Germonts tatsächlich nach und erklärt sich zum Verzicht auf Alfredo bereit, nur um das Glück seiner Schwester zu retten, obwohl diese ihr völlig fremd ist. Unverzüglich schreibt sie schweren Herzens einen Brief an ihren Geliebten, in dem sie ihm ihren Trennungsentschluss mitteilt, ohne ihm die wirklichen Gründe zu nennen.

Alfredo kehrt heim. Sie gesteht ihm noch einmal ihre große Liebe und zieht sich dann schnell unter einem Vorwand zurück.

Bald erhält Alfredo die Nachricht von Violettas überstürzter heimlicher Abreise und man überbringt ihm ihren Brief. In diesem Augenblick betritt Vater Germont das Zimmer und Alfredo sinkt ihm verzweifelt in die Arme. Die tröstenden und ermunternden Worte des Vaters helfen nicht. Hals über Kopf verlässt der Sohn das Unglückshaus.

Eigentlich waren Violetta und Alfredo an diesem Abend zu einem Ball bei ihrer Freundin Flora eingeladen. Dort sucht und findet Alfredo auch bald im Trubel des rauschenden Festes Violetta in Begleitung ihres früheren Verehrers, des Barons Douphal. Mit anzüglichen und beleidigenden Worten wendet sich Alfredo an Violetta. Nur der Ruf zur Abendmahlzeit verhindert im letzten Moment offenen Streit. Wenig später kommt es zwischen den beiden zu einer flüchtigen Begegnung unter vier Augen. Nun gibt Violetta ihrem Alfredo zu verstehen, dass sie in Wirklichkeit den Baron liebt. Da verliert Alfredo völlig die Kontrolle über sich und wirft ihr vor den Augen der entsetzten Festgäste das Geld vor die Füße, das er soeben im Spiel gewonnen hat – als Lohn für ihre Liebesdienste. Gerade zur rechten Zeit taucht Vater Germont auf und nimmt Violetta in Schutz. Sie aber ist völlig zusammengebrochen und wird von allen Anwesenden getröstet, während Alfredo bereits Reue über sein unkontrolliertes brutales Verhalten empfindet.

 Violettas ohnehin geschwächte Gesundheit war dieser Aufregung nicht mehr gewachsen. Sie ist inzwischen bettlägerig, ihre Kräfte schwinden zusehends von Tag zu Tag und der Arzt hat keine Hoffnung mehr auf Gesundung. Vater Germont kümmert sich um sie wie um eine eigene Tochter. Schließlich berichtet er seinem Sohn, wie es um Violetta steht. Alfredo hatte sich nach dem unseligen Ball bei Flora noch mit dem Baron Douphal duelliert

und musste deshalb das Land verlassen. Nun eilt er an Violettas Kran-
kenbett, um sie um Verzeihung zu bitten. Noch einmal kommt es zu
glühenden Liebesbeteuerungen, aber Violetta hat keine Kräfte mehr,
aufzustehen oder gar zu einer Hochzeit in die Kirche zu gehen. Vater
Germont segnet gerührt das Paar. Nachdem Violetta ihrem Geliebten
noch ein Medaillon mit ihrem Bildnis geschenkt hat, stirbt sie in seinen Armen.

Violetta   Alfredo   Vater Germont

Hinweise

›La Traviata‹ geht zurück auf das Theaterstück ›Die Kameliendame‹ von
Alexandre Dumas (1824–1895), der um die Mitte des 19. Jahrhunderts
in Frankreich große Erfolge feierte. Verdi sah das Schauspiel in Paris und
erkannte sofort dessen Eignung als Opernlibretto.

›La Traviata‹ gehört neben ›Troubadour‹ und ›Rigoletto‹ zur Dreier-
gruppe der ersten großen Meisterwerke Verdis, die bis heute an Beliebtheit nichts eingebüßt haben und ständig auf den Spielplänen der Opern-

häuser in aller Welt stehen. In diesen Opern folgt Verdi noch recht streng dem gewohnten Modell der italienischen Nummernoper: Sie gliedert sich in eine Folge von Rezitativen, Arien und Ensembles. Im Gegensatz zu Verdis späteren Bühnenwerken dominieren hier noch ganz eindeutig die Singstimmen; das Orchester begleitet sie harmonisch und rhythmisch und hat nur hin und wieder Gelegenheit, sich gleichberechtigt am musikalischen Geschehen zu beteiligen.

Die starke Wirkung der Musik beruht vor allem auf der Ausdruckskraft von Verdis melodischen Einfällen – gut nachvollziehbar an den Vorspielen zum 1. und 3. Aufzug, die musikalisch eng miteinander verwandt sind und in zartesten Farben und mit Melodien von großer Innigkeit Violettas tragisches Schicksal vorwegnehmen. Der große Melodiebogen aus dem ersten Vorspiel ist besonders eindringlich:

Die Rolle der Violetta ist eine der anspruchsvollsten und zugleich dankbarsten des italienischen Sopranfaches, denn die Sängerin muss einerseits virtuose Koloraturen treffsicher wiedergeben und andererseits zu zartestem, lyrischem Ausdruck fähig sein. Ihr Paradestück ist im 1. Akt der Oper diejenige Szene und Arie, in deren Verlauf sie sich über das aufkeimende Gefühl der Liebe zu Alfredo klar zu werden versucht:

- *Eher melancholisch und versonnen im Andantino-Teil:*

- *Sehr koloraturenreich im temperamentvollen Allegro brillante:*

Ihr Liebhaber Alfredo stellt sich etwas früher, ebenfalls auf Violettas Fest, mit einem tänzerisch-effektvollen Trinklied vor, in dem der Chor refrainartig antwortet:

Der Chor spielt außerdem eine wichtige Rolle im 2. Bild des 2. Aufzuges. Berühmt ist etwa der Gesang der Zigeunerinnen:

Giuseppe Verdi
(1813–1901)

Don Carlos

Oper in vier Aufzügen

- Text: von Joseph Méry und Camille du Locle (nach Friedrich Schiller)
- Aufbau: Vorspiele zu den Akten und 18 musikalische Szenen
- Uraufführung: am 11. März 1867 in Paris (erste Aufführung der 2. Fassung am 10. Januar 1884 in Mailand)
- Spieldauer: etwa 3 ½ Stunden

Besetzung

Philipp II., König von Spanien	*Bass*
Elisabeth von Valois, seine Gemahlin	*Sopran*
Don Carlos, Infant von Spanien (Infant = span. Kind; Titel des spanischen Prinzen)	*Tenor*
Prinzessin Eboli } Damen der	*Mezzosopran*
Gräfin von Aremberg } Königin	*Stumme Rolle*
Marquis von Posa, ein Malteserritter	*Bariton*
Graf von Lerma	*Tenor*
Tebaldo, Page der Königin	*Sopran*
Königlicher Herold	*Tenor*
Großinquisitor des Königreiches	*Bass*
Ein Mönch	*Bariton*
Stimme von oben	*Sopran*
Abgesandte aus Flandern und anderen Provinzen, Höflinge am spanischen Königshof, Volk, Pagen, Wachen, Mönche, Diener der Inquisition, Soldaten, Magistratspersonen	*Chor*

Beschrieben wird im Folgenden die 2. Fassung der Oper von 1884.

Die Handlung

 Ehen aus politischen Gründen waren in früheren Zeiten unter den großen Herrscherhäusern in Europa nichts Außergewöhnliches. Ein berühmtes Beispiel war die Hochzeit zwischen dem spanischen König Philipp II. und Elisabeth von Valois aus Frankreich um das Jahr 1560. Mit diesem Pflichtbündnis sollte der Frieden zwischen beiden Ländern bekräftigt werden; dabei kümmerte es niemanden, dass Elisabeth viele Jahre jünger als Philipp und eigentlich seinem Sohn Carlos als Braut versprochen war.

 Carlos kann sich mit diesem überraschenden Gang der Dinge verständlicherweise nicht abfinden, denn er liebt Elisabeth wirklich. In Gedanken versunken kniet er in der Gruft seiner Väter neben einem alten Mönch vor dem Sarkophag seines Großvaters Karls V. Er glaubt auf einmal die Stimme seines Ahnherrn aus dem Jenseits zu hören; sie spricht ihm Trost zu.

Bald kehrt Carlos aus seinen wehmütigen Gedanken wieder in die Gegenwart zurück; Marquis von Posa, sein Jugendfreund, sucht ihn auf und berichtet ihm lebhaft und eindringlich von der großen Not des flandrischen Volkes, das unter der spanischen Inquisition (dem katholischen Ketzergericht im Mittelalter) fürchterliche Qualen zu leiden hat und sich nach der Freiheit sehnt. Doch Carlos denkt nur an Elisabeth und macht den Marquis zum Vertrauten seiner verbotenen Liebe. Der empfiehlt ihm einen Ortswechsel, um auf andere Gedanken zu kommen: Carlos sollte doch am besten Statthalter der Niederlande werden und dort dem Volk die lang erhoffte Freiheit verschaffen.

Posa vermittelt deshalb sogleich ein heimliches Treffen mit Elisabeth, denn sie soll bei ihrem Mann Philipp ein gutes Wort für den wichtigen Auftrag an Carlos einlegen. Als Carlos jedoch seine ehemalige Braut leibhaftig vor sich sieht, überwältigt ihn erneut die Liebe zu ihr. Auch Elisabeth mag den Prinzen sehr, doch fühlt sie sich durch ihr politisch erzwungenes Eheversprechen gebunden. Gerade hat Carlos sich enttäuscht und unglücklich entfernt, da kommt der König, findet seine Frau ohne ihre Begleitung und maßregelt streng die Hofdamen. Der Marquis nützt unterdessen die günstige Gelegenheit und weiß schnell das Vertrauen Philipps zu gewinnen. Auf einmal beginnt der König in ungewohnter Offenheit von seinen Sorgen zu sprechen: Seine junge Frau liebt ihn nicht und zudem ist ihm – gerade durch diese Heirat – sein Sohn ganz fremd geworden. Er enthüllt, dass er sich als König nicht frei und unabhängig fühlt, sondern als Gefangener der übermächtigen spanischen Inquisition.

 Carlos schöpft neue Hoffnung: Ein Briefchen hat ihn zum nächtlichen Rendezvous in den Schlosspark gebeten. Um Mitternacht wartet er dort sehnsüchtig auf Elisabeth, doch an ihrer Stelle erscheint die verschleierte Prinzessin Eboli, die den Prinzen heimlich liebt. Zu spät bemerkt Carlos den verhängnisvollen Irrtum und die Prinzessin begreift, auf wen er in Wirklichkeit gewartet hat. In ihrer Eifersucht will sie sich am Prinzen rächen. Gerade rechtzeitig tritt Posa dazwischen und kann verhindern, dass der aufgebrachte Prinz sich auf Eboli stürzt. Wütend entfernt sich die enttäuschte Hofdame. Da bittet der Marquis den Freund plötzlich, ihm doch die geheimen Briefe über Flandern anzuvertrauen, die den Prinzen in den Augen seines Vaters schwer belasten könnten. Carlos begreift nicht, was Posa damit bezweckt, aber er händigt sie ihm trotzdem zögernd aus.

Die allmächtige Inquisition lässt öffentlich Ketzer verbrennen, als Abschreckung für das Volk und zugleich als großes Fest. Während die unglücklichen Opfer zum Scheiterhaufen geführt werden, empfängt König Philipp Abgesandte aus Flandern, die ihn kniefällig um Frieden für ihr Land bitten. Philipp reagiert kalt und ablehnend. Da tritt mutig sein Sohn vor und fordert vom Vater, nach Flandern gesandt zu werden. Er selbst will dort für die Freiheit des unterdrückten Volkes kämpfen. Philipp ist über die Auflehnung des eigenen Thronfolgers empört und verlangt, dass man ihn entwaffnet. Aber niemand traut sich; alle stehen wie erstarrt. Wütend zieht Philipp seinen eigenen Degen, doch Posa kommt ihm zuvor und entwaffnet – um Schlimmeres zu verhindern – den völlig überraschten Carlos. Carlos ist entsetzt über den scheinbaren Verrat des Freundes. Der König aber ernennt den Marquis als Belohnung umgehend zum Herzog.

 König Philipp ist alt und müde, doch Schlaf findet er des Nachts nicht. Er grübelt über seinen Problemen; vor allem sein bedrückendes Verhältnis zu Elisabeth, die ihn nicht liebt, geht ihm nicht aus dem Kopf. Insgeheim sehnt er sich nach der endgültigen Ruhe des Grabes. Da tritt zu später Stunde ein blinder Greis zu ihm ins Arbeitszimmer. Es ist der wohl mächtigste Mann im Staat, der Großinquisitor, vor dem alle zittern. Philipp erbittet seinen Rat, doch der Geistliche stellt unerbittlich klar: Der Thronfolger Don Carlos muss sterben und auch Marquis von Posa mit seinen heimlichen aufrührerischen Gedanken soll der Inquisition ausgeliefert werden. Er zwingt den König, ihm sein Einverständnis zu erklären.

Inzwischen hat Prinzessin Eboli Rache genommen: Sie hat dem König das Schmuckkästchen der Königin geschickt; darin hat Philipp ein Bild des Prinzen gefunden, noch aus der Zeit ihrer Verlobung. Eifersüchtig vergisst Philipp seine Würde und ergeht sich in übelsten Beschimpfungen gegen Elisabeth. Marquis von Posa widerspricht als Einziger dem König und hält ihm sein unwürdiges Benehmen vor. Prinzessin Eboli bereut zutiefst ihr Verhalten und bittet ihre Herrin auf Knien um Verzeihung. Zur Strafe wird sie in ein Kloster verbannt.

Marquis von Posa besucht den verzweifelten Prinzen in seiner Gefängniszelle und möchte ihm Mut machen, indem er ihn an seine wahre Aufgabe, an die Befreiung von Flandern, erinnert. Da fallen Schüsse. Tödlich getroffen sinkt Posa in die Arme des Freundes. Die allmächtige Inquisition hat ein neues Opfer und nun wird auch klar, warum Posa kürzlich so dringend die flandrischen Briefe von Carlos

Don Carlos   Marquis von Posa   König Philipp   Großinquisitor

forderte: Auf diese Weise gelang es ihm, den Verdacht der Inquisition vom Prinzen abzulenken und sich selbst für ihn zu opfern.

König Philipp betritt persönlich das Gefängnis, um seinem Sohn den Degen zurückzugeben. Die Menge des Volkes aber erhebt sich gegen den König und verlangt aufgebracht Freiheit für Carlos. Wieder ist der Großinquisitor zur Stelle und enthüllt schonungslos die wahren Machtverhältnisse. König Philipp und alle seine Untertanen sinken vor ihm auf die Knie.

 Carlos weiß von Posa, dass ihn Elisabeth vor seiner Abreise nach Flandern noch einmal sehen möchte. Deshalb begibt er sich zum heimlichen Treffpunkt in die Gruft Karls V. Gerade als sie sich traurig für immer verabschieden, überrascht sie der König mit dem Großinquisitor. Man will den Prinzen erneut festnehmen. Da erklingt jedoch wieder geisterhaft die Stimme Karls V.; der geheimnisvolle alte Mönch taucht auf und zieht Carlos mit sich fort in die dunklen Gewölbe des Klosters.

Don Carlos   Mönch   König Philipp   Elisabeth

Hinweise

Verdi vertonte mehrere Dramen von Friedrich Schiller (1759–1805), zuerst ›Die Jungfrau von Orleans‹ (1845), dann ›Die Räuber‹ (1847) und ›Luisa Miller‹ (nach ›Kabale und Liebe‹, 1849), schließlich ›Don Carlos‹ (1884, 2. Fassung). In dieser Oper haben sich gegenüber dem Schauspiel von Schiller die inhaltlichen Schwerpunkte deutlich verlagert. Schiller ging es in erster Linie um den Kampf der unterdrückten Niederländer gegen die beherrschenden Spanier, also um die Idee der Freiheit. Daraus wurde bei Verdi eine typische »große Oper« um Liebe und Leidenschaft, Eifersucht und Mord, während der Freiheitskampf der Niederländer und die Gewalt der Inquisition dazu den effektvollen Hintergrund bilden.

Verdi hatte große Mühe mit der Umarbeitung des langen Schiller-Dramas zur Oper. Das kann man an den unterschiedlichen Fassungen des ›Don Carlos‹ erkennen. Das Libretto der Pariser Uraufführung war fünfaktig und in französischer Sprache; 15 Jahre später überarbeitete Verdi die Oper, indem er sie um einen Akt kürzte und dann in italienischer Übersetzung an der Mailänder Scala aufführen ließ (1884).

In der fünfaktigen Pariser Fassung wurden im 1. Akt (im Park von Fontainebleau) Carlos und Elisabeth als Verlobte vorgestellt, also noch bevor König Philipp seinem Sohn aus politischen Gründen die Braut wegnahm.

Zentrale Figur der Oper ist zweifellos König Philipp II., eine Parade-rolle für das italienische Fach des seriösen Basses. Sein großer Monolog im 3. (1. Fassung: 4.) Akt stellt einen der Höhepunkte im Opernschaffen Verdis dar. Es handelt sich um eine reich gegliederte Szene mit rezitativi-schen und ariosen Abschnitten sowie einem ausdrucksvollen Orchester-vorspiel:

Unmittelbar anschließend kommt es zur unheimlichen und eindrucksvol-len Begegnung Philipps mit dem Großinquisitor, ausgestaltet von den dunklen Farben des großen Orchesters.

Das spanische Element tritt nur an wenigen Stellen in Erscheinung, am deutlichsten im Lied der Prinzessin Eboli, das von einer Mandoline begleitet wird:

Ein großes Duett singen die beiden Freunde Carlos und Posa im 1. (2.) Akt; ihre innere Übereinstimmung äußert sich sehr deutlich in der Melo-dik mit parallelen Terzen und Sexten:

Gott, der der Hoff-nung und Lie - - be Strahl ge- senkt...

›Don Carlos‹ ist – als typisches Beispiel der großen französischen Oper – reich an Massenszenen. Ein bedeutendes Beispiel hierfür ist das große Finale des 2. (3.) Aktes, wo vor dem Kirchenportal vor versammeltem Volk und allen weltlichen und geistlichen Würdenträgern ein düsteres »Autodafé«, also eine Ketzerverbrennung, stattfindet. Ein machtvoller Chor eröffnet die Szene:

Kommt al - le, die Fei - er zu schau - - en, _____ um- - ju - belt, __ um-ju-belt den mäch-ti-gen Kö - nig!

Das Orchester hat gegenüber Verdis früheren Opern weiter an Selbstständigkeit und Ausdruckskraft gewonnen, was sich nicht nur an einigen Passagen im Vorspiel zeigt, sondern auch in der freien abgestuften, vielfarbigen Gesangsbegleitung.

Giuseppe Verdi
(1813–1901)

Aida

Oper in vier Aufzügen

- Text: von Antonio Ghislanzoni
- Aufbau: Vorspiel und 18 Musiknummern
- Uraufführung: in Kairo am 24. Dezember 1871
- Spieldauer: etwa 3 Stunden

Besetzung

Der König (Pharao)	*Bass*
Amneris, seine Tochter	*Mezzosopran*
Aida, äthiopische Sklavin	*Sopran*
Radames, Feldherr der Ägypter	*Tenor*
Ramphis, Oberpriester	*Bass*
Amonasro, König der Äthiopier und Vater Aidas	*Bariton*
Ein Bote	*Tenor*
Eine Priesterin	*Sopran*

Priesterinnen, Priester, Minister, Soldaten,   *Chor, Ballett,*
  Beamte, Sklaven, gefangene Äthiopier, Volk   *Statisten*

Die Handlung

 Vor einigen Jahrtausenden, zur Zeit der Herrschaft der ägyptischen Könige, der ruhmreichen Pharaonen, lagen die beiden afrikanischen Nachbarstaaten Ägypten und Äthiopien häufig miteinander im Krieg.

 Wieder einmal ist Ägyptens Süden mit Theben und den Nilufern vom äthiopischen Feind bedroht. Der junge Feldherr Radames hält sich bereits im Königspalast zu Memphis auf; er macht sich große Hoffnungen, dass er diesmal die Ägypter in die Schlacht führen darf. Der Oberpriester Ramphis hat sich soeben auf den Weg zum König begeben, um ihm die Entscheidung der Göttin Isis mitzuteilen. Doch Radames hofft nicht nur auf schnellen Schlachtruhm; vielleicht könnte ihm ein Sieg zugleich die Erfüllung eines ganz anderen, privaten Wunsches bringen: Er liebt nämlich die äthiopische Königstochter Aida, die als Sklavin hier in der ägyptischen Hauptstadt lebt. Und ihm, als dem möglichen strahlenden Sieger, könnte dann doch niemand mehr seinen Herzenswunsch abschlagen – Freiheit für Aida, für ihre gemeinsame Liebe!

Unerwartet erscheint die schöne Pharaonentochter Amneris – in Leidenschaft für Radames entbrannt und voller eifersüchtigen Misstrauens. Noch sind es nur Ahnungen, die sie beunruhigen. Aber als Aida ebenfalls eintritt, beginnt sich ihr Verdacht zu erhärten; verräterische Blicke, kurzes Erbleichen der beiden heimlich Liebenden bringen sie auf die richtige Spur.

Alle drei werden nun Zeugen von Radames' Ernennung zum Feldherrn. Der König selbst erscheint mit seinem Gefolge und hört die Botschaft vom Einmarsch der Äthiopier, die von ihrem König Amonasro – Aidas Vater – selbst angeführt werden. Im allgemeinen Kriegstaumel lässt sich sogar Aida, die doch vor allem um ihr Volk und um ihren Vater zittert, mitreißen: »Als Sieger kehre heim!«

Verstört bleibt sie dann zuück. Schlagartig wird ihr die ausweglose Lage bewusst, in der sie steckt: Hier der Vater, dort der Geliebte – wem soll sie den Sieg wünschen? Unterdessen betet Ramphis mit seinen Priestern für den Sieg. Sie weihen die Waffen und überreichen Radames das heilige Schlachtschwert.

Das Feuer der Eifersucht brennt hell in Amneris. In ihrem Privatgemach lässt sie sich von Sklavinnen und Mohrenknaben bedienen und verwöhnen, doch als sie Aida kommen sieht, weist sie ihr Gefolge hinaus und wendet eine teuflische List an, um sich ihren Verdacht endgültig bestätigen zu lassen. Mit heuchlerischer Freundlichkeit scheint sie die arme Äthiopierin zu bedauern, von deren Volk sich das Kriegsglück inzwischen abgewendet hat. Aber – ist nicht auch der ägyptische Feldherr gefallen...? Aida kann ihre Tränen nicht unterdrücken und Amneris bleibt nur noch ein kleiner Schritt zur Gewissheit: »Mein Wort war Täuschung – Radames lebt!« Aidas Freudenschrei enthüllt ihr die ganze geahnte Wahrheit und in höchster Erregung stehen sich auf einmal zwei ungleiche Rivalinnen gegenüber – Fürstin und Sklavin lieben den selben Mann!

Aida   Amneris

Ganz Theben rüstet sich zum Triumphzug. Der König mit seiner Regierung empfängt inmitten des jubelnden ägyptischen Volkes den Retter des Vaterlandes: Radames, den ruhmreichen Feldherrn. Amneris selbst drückt ihm den Siegeskranz aufs Haar. Dann beginnt der grandiose Vorbeimarsch der Beuteträger und der äthiopischen Gefangenen. Unter ihnen ist auch Amonasro, der hier unter so unwürdigen Umständen seine arme Tochter wiedersehen muss; aber es gelingt ihm zu verheimlichen, dass er selbst der König der Äthiopier ist. Nur so kann er sein Leben retten und auch noch auf spätere Rache hoffen. Im Rausch des Sieges erbittet Radames Freiheit für die gefangenen Äthiopier; als Geiseln bleiben allein Amonasro und Aida in Theben zurück. Amneris aber erlebt die Stunde ihres größten Triumphes: Zum Lohn verspricht der König seinem Feldherrn die Hand seiner Tochter und ernennt ihn gar zum Thronfolger. Während Amneris, berauscht vor Glück, in den allgemeinen Jubel einstimmt, erkennen Radames und Aida ihre hoffnungslose Situation – »Ägyptens Thron wiegt Aidas Herz nicht auf!«

 Es ist tiefe Nacht über den Ufern des Nils; leise plätschern die Wellen und die Sterne glitzern. Gemeinsam mit Ramphis geht Amneris am Vorabend ihrer Hochzeit zum nächtlichen Gebet in den Tempel. Sie will die Götter anflehen, dass Radames ihre Liebe erwidern möge! Von ferne, aus dem Tempel, hört man die feierlichen Anrufungen der Priester. Dann herrscht wieder Stille in der südlichen Nacht…

Da nähert sich vorsichtig Aida; Radames hat sie hierher bestellt: »Bald kommt Radames! Was wird er wollen?« Doch nicht der Geliebte erscheint, sondern ihr Vater Amonasro taucht überraschend aus dem Dunkel auf. Er kennt die Lage seiner Tochter, auch ihre heimliche Verabredung mit Radames und nun will er sie als willkommenes Werkzeug zur Rettung des Vaterlandes einsetzen. Schon haben sich die heimatlichen Volksstämme erneut erhoben, sie hoffen auf Sieg, nur fehlt ihnen die Information, auf welchen geheimen Wegen ihnen das ägyptische Heer entgegenkommen wird. Amonasro bedrängt seine Tochter: »Radames kommt hierher, er liebt dich …!« – Und allein er weiß den geheimen Schlachtplan!

Entsetzt weist Aida den Vorschlag ihres Vaters zurück; der malt ihr in wilder Leidenschaft die Verheerungen aus, die Ägyptens Scharen über ihr Heimatland bringen werden. Sie aber könnte ihr Land retten! Aida bricht zu seinen Füßen zusammen – sie, eine Verräterin, vom Vater verstoßen? Nein, sie will sich ihres Landes würdig zeigen, sei das Opfer auch noch so groß! Man hört Schritte im Dunkeln, schnell versteckt sich Amonasro.

Freudig erregt erscheint Radames, voll neuer Hoffnungen – in einem zweiten Waffengang will er die Äthiopier endgültig vernichten und Aida dann für sich als Kampfpreis fordern. Aida aber gelingt es, ihn zur Flucht zu überreden, und sie steigern sich beide in die Vision gemeinsamen Glücks hinein. Eher beiläufig fragt ihn Aida noch schnell, welchen Weg denn seine Truppen morgen einschlagen werden, »damit wir sie besser umgehen können«. Kaum ist Radames die Antwort entschlüpft – »die Schluchten bei Napata« –, da beginnen sich die Ereignisse zu überstürzen: In wilder Freude kommt Amonasro aus seinem Versteck hervor; er kennt nun die geheimsten Pläne des Gegners. Er und Aida wollen den unfreiwillig zum Verräter gewordenen Radames mit sich fortziehen, doch da verstellen ihnen Wachen den Weg, die eben mit Amneris und Ramphis vom Gebet aus dem Tempel zurückkehren. Wutentbrannt will sich Amonasro mit dem Dolch auf die ägyptische Königstochter stürzen, doch Radames fällt ihm in den Arm und stellt sich freiwillig den Wachen. Vater und Tochter aber können im allgemeinen Durcheinander entkommen.

 Radames ist ins Gefängnis geworfen worden. Im Königspalast beginnt Amneris allmählich zu begreifen, welches Schicksal dem unglücklichen Feldherrn droht. Ihre Liebe zu Radames ist ehrlich – wenn er sie doch nur auch lieben würde! Sie wagt einen letzten verzweifelten Rettungsversuch. Sie lässt Radames

rufen und bestürmt ihn: »Verteidige dich! Rette dich! Entsage Aida!«
Doch sie trifft auf einen gebrochenen, resignierenden Mann, der nur
noch einen Wunsch hat: dass Aida den Weg heim ins Vaterland fände,
ohne von seinem tragischen Schicksal je zu erfahren. Er selbst aber ist
bereit zu sterben.

Amneris merkt, dass alle Mühen umsonst sind. Wachen führen
Radames zurück in seinen Kerker und sie wird gleich darauf Zeugin
der Gerichtsverhandlung, zu der Ramphis und die Priester an ihr vorbei in den unterirdischen Gerichtssaal hinabsteigen. Dreimal ertönt
die Aufforderung an den Angeklagten: »Rechtfertige dich!«, aber er
schweigt auf alle Anschuldigungen. Dumpf dringt der grausam harte
Urteilsspruch aus der Tiefe zu Amneris: »Lebendig begraben!« Völlig
von Sinnen verflucht sie die Priester.

Radames wird lebend im unterirdischen Gewölbe des Vulkan-Tem-
pels eingemauert. Zwei Priester verschließen über ihm mit einem Stein
die letzte kleine Öffnung, dann ist er allein in seinem Grab. Trostlos
denkt er an Aida, da – ein Laut, ein Seufzer: Aida, von der niemand
wusste, wohin sie nach ihrer Flucht entkommen sein könnte, hat sich
heimlich in das grausige Verlies geschlichen, um mit dem Geliebten

Radames   Aida   Amonasro   Ramphis

das Schicksal zu teilen. Unter den fernen Klängen feierlicher Götter-hymnen sinkt sie sanft in seine Arme und stirbt. Über ihnen im Tempel betet Amneris im Trauergewand für den verlorenen Geliebten.

Hinweise

Verdi komponierte ›Aida‹ als Auftragswerk zur Eröffnung des Suezkanals. ›Aida‹ ist sicher die beliebteste »Ausstattungsoper« überhaupt (Ausstattungsopern nennt man solche Werke, die eine besonders prächtige Dekoration und besonders kostbare Kostüme erfordern). Oft bereiten Bühnen- und Kostümbildner ihrem Publikum hier ein wahres Fest für die Augen, vor allem bei dem großen Triumphmarsch im 2. Akt. Es ist sicher kein Zufall, dass gerade dieses Werk so gern und oft in der riesigen Arena von Verona gespielt wird. Nur hat man in einer solch pompösen Aufführung manchmal den Eindruck, dass über all dem ägyptischen Pomp fast die anrührende menschliche Liebestragödie, um die es hier doch eigentlich geht, zu kurz kommt.

Dabei fängt sogar die Orchestereinleitung, die Verdi nicht Ouvertüre, sondern bescheidener »Preludio« (Vorspiel) nennt, zart und innig mit Aidas Liebesmelodie an:

In unerbittlichem Gegensatz ertönt gleich darauf das Thema der Priesterwelt:

Diese beiden Melodien prallen dann hart aufeinander und verdeutlichen musikalisch das große Thema der Oper: den Zusammenstoß einzelner Menschen mit den erbarmungslosen Bedingungen von Staat und Religion, an denen sie zugrunde gehen.

Noch ein drittes Thema taucht im Verlauf des Stückes an wichtigen Stellen immer wieder auf. Es stellt sehr anschaulich die Eifersucht von Amneris dar, unruhig und nervös sich im engsten Tonabstand drehend:

Für den Triumphmarsch, den manche Leute gar nicht mögen, weil er so schön effektvoll klingt, hat sich Verdi sogar spezielle Trompeten – die »Aida-Trompeten« – bauen lassen, die besonders strahlend klingen und in der Bühnenmusik eingesetzt werden:

Die Musik dieser Oper klingt oft ungemein farbenreich und exotisch. Echte ägyptische Melodien hat Verdi dafür jedoch nicht verwendet. Der 3. Akt – der »Nilakt« – ist ein in sich abgeschlossenes kleines dramatisches Meisterstück; hier entfaltet sich die ganze Tragödie bis zu ihrem bitteren Ende. Wenn man genau Acht gibt, hört man in der Musik immer wieder die friedliche Wellenbewegung des nächtlichen Nils, besonders deutlich gleich zu Beginn in den Flöten und gezupften Violinen.

Giuseppe Verdi
(1813–1901)

Otello

Oper in vier Aufzügen

- Text: von Arrigo Boito (nach William Shakespeare)
- Aufbau: durchkomponierte Akte, zum Teil mit Vorspielen
- Uraufführung: am 5. Februar 1887 in Mailand
- Spieldauer: etwa 3 Stunden

Besetzung

Otello, Mohr, Befehlshaber der venezianischen Flotte	*Tenor*
Jago, Fähnrich	*Bariton*
Cassio, Hauptmann	*Tenor*
Rodrigo, edler Venezianer	*Tenor*
Lodovico, Gesandter der Republik Venedig	*Bass*
Montano, Vorgänger Otellos als Statthalter in Zypern	*Bass*
Ein Herold	*Bass*
Desdemona, Otellos Gemahlin	*Sopran*
Emilia, Jagos Frau	*Mezzosopran*
Soldaten, Seeleute, Edeldamen, vornehme Venezianer, Zyprioten, Volk	*Chor, Ballett*

Die Handlung

 Liebe und Eifersucht gehören zusammen wie Tag und Nacht, wie Licht und Schatten. Eifersucht kann begründet sein, aber sie kann auch ohne Grund aus einem ganz nichtigen Anlass heraus entstehen. So ist es bei Otello: Er ist als Mohr der einzige Farbige unter lauter Weißen, ein Außenseiter, wenngleich als Feldherr sehr erfolgreich. Vielleicht ist er deshalb misstrauischer und empfänglicher für Einflüsterungen, auch wenn sie nicht stimmen?

 Otello ist Befehlshaber der venezianischen Flotte und hat soeben die Türken geschlagen. Auf dem Heimweg nach Zypern, dessen Statthalter er ist, gerät sein Schiff in einen Sturm. Angstvoll beobachten die Menschen am Hafen, wie ihr Feldherr verzweifelt mit dem Unwetter kämpft und ihm endlich doch die unversehrte Heimkehr gelingt. Freudenfeuer werden entzündet, als Otello an Land geht und seinen Leuten mit wenigen Worten stolz von seinem Sieg berichtet. Doch dann zieht es ihn zu seiner Frau Desdemona, Tochter aus vornehmem venezianischem Geschlecht. Das Volk feiert draußen vor dem Schloss singend und zechend den Sieg seines Herrn.

Es gibt allerdings zwei Neider, die Otello den Triumph nicht gönnen: Rodrigo, den Otello bei Desdemona einst ausgestochen hat, und Jago, den Fähnrich des Mohren, den der Feldherr bei der Beförderung zum Hauptmann übergangen hat; an seiner Stelle hat er Cassio ernannt. Unbändiger Hass treibt nun Jago zu einem teuflischen Plan, mit dem er Otello, aber auch Cassio ins Unglück stürzen will.

Sein erstes Opfer ist Cassio: Er verleitet ihn tückisch zum Trinken und macht ihn, der keinen Wein verträgt, betrunken. In diesem Zustand fängt Cassio völlig sinnlos einen Streit mit seinem Vorgesetzten Montano an. Es kommt zum Kampf und Cassio verletzt dabei Montano mit dem Schwert. Jago hat das Unglück kommen sehen und sorgt für noch mehr Trubel, indem er die Sturmglocken läuten lässt. Der Lärm ruft natürlich Otello auf den Plan, der sich unsanft in seinem

Liebesglück mit Desdemona gestört fühlt. Im Zorn nimmt er Cassio unverzüglich den Degen und erniedrigt ihn. Die Menschen auf dem Platz aber schickt er nach Hause. Da tritt Desdemona zärtlich an seine Seite und er beruhigt sich schnell wieder. Das Unwetter ist längst abgezogen und über Zypern wölbt sich ein klarer Sternenhimmel, vom Mondschein mild erhellt – eine Stimmung, wie geschaffen für eine romantische Liebesnacht!

 Jago enthüllt seinen finsteren Charakter: Wie ein Glaubensbekenntnis verkündet er sein Vertrauen in die Macht des Bösen! Otello wird ohne Entrinnen sein Opfer sein; zu gut kennt er seinen Herrn und dessen Schwächen, die er unbeirrbar auszunützen gedenkt. So trifft er sich alsbald mit Cassio und rät ihm in geheuchelter Freundschaft, sich doch bei Desdemona Beistand zu holen, damit sie bei ihrem Gemahl ein gutes Wort für ihn einlegt. Zugleich aber weckt er bei Otello heimtückisch die Eifersucht auf Cassio, indem er allerlei Andeutungen macht, die den Feldherrn schnell beunruhigen.

In dieser Stimmung trifft Otello gleich darauf seine Frau, die ihn in aller Unschuld um Gnade für Cassio bittet. Das löst bei dem Eifersüchtigen sofort einen Wutanfall aus. Als Desdemona ihm mitleidig die heiße Stirn mit einem Taschentuch kühlen will, wirft er es wütend zu Boden. Emilia – Jagos Frau und Desdemonas enge Vertraute – hebt das Tuch auf und Jago entwindet es ihr sofort: Mit diesem kleinen Tüchlein will er Otellos Verdacht weiter schüren.

Otello dringt in Jago: Er verlangt von ihm handfeste Beweise für die Untreue seiner Frau. Jago denkt sich eine Lügengeschichte aus und schwindelt Otello vor, er habe kürzlich belauscht, wie Cassio im Traum von seiner Liebe zu Desdemona gesprochen habe. Außerdem habe er ein Seidentuch in Cassios Händen gesehen, das doch eigentlich Otello Desdemona geschenkt habe! Das überzeugt den Mohren. Wild entschlossen schwört er Rache. In seinen Schwur stimmt Jago nur zu gern mit ein.

Jago   Otello   Desdemona
                Cassio   Rodrigo

 Nichts ahnend wagt Desdemona einen neuen Vorstoß bei Otello: Sie bittet wieder um Gnade für Cassio. Otello gerät außer Rand und Band, beschimpft sie auf übelste Weise und weist sie hinaus.

Kurz darauf weiß Jago es geschickt so einzurichten, dass sein Herr ihn im Gespräch mit Cassio belauschen kann. Er lenkt Cassios Worte so raffiniert, dass Otello wirklich glauben muss, sein abgesetzter Hauptmann habe ein Verhältnis mit Desdemona. Tatsächlich erzählt Cassio jedoch von seiner geliebten Bianca, ohne ihren Namen zu nennen. Zu allem Überfluss hat Jago ihm auch noch Desdemonas Taschentuch zugesteckt, das Otello nun in der Hand seines vermeintlichen Nebenbuhlers entdecken muss. Nun ist Otello endgültig von der Untreue seiner Frau überzeugt.

Lodovico, der Gesandte des venezianischen Dogen, gibt auf Zypern einen festlichen Empfang und ernennt bei dieser Gelegenheit überraschend Cassio zum Nachfolger Otellos auf der Insel. Otello aber muss nach Venedig zurückkehren.

Als er diese Neuigkeiten erfährt, gerät Otello völlig aus der Fassung. In Anwesenheit aller Würdenträger macht er Desdemona die schlimmste Eifersuchtsszene. Zum Entsetzen der Gäste schleudert er sie im Jähzorn sogar zu Boden. Unter seinen Flüchen leert sich der Saal schnell. So kennt niemand den großen Feldherrn!

Die Erregung bringt Otello fast um den Verstand; ohnmächtig liegt er am Boden. Und Jago triumphiert: Nun hat er seinen Herrn so weit, dass er keine Kontrolle mehr über sein Tun und Lassen hat. Stolz betrachtet er das Häuflein Elend am Boden. Da liegt er, der »Löwe von Venedig«!

Nun aber hetzt Jago noch Rodrigo auf, Cassio umzubringen, denn nur auf diese Weise würden Otello und Desdemona wohl doch in Zypern bleiben.

 Desdemona ist unruhig, ratlos und von bösen Ahnungen geplagt. Sie singt beim Zubettgehen ein melancholisches altes Lied, das ihr seltsamerweise an diesem Abend wieder eingefallen ist und das so gut zu ihrer Stimmung passt. Dann betet sie still ein »Ave Maria« und legt sich ein wenig beruhigt zu Bett.

In der Stille der Nacht betritt Otello durch eine spezielle Geheimtür Desdemonas Schlafzimmer. Voller Wehmut betrachtet er seine schlafende Frau und küsst sie noch einmal ganz sanft; sie erwacht erstaunt und beunruhigt. Mit kalter Stimme teilt er ihr mit, warum er gekommen ist: Er will sie töten. Verzweifelt beteuert sie ihre Unschuld und bittet ihn um Schonung. Sie glaubt immer noch beweisen zu können, dass Otello sich irrt. Doch der ist überzeugt, dass ihr Zeuge Cassio, den er für seinen Rivalen hält, bereits tot ist. Vergebens wehrt sich Desdemona gegen seine übermächtigen Hände: Er erwürgt seine unschuldige Frau im Bett.

Da hört man aufgeregte Stimmen: Emilia kommt hereingestürzt – Cassio hat Rodrigo erschlagen, als er sich gegen ihn zur Wehr setzen musste. Cassio lebt! Sie entdeckt voller Schrecken ihre sterbende Herrin und ruft laut um Hilfe. Cassio, Montano, Lodovico und Jago eilen herbei und vernehmen Desdemonas letzte gehauchte Worte, mit denen sie Otello schützen will: »Otello ist unschuldig«! Da durchschaut

Desdemona   Otello   Emilia

Emilia das teuflische Spiel ihres Mannes und enthüllt den entsetzten Männern den Betrug mit dem Taschentuch, auf den Otello so leichtgläubig hereingefallen ist. Jago ergreift die Flucht, verfolgt von Montanos Leuten. Otello aber bricht zusammen, sein Degen wird ihm abgenommen. Auf einmal begreift er die ganze schreckliche Wahrheit. Mit seinem Dolch ersticht er sich und küsst sterbend zum letzten Mal seine tote Gemahlin.

Hinweise

Nach ›Aida‹ (1871) komponierte Verdi 15 Jahre lang keine Oper mehr (eigentlich sollte sie seine letzte sein). Bei der Uraufführung des ›Otello‹ 1887 war der Komponist bereits 74 Jahre alt. Mit ›Otello‹ ist die traditionelle Form der Nummernoper endgültig überwunden. In dieser Oper sind die vier Aufzüge durchkomponiert und das Orchester ist den Singstimmen gleichberechtigt.

Arrigo Boito (1842–1918), der selbst ein sehr bekannter italienischer Opernkomponist war, hat Shakespeares Drama ›Othello‹ meisterhaft zu

einem Opernlibretto umgearbeitet. Er verstand es, die dichterische Vorlage auf das Wesentliche zu kürzen, ohne dass sich die Schwerpunkte der
Handlung veränderten. Allerdings konnte er auch darauf vertrauen, dass
durch die Aussagekraft von Verdis Musik vieles nicht mehr ausgesprochen
werden musste und vom Publikum dennoch verstanden wurde. So hält
Otello bei Shakespeare kurz vor dem nächtlichen Mord an der unschuldigen Desdemona noch einen Monolog, um seine Tat zu rechtfertigen.
Bei Verdi steht an dieser Stelle lediglich ein unheimliches Orchestervorspiel mit einem seltenen Kontrabass-Solo, dumpfen Schlägen der großen
Trommel und einem kleinen unruhigen Sechzehntelmotiv:

Dann küsst Otello Desdemona noch einmal. Dazu ertönt im Orchester
eine Melodie, die man »Leitmotiv« nennen könnte, denn sie erklingt
auch im ersten Akt und noch einmal nach dem Mord – jeweils zum
Kuss:

Obwohl ›Otello‹ durchkomponiert ist, enthält die Oper einige in sich
geschlossene liedähnliche oder zumindest strophisch gebaute Szenen. Da
ist zunächst das temperamentvolle Trinklied nach Otellos Rettung im
1. Akt zu nennen, in dessen Verlauf Jago Cassio betrunken macht. Von
Strophe zu Strophe scheint die Musik allmählich aus den Fugen zu geraten und am Schluss in der Orchesterbegleitung geradezu zu torkeln. Ein
Chorrefrain schließt die Strophen jeweils ab.

Im 2. Akt finden wir Desdemona mit ihrem Gefolge im Garten des
Schlosses. Zu ihrer Ehre erklingt eine Folge von Liedern, die u. a. auch
von einem Kinderchor gesungen werden, zur lieblichen Begleitung von
Dudelsäcken, Mandolinen und Gitarren.

Im letzten Aufzug singt Desdemona dann, von düsteren Vorahnungen geplagt, das berühmte »Lied vom Weidenbaum«. Die Szene wird von einem klagenden Englischhorn-Solo eingeleitet; dann folgen die Liedstrophen, deren Orchesterbegleitung von Strophe zu Strophe zart variiert wird:

Das große »Credo«, wie die Soloszene des Bösewichts Jago im 2. Akt genannt wird, hat kein Vorbild bei Shakespeare. Es ist die Erfindung des Librettisten Boito. Hier offenbart uns Jago die Abgründe seiner Seele und verkündet ein Glaubensbekenntnis des Bösen. Sein Monolog ist ebenfalls in Strophen gegliedert, vom Orchester in wildem Aufruhr und in finsteren Klangfarben begleitet. Ein kleines Motiv durchzieht – sich ständig verwandelnd – alle Strophen:

Übrigens schließt diese so tragische Oper in E-Dur. Wer wollte da noch behaupten, Dur bedeute immer nur Heiterkeit!

Giuseppe Verdi
(1813–1901)

Falstaff

Lyrische Komödie in drei Aufzügen

- Text: von Arrigo Boito
- Aufbau: kein Vorspiel, drei durchkomponierte Aufzüge zu jeweils zwei Szenen
- Uraufführung: am 9. Februar 1893 an der Mailänder Scala
- Spieldauer: etwa 2 ½ Stunden

Besetzung

Sir John Falstaff	*Bariton*
Ford	*Bariton*
Doktor Cajus	*Tenor*
Fenton	*Tenor*
Bardolf und Pistol, Falstaffs Diener	*Tenor, Bass*
Frau Alice Ford, Frau von Ford	*Sopran*
Ännchen, Tochter der Fords	*Sopran*
Frau Meg Page	*Mezzosopran*
Frau Quickly	*Alt / Mezzosopran*
Der Wirt des Gasthofs »Zum Hosenbande«	*Stumme Rolle*
Falstaffs Page	*Stumme Rolle*
Ein kleiner Page bei Ford	*Stumme Rolle*

Bürger von Windsor, Diener bei Ford,   *Chor, Statisten,*
Masken (Kobolde, Feen, Hexen usw.)   *evtl. Ballett*

Die Handlung

 Unsere Geschichte spielt vor ca. 600 Jahren in dem englischen Städtchen Windsor. – Sir John Falstaff ist eine imponierende Erscheinung: von gewaltiger Leibesfülle, mit einer unüberhörbaren Stimme ausgestattet und strotzend vor Selbstbewusstsein. Zur Zeit wohnt er in Windsor im Gasthof »Zum Hosenbande«, trinkt täglich große Mengen Rotwein und beschäftigt ständig zwei Diener, Bardolf und Pistol, wie es sich eben für einen richtigen Ritter gehört. Nur: Geld hat er keins! Die Rechnung, die der Wirt ihm immer wieder unter die Nase hält, wird lang und länger, aber er kann sie nicht bezahlen.

Um Auswege war Falstaff noch niemals verlegen: Diesmal hat er einen ganz besonderen und, wie er glaubt, gerissenen Plan ausgeheckt, um wieder zu Geld zu kommen. Dazu muss man allerdings wissen, dass unser Ritter sich obendrein noch für einen unwiderstehlichen Frauenhelden hält. Welche Dame könnte denn seiner stattlichen Figur widerstehen? Schon hat er zwei gleich lautende Liebesbriefe an zwei reiche verheiratete Damen der Gesellschaft verfasst, an Alice Ford und Meg Page. Vielleicht, so denkt er sich, ließe sich ja mit einem solchen Liebesabenteuer auch etwas Geld einnehmen!

 Gerade hat sich Falstaff des lästigen Doktor Cajus entledigt, der sich bei ihm über seine beiden Diener beschwert hat, denn sie haben ihn im Rausch bestohlen. Nun sollen die beiden die galanten Briefe für ihren Herrn austragen, aber sie weigern sich ganz entrüstet: Kuppler zu spielen geht gegen ihre Ehre! Falstaff hält den beiden Heuchlern eine empörte Moralpredigt, dann jagt er sie mit dem Besen aus der Tür und schickt an ihrer Stelle einen Pagen zu den beiden Frauen. Die Damen Ford und Page sind bisher jedoch keineswegs auf Falstaff hereingefallen; vielmehr amüsieren sie sich königlich über den alten Gauner. Heute aber sind sie doch recht überrascht: Beide haben sie von ihm den gleichen Liebesbrief bekom-

men, Wort für Wort stimmt überein! Gleich schmieden sie gemeinsam Pläne, wie sie den komischen Kavalier hereinlegen könnten: Nachbarin Quickly soll ihn zu einem Schäferstündchen in Frau Fords Haus
locken.

So tuscheln sie eifrig miteinander. Aber auch die Gedanken der
Männer kreisen um den dicken Störenfried. Der aufgebrachte Doktor
Cajus und auch Bardolf und Pistol, Falstaffs Diener, reden gleichzeitig auf Herrn Ford ein und beschweren sich über Falstaffs Boshaftig-
keit. Bardolf und Pistol verraten ihm auch, dass ihr Herr seiner Frau
Alice nachstellt. Fords Eifersucht ist schnell geweckt. Unverzüglich beschließt der beunruhigte Ehemann, sich unter falschem Namen ins
Gasthaus »Zum Hosenbande« zu begeben, um dieser Ungeheuerlich-
keit selbst auf die Spur zu kommen.

Während alle sich erregt mit der Person des Ritters beschäftigen,
nützt Fords hübsches Töchterchen Ännchen die günstige Gelegenheit,
um sich unbeobachtet und ungestört mit ihrem Liebsten Fenton zu
treffen. Die beiden sind ein Herz und eine Seele, nur leider mag der
alte Ford Fenton überhaupt nicht.

Satt und zufrieden ruht sich Falstaff nach einer gewaltigen Mahlzeit aus, da erhält er willkommenen Besuch: Frau
Quickly erscheint und bittet den Ritter zum Rendezvous mit
Frau Ford. Kaum hat sie sich wieder entfernt, da sagt sich ein gewis-
ser Herr Quell an, der ihm ebenfalls seine Aufwartung machen will.
Es ist in Wirklichkeit Herr Ford, der sich bei dem alten Trunkenbold
sehr wirkungsvoll einschmeichelt, indem er ihm zunächst eine große
Flasche Zypernwein mitbringt. Und ein dicker Beutel mit Geld, den
er ihm vor die Nase auf den Tisch stellt, löst Falstaff rasch die Zunge:
Noch heute wird er höchstpersönlich bei Fords Frau Alice sein! Genau
das war es, was Herr Quell herausbekommen wollte. Kaum kann der
verkleidete Ford seine Wut beherrschen, als er das Lokal in Begleitung
Falstaffs verlässt, der sich zuvor noch sorgfältig für seine Verabredung
herausgeputzt hat.

In Fords Haus werden zu gleicher Stunde die letzten Vorbereitungen zum Empfang des aufdringlichen Liebhabers getroffen. Frau Quickly erzählt den anderen Damen zu deren Belustigung noch schnell von ihrem Besuch im »Hosenband«. Auch Ännchen und Fenton sind da; das Mädchen ist ziemlich unglücklich, denn ihr Vater will sie jetzt auf einmal gegen ihren Willen mit dem unsympathischen Doktor Cajus verheiraten.

Schon kommt Falstaff erwartungsvoll zum Stelldichein. Mit glühenden Liebesschwüren macht er Alice den Hof …

Falstaff   Meg Page   Alice Ford   Frau Quickly   Ännchen

Eigentlich wollen die Damen den komischen Verehrer nur kräftig erschrecken, um ihn dann schnell wieder loszuwerden. Der aufgebrachte Ehemann Ford aber macht ihnen einen Strich durch die Rechnung. Tobend vor Eifersucht kommt er ins Haus und durchsucht sofort alle Winkel nach seinem vermeintlichen Nebenbuhler. Der kann sich zunächst noch schnell hinter einen Wandschirm retten. Doch dann steigt er zur Sicherheit lieber in einen großen Wäschekorb, den Ford gerade ergebnislos durchwühlt hat. Unterdessen werden alle Schränke und Truhen durchstöbert. – Da, in einen kurzen Augenblick der Stille hinein, ertönt laut und deutlich das Schmatzen eines Kusses hinter dem Wandschirm. Wer könnte das sein – doch sicher nur der Übeltäter? Statt des Gesuchten jedoch findet man Fenton und Ännchen, die sich in ihrem Versteck abseits des ganzen Trubels in aller Seelenruhe herzen und küssen.

Alice nutzt schnell die Gelegenheit und lässt den schweren Wäschekorb mit Falstaff von ihren Dienern aus dem Fenster in den nahen Fluss kippen. Ihr Mann kommt gerade noch rechtzeitig aus dem oberen Stockwerk dazu, um den dicken Ritter im Wasser plantschen zu sehen – welch eine große Erleichterung für ihn!

 Bei einem Glas Glühwein erholt sich Falstaff von seinem unfreiwilligen Bad im Fluss. Kaum hat er sich halbwegs beruhigt, taucht noch einmal Frau Quickly auf, was natürlich sofort einen Zornesausbruch bei ihm auslöst. Doch sie versteht es geschickt, seinen Sinn auf neue Abenteuer zu lenken. Angeblich grämt sich Alice sehr und will sich nun in einer sicheren Umgebung wieder mit ihrem Liebhaber verabreden. Ein Briefchen nennt ihm die genauen Bedingungen für das neue Stelldichein um Mitternacht im Park von Windsor. Während drinnen im Wirtshaus Frau Quickly mit Falstaff alle Einzelheiten seiner von Alice zur Bedingung gemachten Verkleidung als »Schwarzer Jäger« bespricht, legen die übrigen Damen ihre Rollen für den nächtlichen Schabernack fest. Und auch Ford schmiedet Pläne: Unter dem Deckmantel der Verkleidungen will er in jener Nacht sein Ännchen mit dem als Mönch vermummten Doktor Cajus verheiraten. Zum Glück kann Frau Quickly diese üblen Überlegungen belauschen, als sie von ihrer Unterredung mit Falstaff aus dem Wirtshaus kommt.

Der Tag ist mit Vorbereitungen verstrichen; es ist nicht mehr lang bis Mitternacht. Mitten im Park von Windsor steht eine große alte Eiche. Sie ist der Treffpunkt zur nächtlichen Maskerade; nach und nach finden sich alle Beteiligten hier im Schutz der Dunkelheit ein. Verabredungsgemäß hat sich Ännchen als Feenkönigin verkleidet: Fenton

wird in eine Mönchskutte gesteckt – genau wie Doktor Cajus. Frau
Quickly verfolgt ihre eigenen Pläne mit dem Liebespärchen ...

Um Mitternacht erscheint pünktlich mit dem ersten Glockenschlag
Falstaff als »Schwarzer Jäger« mit einem Hirschgeweih auf dem Kopf.
Auch Alice ist wie ausgemacht zur Stelle. Schon glaubt der alte Schwe-
renöter sich am Ziel aller Wünsche, da beginnt es rund um die Eiche
zu rumoren: Ein wahrer Elfenzauber wirbelt durch den Wald und die
seltsamsten Spukgestalten fallen von allen Seiten über Falstaff her, der
sich in großer Angst am Fuß des Baumes zusammengekauert hat. Immer toller wird das närrische Treiben. Da erkennt Falstaff mit einem
Mal seinen Diener Bardolf inmitten des ganzen Spukes, denn der
stinkt nach Schnaps und hat seine Maske verloren.

Falstaff

Schon will Ford triumphieren: Vor aller Öffentlichkeit hat sich Falstaff
endlich einmal gründlich blamiert. Nun soll noch vor allen Leuten die
Feenkönigin vermählt werden. Doch die listige Frau Quickly hat vor-
gesorgt: Ohne es zu merken, verheiratet Vater Ford Doktor Cajus mit
Bardolf, den man schnell in die Kleider der Feenkönigin gesteckt hat,
während sich Ännchen und Fenton längst gefunden haben und außer

Gefahr sind. So gibt es auf einmal viele Gefoppte – nicht nur Falstaff, sondern auch Ford und Doktor Cajus! Zähneknirschend muss sich Ford der neuen Lage beugen und erteilt zu guter Letzt dem glücklichen Liebespaar seinen Segen. Sogar der geprellte Ritter zeigt am Ende, dass er Spaß versteht, nachdem nicht nur er allein hereingelegt worden ist: »Alles ist Spaß auf Erden!«

Hinweise

Verdi hatte außer einer schon früh entstandenen heiteren Oper nur Tragödien komponiert. Sein letztes Bühnenwerk ›Falstaff‹ aber ist wieder eine Komödie. Man merkt ihr in keinem einzigen Takt an, dass ihr Schöpfer bereits achtzig Jahre alt war!

Mehrmals schon hatte Verdi auf Dramen großer Dichter zurückgegriffen, darunter auf mehrere Vorlagen von Friedrich Schiller, etwa bei ›Don Carlos‹, und auch auf drei Texte von Shakespeare: zuerst bei ›Macbeth‹, dann bei ›Otello‹ und nun wieder bei ›Falstaff‹.

Sein Librettist Arrigo Boito (1842–1918) war selbst ein bekannter italienischer Komponist; noch heute wird gelegentlich seine wichtigste Oper ›Mefistofele‹ (nach Goethes ›Faust‹) gespielt. Er schätzte Verdi jedoch sehr und war sich nicht zu schade, die Textbücher für Verdis beiden letzten Bühnenwerke ›Otello‹ und ›Falstaff‹ zu verfassen. ›Falstaff‹ beruht auf zwei Stücken von Shakespeare, in denen die Person des verliebten dicken Ritters auftritt: ›Die lustigen Weiber von Windsor‹ und ›Heinrich IV.‹. Boitos Verdienst ist es sicherlich, aus Falstaff eine – trotz all seiner Schwächen und Untugenden – doch liebenswerte und auch menschlich würdige Figur geschaffen zu haben.

Verdi machte aus dieser geschickten Textvorlage nun eine der turbulentesten Komödien des Musiktheaters, in der jede einzelne Figur liebevoll charakterisiert wird und die Musik wendig allen temperamentvollen Verwirrungen der Handlung folgt. Vergeblich sucht man hier nach Arien und Duetten alten Stils; die drei Akte der Oper mit ihren jeweils zwei un-

terschiedlichen Bildern sind genau dem Text folgend durchkomponiert; auch ein Vorspiel fehlt völlig. Lediglich an einigen wenigen Ruhepunkten ergeben sich ausgedehntere Soloszenen − vor allem natürlich für die Titelfigur Falstaff: Zu nennen sind etwa gleich im 1. Bild sein Monolog über die Ehre oder seine Betrachtungen beim Glühwein über die Schlechtigkeit der Welt nach seinem Bad im Fluss (Anfang des 3. Aktes). Hier scheint das ganze Orchester mit ihm vor Kälte und Nässe zu zittern:

Die großen Ensembleszenen mit bis zu zehn verschiedenen Personen, die alle zugleich auf höchst individuelle Weise singen, sind nur noch mit den berühmten Ensembles aus Mozarts ›Figaro‹‹ zu vergleichen. Unter ihnen wäre vor allem die turbulente Schluss-Szene des 2. Aktes in Fords Haus aufzuführen und das Finale der Oper im Park, das am Ende gar in eine richtige lebhafte Fuge »nach alter Art« mündet − alle Stimmen setzen nacheinander ein:

Das große Tempo, mit dem die ganze Komödie abläuft, lässt nur selten ruhige Augenblicke zu. Zu ihnen gehören die kleinen Liebesszenen zwischen Ännchen und Fenton ebenso wie die zauberhafte Feenatmosphäre im nächtlichen Park, bevor der eigentliche Spuk ausbricht. Anmutig und zart klingt der Liebesruf, mit dem sich das Pärchen verständigt − wie Frage und Antwort, erst Fenton, dann Ännchen:

Ännchen:

Wird gleich dem Mon - de im-mer neu _ ge - bo - (ren)

In der deutschen Übersetzung sind einige Namen anders als im italienischen Originaltext. Ännchen heißt im italienischen Original Nannetta. Und Ford nennt sich nicht »Herr Quell« sondern »Signor Fontana« (fontana ist das italienische Wort für Quelle).

Es gibt übrigens noch eine zweite Falstaff-Oper: ›Die lustigen Weiber von Windsor‹ von Otto Nicolai (1810–1849). Sie folgt der gleichnamigen Shakespeare-Vorlage und hat auch in wesentlichen Zügen die gleiche Handlung.

Neben den Hauptwerken Verdis finden sich auch frühe Opern auf den Spielplänen: ›Nabucco‹ (1842), ›Macbeth‹ (nach Shakespeare, 1847), ›Luisa Miller‹ (nach Schiller, 1849). Zum »mittleren« Verdi gehören noch ›Der Troubadour‹ (1853), ›Die sizilianische Vesper‹ (1855), ›Simone Boccanegra‹ (1857) sowie ›Ein Maskenball‹ (1859) und ›Die Macht des Schicksals‹ (1862).

Bedřich (Friedrich) Smetana
(1824–1884)

Die verkaufte Braut

Prodaná nevěsta
Komische Oper in drei Akten

- Text: von Karel Sabina
- Aufbau: Ouvertüre und 23 Musiknummern mit Dialogen oder Rezitativen
- Uraufführung: am 30. Mai 1866 in Prag
- Spieldauer: etwa 2 ¾ Stunden

Besetzung

Kruschina, ein Bauer	*Bariton*
Kathinka, seine Frau	*Sopran*
Marie, ihre Tochter	*Sopran*
Micha, ein Grundbesitzer	*Bass*
Agnes, seine Frau	*Mezzosopran / Alt*
Wenzel, ihr Sohn	*Tenor*
Hans, Michas Sohn aus erster Ehe	*Tenor*
Kezal, Heiratsvermittler	*Bass*
Springer, Direktor eines Wanderzirkus	*Tenor*
Esmeralda, Zirkustänzerin	*Sopran*
Ein »Indianer« aus dem Zirkus	*Bass*
Dorfbewohner, Komödianten, Buben	*Chor und Ballett*

Die Handlung

 Um die verwirrenden Geschehnisse in dieser Oper wirklich verstehen zu können, muss man wissen, dass es in Böhmen noch im letzten Jahrhundert den Beruf des Heiratsvermittlers gab. Dieser Mann lebte einzig und allein davon, dass er die Bedingungen aushandelte, unter denen eine Heirat zustande kommen sollte; und zwar tat er das nicht etwa mit den jungen Leuten selbst, denn die hätten wohl auch damals keinen Vermittler nötig gehabt! Vielmehr verhandelte er mit den Eltern, denn es ging hier nicht um Liebe, sondern ausschließlich ums Geschäft, um die gute Partie. Und wenn die dann perfekt war, fiel für den Makler selbstverständlich eine Vermittlungsgebühr ab. Ein solcher Heiratsvermittler mit Namen Kezal ist eine der Hauptfiguren unserer Oper.

 Zunächst aber befinden wir uns mitten im Trubel einer böhmischen Kirchweih, die auf dem Dorfplatz mit Gesang und Tanz von den festlich gekleideten Landleuten ausgelassen gefeiert wird. Unter ihnen sind Hans und Marie, zwei Verliebte. Heute ausgerechnet ist Marie jedoch ganz niedergeschlagen und ratlos. Sie soll nämlich heiraten und ihre Eltern haben ihr schon einen reichen Freier ausgesucht: Wenzel, den Sohn des Großbauern Tobias Micha, den Marie bis jetzt noch gar nicht kennt. Ihr Liebster kann da nicht mithalten; er ist aus der Fremde zugewandert und arbeitet als Knecht. Doch jetzt versucht Hans seine Marie zu trösten und erzählt ihr ein wenig aus seiner bewegten Vergangenheit: Er hat einst sein Vaterhaus verlassen müssen, weil er sich mit seiner Stiefmutter nicht vertrug. Aber er verrät auch ihr nicht, woher er kommt.

Noch einmal versichern sich die beiden ihrer Liebe. Anschließend kommt es zu einem wichtigen Gespräch zwischen Maries Eltern Kathinka und Kruschina und dem Heiratsvermittler Kezal, einem ziemlich einfältigen und eitlen Gesellen. Die Mutter hat doch noch ein paar Bedenken gegen Kezals Angebot. Sie möchte den Bräutigam gerne vorher einmal sehen. Außerdem sollte ihrer Meinung nach auch Marie gefragt werden. Kezal wird deutlicher: Haben sie nicht beide schon früher dem Grundbesitzer Tobias Micha versprochen, dass ihre Marie einmal einen seiner beiden Söhne heiraten würde? Nun, der Älteste kommt nicht mehr in Frage; von diesem Taugenichts weiß niemand, wo er steckt. Also bleibt nur Wenzel übrig. Und Kezal wird nicht müde, die Vorzüge dieses zweiten Sohnes zu rühmen. Wollte man seinen Worten trauen, dann müsste Wenzel ein wahrer Ausbund an guten Eigenschaften sein! Vater Kruschina jedenfalls leuchtet das alles sehr ein.

Marie kommt dazu und alle reden auf sie ein. Die Mutter allerdings hält zur Tochter: »Sieh ihn dir erst einmal an. Und wenn er dir nicht gefällt, dann gib ihm einen Korb!« Marie aber bekennt sich klar und deutlich zu Hans, den sie liebt und dem sie ihr Wort gegeben hat. Trotzig läuft sie davon. Kezal will sich nun erst einmal das Haupthindernis vorknöpfen: den Hans. – Dann geht das rauschende Fest weiter.

Hans   Marie   Kezal   Wenzel

 Auch im Wirtshaus ist Stimmung: Ein wilder Volkstanz – der Furiant – wird auf den Tanzboden gelegt. Dann gehen alle erhitzt ins Freie. Da kommt Wenzel, als Freier ulkig herausgeputzt, und auf einmal wird klar, warum Kezal ihn nicht gern vorzeigen möchte: Er stottert nämlich. Begreiflicherweise ist er unsicher und ängstlich; das ganze Dorf könnte sich ja über ihn lustig machen, wenn sein Heiratsplan schief gehen sollte!

Marie macht sich listig an ihn heran, ohne sich zu erkennen zu geben. Zum Schein bewundert sie seinen Aufzug und verrät ihm beiläufig, dass seine »Zukünftige« – Marie – längst einen anderen hat und ihn schmählich hintergehen will. Stattdessen denkt sie sich schnell ein anderes liebes Mädchen aus, das sich angeblich nach Wenzel sehnt und auch viel besser zu ihm passt. Wenzel überträgt diese liebenswerte Beschreibung auf sein freundliches Gegenüber, ohne zu merken, dass er ja mit der ihm zugedachten Braut verhandelt. Mit diesem Schwindel erreicht Marie zunächst einmal ihr Ziel: Wenzel schwört erleichtert der »Verräterin« ab, in der Hoffnung auf eine reichere und bessere Braut.

Aber auch Kezal bleibt nicht untätig. Er unternimmt einen – wie er meint, schlauen – Bestechungsversuch bei Hans. Erst schwärzt er Marie an, dann stellt er ihm ein anderes reiches Mädchen in Aussicht. Und Hans geht tatsächlich auf den Handel ein, indem er für 300 Gulden seine Liebe zu Marie verkauft, wobei natürlich der Bauer Micha die Ablösesumme bezahlen soll. Hans stellt nur eine einzige Bedingung, in die Kezal arglos einwilligt: Niemand anders »als des Tobias Micha Sohn« darf seine Marie heiraten! Was will Kezal noch mehr? Und die kleine geheimnisvolle Klausel, die Hans noch zusätzlich in den Vertrag aufnehmen will, stört ihn dabei auch nicht: Nach der Hochzeit von Marie und Michas Sohn braucht der Vater der Braut die Ablösesumme dem Micha nicht zurückzuerstatten, wie das sonst wohl üblich wäre. Kezal schöpft immer noch keinen Verdacht. Vor allem Volk und dem ebenfalls anwesenden Kruschina, Maries Vater, unterschreibt Hans das Papier. – Alle sind entsetzt: Hans hat seine Braut verkauft!

3 Wieder begegnet uns der arme Wenzel, der sich in eine ziemlich alberne Angst vor der vermeintlich so bösen Marie hineingesteigert hat. Da kommt ihm ein Wanderzirkus gerade recht, der mitten auf dem Dorfplatz eine Probe seiner Künste zum Besten gibt; dem ist zum Schrecken aller Mitwirkenden der Darsteller des Bären abhanden gekommen – er hat sich bei der Kirchweih betrunken! Große Ratlosigkeit! Die kokette Zirkustänzerin Esmeralda hat unterdessen mit Wenzel geflirtet und mit ihrer Hilfe gelingt es dem Zirkusdirektor, ihn als Bärendarsteller zu engagieren.

Marie   Hans   Wenzel   Esmeralda

Nun spitzen sich die Ereignisse zu: Wenzels Eltern treffen ein. Sie wollen zusammen mit Kezal ihren Sohn zur Heirat überreden. Doch Wenzels Angst vor Marie ist inzwischen riesengroß geworden. Er phantasiert von einem anderen lieben Mädchen, wobei er natürlich die »echte« Marie meint, die er ja, ohne es zu wissen, kennen gelernt hat.

Marie ihrerseits fühlt sich von ihrem Hans verraten und ist völlig verzweifelt, als Kezal ihr seinen Vertrag mit Hans unter die Nase hält. Wenzel jedoch erkennt nun in ihr seine unverhoffte Braut: »Die ist mir recht!« Hans, der scheinbar unbeschwert hinzukommt, so als sei überhaupt nichts geschehen, weiht sie nicht in seinen Plan ein. Allerdings wundert er sich, dass sie ihm eine solche Schlechtigkeit zutraut: »Hab doch Vertrauen, er liebt dich, des Micha Sohn!« In ihrer ohnmächtigen Wut willigt Marie sogar ein, ihre Unterschrift, um die sie alle bedrängen, unter den Heiratsvertrag zu setzen, um sich an Hans zu rächen. Doch so weit kommt es zum Glück nicht mehr.

Erwartungsvoll versammeln sich alle und unversehens löst sich das Rätsel um den vermeintlichen Verrat von Hans: Micha und seine Frau stehen überrascht ihrem ältesten, verloren geglaubten Sohn gegenüber. Entsetzt begreift Kezal, dass alle Verträge, die er scheinbar so listig zu seinen eigenen Gunsten abgeschlossen hat, nur einem Einzigen nützen: Hans, dem Sohn des Tobias Micha. Der nämlich erhält nun nicht nur völlig vertragsmäßig die Hand von Marie, sondern obendrein auch noch ein nettes Geldsümmchen.

Kezal macht sich als Blamierter schleunigst aus dem Staube.

Hinweise

Schon die Ouvertüre lässt keinen Zweifel daran aufkommen, dass hier eine turbulente Komödie gespielt werden soll: In einem einzigen temperamentvollen »Sturmlauf« des gesamten großen Orchesters schlägt uns mitreißende böhmische Lebensfreude entgegen.

Auch in den anderen Teilen der Oper klingt immer wieder dieser unverwechselbare böhmische Tonfall mit seinen typischen Rhythmen und melodischen Wendungen an, etwa in den großen Chorszenen des 1. und 2. Aktes oder vor allem in dem berühmten Volkstanz »Furiant« in der Wirtshaus-Szene des 2. Aktes:

Daneben gibt es eine Fülle von abwechslungsreichen und melodienseligen Arien und Ensembles, häufig eingeleitet von schlichten Rezitativen, in de-

nen die Handlung voranschreitet. Diese Rezitative wurden von Smetana übrigens erst nachträglich für eine Aufführung in Russland eingefügt; ursprünglich gab es nur den gesprochenen Dialog. ›Die verkaufte Braut‹ war also zuerst ein Singspiel.

Eine der schönsten Liebesszenen der gesamten Opernliteratur ist die zwischen Hans und Marie im 1. Akt, in der sich beide zur zärtlichen Melodie der Klarinetten treue Liebe schwören:

Von ganz anderer, ebenso lustiger wie boshafter Art sind dagegen die Szenen des armen Wenzel, der in seinen Arien sehr lebensecht – nach Noten – stottern muss. Im letzten Akt marschiert ein kompletter Zirkus auf die Bühne, mit Artisten und Spaßmachern, angekündigt und begleitet von Fanfaren und Marschmusik.

Die Namen einiger Personen wurden in der deutschen Übersetzung verändert: aus Ludmila wurde Kathinka und aus Hata wurde Anna oder auch Agnes.

›Die verkaufte Braut‹ ist eine Art tschechische Nationaloper geworden, obwohl sich das Publikum anfangs nur allmählich für sie erwärmte. Nach nur zwei Aufführungen wurde sie erst einmal vom Spielplan abgesetzt. 1892, also einige Jahre nach dem Tod ihres Schöpfers, wurde sie in Wien aufgeführt. Von dort aus trat sie dann ihren bis heute ungebrochenen Siegeszug über die Bühnen der ganzen Welt an.

Bei uns wird von Smetana fast ausschließlich ›Die verkaufte Braut‹ gespielt. Zu erwähnen ist aber auch seine Oper ›Dalibor‹ (1868).

Modest P. Mussorgskij
(1839–1881)

Boris Godunow

Musikalisches Volksdrama in vier Aufzügen und einem Prolog

- Text: vom Komponisten (nach Alexander S. Puschkin und Nikolaj M. Karamsin)
- Aufbau: vier Akte, in durchkomponierte Bilder gegliedert
- Uraufführung: am 24. Januar 1874 in St. Petersburg
- Spieldauer: etwa 3 ½ Stunden

Besetzung

Boris Godunow	*Bariton*
Fjodor, sein Sohn	*Mezzosopran*
Xenia, seine Tochter	*Sopran*
Xenias Amme	*Alt*
Fürst Wassilij Iwanowitsch Schujskij	*Tenor*
Andrej Schtschelkalow, Geheimschreiber	*Bariton*
Pimen, Chronikschreiber, Mönch	*Bass*
Grigorij Otrepjew, später Dimitrij, der falsche Demetrius genannt	*Tenor*
Marina Mnischek, Tochter des Wojewoden von Sandomir	*Sopran*
Rangoni, geheimer Jesuit	*Bass*
Warlaam und Missaïl, entlaufene Mönche	*Bass / Tenor*
Schänkwirtin	*Alt*
Schwachsinniger	*Tenor*
Nikititsch, Vogt	*Bass*
Leibbojar	*Tenor*
Bojar Chruschtschow	*Tenor*
Lowitzkij, Tschernjakowskij, Jesuiten	*Bass*
Zwei Bäuerinnen	*Sopran, Alt*
Zwei Bauern	*Bass, Tenor*
Bojaren und Magnaten (Adelige), Kinder, Strelitzen (Soldaten), Wachen, Hauptleute, polnische Damen, Mädchen aus Sandomir, Pilger, Volk	*Chor*

Dies ist die tragische Geschichte des falschen Zaren Boris, der sich durch Mord an die Macht bringt und schließlich seinen zunehmenden Gewissensqualen erliegt. Es sind historische Ereignisse im zaristischen Russland zu Beginn des 17. Jahrhunderts, die dieser Oper zugrunde liegen.

 Boris Godunow hat sich in ein Kloster in der Nähe Moskaus zurückgezogen. Im Klosterhof drängt sich die Volksmenge und fleht den Ratsherren Boris an, sich endlich zum Zaren krönen zu lassen. Allerdings äußern die armen, unterdrückten Menschen ihre Bitte nicht freiwillig. Sie werden mit Knüppeln auf die Knie gezwungen und der grausame Polizeivogt Nikititsch befiehlt ihnen, was sie zu sagen haben. Eine singende Pilgerschaft kommt ebenfalls in den Klosterhof und verteilt geweihte Amulette an die Menschen.

Nach langem Zaudern gibt Boris dem Drängen nach und lässt sich nun in einer prunkvollen Zeremonie im Moskauer Stadtschloss Kreml zum neuen Zaren krönen. Würdevoll begibt er sich zur Kathedrale, doch insgeheim ist er von Zweifeln und Sorgen geplagt; das schlechte

Boris Godunow

Gewissen drückt ihn, denn er ist kein rechtmäßiger Zar, sondern hat sich durch Mord seinen Weg freigeräumt. Das Volk aber jubelt begeistert seinem neuen Herrscher zu.

Der alte Mönch Pimen schreibt im Kloster seit langem an einer russischen Chronik. Sie ist schon fast vollendet, es fehlen nur noch wenige Zeilen. In der Nachbarzelle hat der junge Mönch Grigorij geschlafen. Nun ist er aufgewacht, kommt zu Pimen herüber und erzählt ihm von seinem bedrückenden Traum, der ihn schon zum dritten Mal heimgesucht hat: Er sah sich auf einem hohen Turm in Moskau – tief unser sich eine johlende Volksmenge – und sei dann hinabgestürzt. Schweißgebadet sei er jedes Mal aufgewacht.

Pimen versucht ihn zu beruhigen, Buße und Gebet werden ihn schon wieder auf den rechten Weg zurückführen! Dann erzählt er Grigorij, wie seine Chronik enden soll: mit der Ermordung des Thronfolgers Dimitrij durch die Gehilfen des Boris Godunow. Pimen vergleicht den unglücklichen, ermordeten Dimitrij mit Grigorij – sie wären heute gleichaltrig, 20 Jahre alt! Die Glocke ruft zum Gebet und der junge Mönch bleibt allein in der Zelle zurück. Die Geschichte vom getöteten gleichaltrigen Prinzen geht ihm nicht mehr aus dem Sinn.

Ein wenig später treffen wir Grigorij mit zwei aus dem Kloster davongelaufenen Mönchen – Warlaam und Missaïl – in einer Wirtschaft an der litauischen Grenze. Die beiden lassen es sich wohl ergehen, sie zechen und singen. Grigorij aber erkundigt sich nach dem Weg zur Grenze. Da dringen Polizisten in die Schänke ein, auf der Suche nach einem entsprungenen Moskauer Mönch, also nach Grigorij. Er hat Glück, denn sie können den Steckbrief nicht lesen. So gibt der Mönch vor, ihnen behilflich sein zu wollen, und fälscht nun beim Lesen die Beschreibung so, dass sie viel eher auf Warlaam zu passen scheint. Den packt die Angst. Vor Schreck wird er schnell wieder nüchtern, sodass er den Polizisten den Steckbrief nun richtig vorlesen kann. Bevor diese Grigorij festnehmen können, springt er schnell aus dem Fenster und entflieht.

 Nun begegnet uns Zar Boris im Kreis seiner Familie; zunächst geht es menschlich und friedlich zu: Boris tröstet seine Tochter Xenia über den Tod ihres Bräutigams und kümmert sich um seinen Sohn Fjodor, die Amme singt ein Lied. Mit dem Eintritt des Fürsten Schujskij aber verdüstert sich die Stimmung; misstrauisch begegnet ihm der Zar, denn er verdächtigt ihn des Verrates. Aus seinem Mund muss Boris nun hören, dass ein anderer – Dimitrij – von Polen aus mit großem Gefolge Russland bedroht und nach der Zarenkrone greifen will. Erschrocken erkundigt sich Boris nach diesem Dimitrij. Könnte es sein, dass ermordete Kinder aus ihren Gräbern wiederkehren? Schujskij schildert noch einmal Dimitrijs Tod: Er selbst hat seinerzeit die Leiche im Dom aufgebahrt gesehen! Boris aber ist nicht zu beruhigen. Allein und unter fürchterlichen Gewissensqualen plagt ihn das Bild des ermordeten Thronfolgers und in einem Anfall von Wahnsinn bricht der Zar zusammen.

 Im benachbarten Litauen auf dem Schloss Sandomir: Die polnische Prinzessin Marina ist ebenso schön wie ehrgeizig und machthungrig. Eine Schar junger Mädchen trägt ihr zum Lob ihrer Schönheit Lieder vor. Marina aber reagiert ungehalten: Sie mag viel lieber Gesänge von Polens Macht und Größe hören. Sie schickt die Mädchen hinaus. Ihre Gedanken sind bei Dimitrij, an dessen Seite sie auf dem russischen Zarenthron sitzen möchte. (Grigorij ist inzwischen über die Grenze gekommen und gibt sich als Dimitrij aus.) Der Jesuit Rangoni bestärkt sie in ihren Wunschträumen und ermuntert sie, Dimitrij zu umgarnen und ihn zu beeinflussen, denn die katholische Kirche hat ebenfalls großes Interesse daran, dass Dimitrij Zar wird und damit ihre eigene Macht stärkt!

Der falsche Dimitrij ist den Reizen der schönen Marina erlegen. Ungeduldig wartet er in der Nacht auf ein versprochenes Rendezvous mit der Prinzessin, während drinnen im Schloss ein rauschendes Fest gefeiert wird. Rangoni berichtet ihm von Marinas Zuneigung und erhält als Belohnung das Versprechen, Dimitrijs Berater sein zu dürfen. Endlich erscheint Marina, umringt von lauter Anbetern, mit denen sie ins Schloss hineingeht. Dimitrij ist sehr eifersüchtig, beruhigt sich aber sofort, als sie allein zu ihm in den Park zurückkehrt. Blind vor Liebe will Dimitrij ihr alles versprechen, was sie sich nur wünscht. Sie wünscht sich von ihm – die Zarenkrone! Sein Versprechen belohnt sie unverzüglich mit einer heißen Umarmung. Rangoni, der das Paar heimlich belauscht hat, ist sehr zufrieden mit dieser Entwicklung.

 Im Kreml ist man natürlich ziemlich beunruhigt über das Auftreten des falschen Dimitrij. Die Ratsherren beraten über die Lage und erfahren von Schujskij, dass es dem Zaren Boris gar nicht gut geht. Überraschend aber erscheint der Zar persönlich, um an der Sitzung teilzunehmen. Sogleich ruft Schujskij den Mönch Pimen herein. Der berichtet lebhaft von einem Wunder: Der ermordete Thronfolger Dimitrij sei einem Blinden im Traum erschienen und habe ihn aufgefordert, an seinem Grab zu beten. Und siehe da, als er dort betete, konnte er auf einmal wieder sehen.

Zar Boris verliert fast den Verstand, schreit nach Licht und weist alle Anwesenden hinaus, nur sein Sohn Fjodor soll zu ihm kommen. Eine Totenglocke beginnt zu schlagen, Mönche und Bojaren (Adelige) dringen in den Raum. Ihnen stellt Boris seinen Sohn als seinen Nachfolger vor. Er selbst aber will sich als Mönch büßend in eine Kloster zurückziehen. Doch dazu kommt es nicht mehr – Boris stirbt.

Das Volk ist, wie immer, wankelmütig und schnell bereit, einem neu auftretenden Volkshelden zuzujubeln. Außerhalb Moskaus hat sich eine große Volksmenge in einem Wald zusammengerottet. Zunächst verhöhnen sie den Bojaren Chruschtschow, weil er Anhänger des Zaren Boris war. Die beiden entlaufenen Mönche Warlaam und Missaïl gesellen sich zu den Leuten und singen fromme Lieder. Zwei fremde Jesuiten, die für Dimitrij – den falschen Zaren – werben, werden von

Fürst Schujskij   Boris Godunow   Fjodor

der aufgebrachten Menge beschimpft und fast umgebracht, als – gerade noch rechtzeitig – der Thronräuber Dimitrij auftritt und die beiden beschützt. Dann fordert er alle auf, mit ihm nach Moskau zu ziehen. Im Hintergrund aber sieht man den Feuerschein brennender Dörfer und ein Schwachsinniger, der allein zurückgeblieben ist, beklagt das arme russische Volk.

Hinweise

Der Komponist Mussorgskij schrieb sein Libretto selbst und orientierte sich hierbei auch an Alexander S. Puschkin (1799–1837). Auffällig an dieser Opernhandlung ist, dass sie nicht wie gewohnt eine durchgehende dramatische Entwicklung zeigt, sondern eher locker einzelne Stimmungsbilder aneinander reiht.

In diesen Bildern spielt genau genommen das russische Volk die Hauptrolle. Die Klänge und Melodien, die ihm zugeordnet sind, geben den nationalen russischen Charakter sehr eindrucksvoll wieder. Dass das Volk

*in dieser Oper im Mittelpunkt steht, hat sich auch im Titel »Volksdrama«
niedergeschlagen. Mussorgskij fügte eine Reihe echter russischer Volksmelodien in seine Partitur ein, etwa in der Krönungsszene des Zaren den
großartigen Chor »Heil der Sonne«:*

Heil der Son-ne, der strah - lend hel-len am Him-mel, Heil, ___ Heil!

*In den Szenen dagegen, die im benachbarten Polen spielen, sorgt wie-
derum andersartige Musik mit typischen melodischen und vor allem
auch rhythmischen Wendungen für eine eigentümliche Atmosphäre, z. B.
durch polnische Tänze wie die Mazurka.*

*Die solistischen Partien treten gegenüber den Massenszenen eher in
den Hintergrund. Das führte übrigens mit dazu, dass ›Boris Godunow‹
zunächst nicht zur Uraufführung gelangte; man bemängelte, dass etwa
eine große Frauenrolle fehle. Der Komponist arbeitete daraufhin seine
Oper mehrfach um; dabei änderte sich auch die Reihenfolge einzelner
Bilder. Heute wird das Werk überwiegend in der Bearbeitung von Nicolaj
Rimskij-Korssakow aufgeführt, in der manche klangliche Schroffheit ge-
glättet ist. Auf diese Weise ging aber auch manche Eigentümlichkeit der
genialen Musik Mussorgskijs verloren. Eine weitere Bearbeitung stammt
von dem russischen Komponisten Dmitrij Schostakowitsch (1906–1975).
Neuerdings greift man bisweilen auch wieder auf eine der Fassungen
Mussorgskijs zurück.*

›Boris Godunow‹ ist Mussorgskijs einzige selbst vollendete Oper.
Sein »musikalisches Volksdrama« ›Chowanschtschina‹ (1886) beendete und instrumentierte Rimskij-Korssakow.

Johann Strauß
(1825–1899)

Die Fledermaus

Operette in drei Aufzügen

- Text: von Carl Haffner und Richard Genée
- Aufbau: Ouvertüre und 16 Musiknummern mit Dialog
- Uraufführung: am 5. April 1874 in Wien
- Spieldauer: etwa 2 ½ Stunden

Besetzung

Gabriel von Eisenstein	*Tenor*
Rosalinde, seine Frau	*Sopran*
Frank, Gefängnisdirektor	*Bariton / Bass*
Prinz Orlowsky	*Mezzosopran (Tenor)*
Alfred, sein Gesangslehrer	*Tenor*
Dr. Falke, Notar	*Tenor*
Dr. Blind, Advokat	*Bass*
Adele, Rosalindes Kammerjungfer	*Sopran*
Ida, ihre Schwester	*Sopran*
Frosch, Gefängniswärter	*Sprechrolle*
Ivan, Kammerdiener des Prinzen	*Sprechrolle*
Vier weitere Diener	*Tenor, Bass*
Amtsdiener	*Stumme Rolle*
Verschiedene Gäste auf dem Fest des Prinzen	*Solisten*
Ballgäste, Masken, Diener, Tänzer, Tänzerinnen	*Chor, Ballett*

Die Handlung

 Kammerzofen sind bekanntlich sehr selten auf den Mund gefallen und schon überhaupt nicht, wenn sie in Opern oder Operetten auftreten. Auch Herr und Frau von Eisenstein können sich eine solche »Perle« leisten: Adele, ein keckes, lebenslustiges Fräulein.

 Gerade hat sie einen Brief von ihrer Schwester Ida erhalten, die mit ihr zusammen heute Abend zum Fest des Prinzen Orlowsky gehen möchte. Allerdings braucht sie dafür eine vornehme Abendrobe. Vielleicht gäbe es ja irgendeinen Trick, wie man an eines der teuren Abendkleider der gnädigen Frau herankommen könnte…?

Während Adele noch überlegt, schmettert draußen auf der Straße ein Tenor ein Ständchen, doch leider nicht für sie: »Holde Rosalinde«, singt er. Rosalinde aber heißt die gnädige Frau. Und die hat ihn auch schon gehört: Das ist ja Alfred, ihr Verehrer aus der Zeit vor ihrer Heirat! Alfred hat bei Rosalinde immer noch einen großen Stein im Brett. Besonders wenn er seine Stimme erschallen lässt, kann sie ihm kaum widerstehen. Doch jetzt schluchzt ihr zunächst einmal Adele eine rührselige Geschichte von einer kranken Tante vor, die sie unbedingt noch heute Abend besuchen muss! – Ausgerechnet heute, wo ihr Mann doch seine fünftägige Arreststrafe antreten muss, weil er neulich einen Amtsdiener beleidigt hat? Rosalinde will ihrer Zofe nicht freigeben. Da ist nichts zu machen!

Aber da steht auch schon Alfred in der Tür und breitet theatralisch seine Arme aus. Doch Rosalinde will ihn zunächst nicht empfangen. Erst einmal muss ihr Mann auch wirklich im Gefängnis sein, dann darf der Freier wiederkommen. So zieht er unverrichteter Dinge ab.

Aufgebracht tritt nun Eisenstein ins Zimmer; sein Advokat Dr. Blind folgt ihm auf dem Fuß. Eisenstein ist wütend auf ihn, denn er hat nicht verhindern können, dass zu den fünf Tagen Arrest noch weitere drei dazugekommen sind, wegen schlechten Benehmens vor Gericht. Nun soll ihm seine Frau ein paar alte Kleidungsstücke fürs Gefängnis zusammensuchen. Kaum ist Dr. Blind gegangen, kommt Dr. Falke, ein befreundeter Notar, zu Besuch und lädt Eisenstein zu eben jenem Fest beim Prinzen Orlowsky ein, von dem wir schon durch Adele gehört haben. Da soll er unbedingt mit von der Partie sein, denn man erwartet reizende Damen vom Ballett und wird sich gewiss köstlich amüsieren. Seinen Arrest kann er ja dann immer noch morgen in aller Frühe antreten …

Vorfreude ist die schönste Freude. In Erwartung des Kommenden erinnern sich die beiden Herren an ähnliche vergangene Abende, zum Beispiel vor einigen Jahre: Falke als Fledermaus und Eisenstein als Schmetterling verkleidet … – Nur seine Frau Rosalinde darf um Himmels willen nichts von ihrem Plan erfahren!

Gerade kommt sie zurück und bringt ihrem Mann die gewünschten abgetragenen Kleider fürs Gefängnis. Eisenstein aber ist auf einmal wie ausgewechselt. Falke scheint ihn tatsächlich erstaunlich aufgemuntert zu haben! Statt mürrisch mit seinem Schicksal zu hadern, wirft er sich nun gar richtig in Schale – mit Frack und Seidenschal – und verabschiedet sich in bester Laune von seiner Frau. Sie aber spendiert ihrer Zofe nun doch schnell den freien Abend, damit sie selbst ungestört ihren Alfred empfangen kann. Jetzt, da ihr Mann für ganze acht Tage hinter Gittern verschwunden ist, steht dem Rendezvous nichts mehr im Wege.

Da kommt auch schon Alfred. Gleich schlüpft er genießerisch und sehr zur Überraschung Rosalindes in die Rolle des Hausherrn, probiert auch mal dessen Schlafrock und Mütze an und lässt sich gemütlich zum Abendessen nieder. Mitten in das traute Beisammensein aber, noch bevor etwas Ernstes passiert sein konnte, platzt der Gefängnisdirektor Frank. Er will nämlich persönlich Eisenstein ins Gefängnis begleiten, weil der in den letzten Tagen nicht freiwillig erschienen ist. Natürlich hält er Alfred – in Schlafrock und Mütze! – für den Gesuchten und dem bleibt als Gentleman auch gar nichts anderes übrig, als sich zähneknirschend abführen zu lassen. Schließlich möchte er Rosalinde nicht blamieren!

Rosalinde Alfred Frank Adele

 Prinz Orlowsky ist mit seinen jungen Jahren schon ein richtiger welterfahrener Lebemann, der Feste zu feiern versteht. Seine Villa ist prächtig geschmückt und erleuchtet und überall tummeln sich die erwartungsvollen Gäste. Unter ihnen finden wir vertraute Gesichter: zum Beispiel Adele mit ihrer Schwester Ida. Adele hat sich ein tolles Abendkleid aus dem Schrank ihrer Gnädigsten stibitzt und gedenkt nun hier als »Künstlerin Olga« aufzutreten. So lässt sie sich auch gleich dem Prinzen vorstellen, der sich die ganze Gesellschaft gelangweilt durch sein Augenglas ansieht – ihn kann nichts mehr erschüttern, er kennt leider schon alle Sensationen der Welt. Aber wenn die Damen mögen, dann dürfen sie für ihn beim Glücksspiel ein paar tausend Francs setzen ...

Auch Dr. Falke ist schon da, der dem Prinz ja unterhaltende Gäste versprochen hat. Er verfolgt so seine eigenen Pläne für heute Abend, damit der Prinz endlich einmal seinen Spaß haben soll. Er nämlich hat auch Ida veranlasst, Adele hierher mitzubringen! Und da kommt Eisenstein – pardon: der »Marquis von Renard«, wie er sich heute nennt! Falke stellt ihn dem Prinzen vor; hinter seinem Rücken aber schickt er heimlich noch eine eilige Einladung an Rosalinde. Derweil unterhält sich der Prinz mit dem »Marquis« und plaudert ein wenig über seine seltsamen Lebensgewohnheiten, über seine Gäste, seine Feste, seine russische Gastfreundschaft. Eigentlich langweilt ihn das alles fürchterlich, aber Falke hat ihm immerhin versprochen, dass man heute Abend noch über den Herrn Marquis lachen werde!

Und schon beginnt der Spaß. Adele bringt dem Prinzen die leere Geldbörse zurück – alles verspielt! Plötzlich steht sie ihrem Herrn gegenüber. Nach dem ersten Schreck fassen sich beide und gehen auf das Spielchen ein: sie in der Garderobe der gnädigen Frau und er, der eigentlich im Gefängnis sitzen soll! Schon fängt die ganze Gesellschaft an, sich über die beiden zu amüsieren. Eisenstein aber beginnt allmählich daran zu zweifeln, ob das wirklich seine Zofe Adele ist. Könnte so eine große Ähnlichkeit etwa Zufall sein?

Ein neuer Gast gesellt sich hinzu: Gefängnisdirektor Frank, der sich vornehm »Chevalier Chagrin« nennen lässt und französisch zu sprechen versucht. Man kommt ins Plaudern und findet sich allerseits äußerst charmant. Jetzt fehlt eigentlich nur noch die ungarische Gräfin, von der man hinter vorgehaltener Hand munkelt, sie habe einen so eifersüchtigen Mann, dass sie grundsätzlich nur maskiert aufträte.

Inzwischen bemüht sich Eisenstein immer eifriger um Olga (Adele), immer unwahrscheinlicher erscheint es ihm, dass das seine Zofe sein könnte. Endlich rauscht Rosalinde als ungarische Gräfin herein. Von Falke weiß sie bereits, dass ihr Mann sich hier bestens amüsiert, statt im Gefängnis zu sitzen. So trifft sie unversehens auf dem Fest lauter Bekannte: Adele, Dr. Falke, den Gefängnisdirektor Frank, ihren Mann. Die beiden scheinen sich ja schon richtig angefreundet zu haben! Kaum erblickt Eisenstein die »ungarische Gräfin«, da entflammt er auch schon für sie und beschließt sofort, sie noch heute Abend zu erobern: »Die scheint Feuer zu haben, ungarisches Blut!« Temperamentvoll macht er ihr den Hof; sie geht zum Schein darauf ein und schafft es doch tatsächlich, ihm mit List seine kleine Repetieruhr abzuschwatzen. Das ist sein Maskottchen, mit dem er bei seinen amourösen Abenteuern immer die Damen zu locken pflegt. Er braucht die Uhr nur aufzuziehen, schon klingt sie ganz allerliebst!

Dann unterhält Rosalinde die Gäste mit einem feurigen Csárdás, als Beweis ihrer ungarischen Herkunft. Eisenstein aber gibt übermütig sein altes Erlebnis von der Fledermaus zum Besten. Das ist eigentlich ein harmloser kleiner Schabernack, den er einmal seinem Freund Falke gespielt hat: Vor Jahren auf einem Maskenfest war der als Fledermaus verkleidet; Eisenstein trank ihm ständig zu, sodass Falke am Ende sternhagelvoll war. Auf dem Heimweg setzte ihn Eisenstein irgendwo unter einem Baum ab und machte sich aus dem Staube. So musste der arme Dr. Falke am helllichten Tage, nachdem er seinen Rausch ausgeschlafen hatte, als Fledermaus durch die ganze Stadt marschieren. Seitdem hat er den Spitznamen »Dr. Fledermaus«. Ob er sich nicht irgendwann einmal für diesen Streich rächen wird …?

Das Fest nimmt seinen Lauf, der Champagner fließt in Strömen, man singt und tanzt ausgelassen. Eisenstein wird immer beschwips-

Rosalinde   Prinz Orlowsky   Adele   Eisenstein   Falke

ter und bestürmt Rosalinde immer mehr, sie solle sich doch endlich demaskieren… Da schlägt die Kaminuhr sechs: höchste Zeit fürs Gefängnis! Schwankend macht er sich gemeinsam mit dem Gefängnisdirektor auf den Weg, denn sie haben ja das gleiche Ziel!

 Frühmorgens im Gefängnis bewacht der ebenso fidele wie versoffene Diener Frosch den Gefangenen Alfred, der in Zelle 12 sitzt und sich mit Gesang die Zeit vertreibt. Frosch spricht fleißig dem Slibowitz zu und bemüht sich, den Sänger zum Schweigen zu bringen, denn: Singen im Gefängnis ist unstatthaft!

Unterdessen kommt Direktor Frank hereingetorkelt und schwelgt noch in seliger Erinnerung an das gelungene Fest; da führt Frosch Adele und Ida herein. Frank hat doch gestern Adele so entzückend gefunden, dass er ihr jetzt vielleicht weiterhelfen könnte: Sie hat ihre Ader fürs Theater entdeckt und will zur Bühne! Und schon gibt sie dem Direktor eine Probe ihres Talents. Doch bevor Frank überhaupt Zeit hat zu antworten, lässt sich ein »Marquis Renard« anmelden. Schnell werden die Damen in Zelle 13 untergebracht, dann empfängt Frank seinen neuen Freund vom Fest. Der wundert sich begreiflicherweise nur zu sehr, den vornehmen »Chevalier« ausgerechnet hier im Gefängnis wiederzutreffen. So muss man sich wohl oder übel zu erkennen geben. Frank hält jedoch das Ganze für einen Witz, denn Eisenstein sitzt doch längst in Zelle 12; er selbst hat ihn schließlich gestern Abend hier eingeliefert.

Große Verwirrung! Allmählich gehen Eisenstein die Augen auf: Seine Frau hat also in seiner Abwesenheit offenbar einen stellvertretenden Verehrer empfangen! Noch bevor er Gelegenheit hat, sich seinen unerwarteten Doppelgänger persönlich anzusehen, werden zwei weitere Gäste gemeldet: eine geheimnisvolle verschleierte Dame wartet im Sprechzimmer und Rechtsanwalt Dr. Blind will seinen Klienten Eisenstein sprechen. Schnell verschwindet der echte Eisenstein mit dem verblüfften Rechtsanwalt im Nebenzimmer, denn Eisenstein ist eine Idee gekommen: Er wird Dr. Blinds Kleider anziehen und sich persönlich davon überzeugen, wer da so unverschämt in seine Rolle geschlüpft ist.

Alfred wird hereingeführt: Er steckt immer noch in Eisensteins Schlafrock, so wie man ihn gestern Abend verhaftet hat. Er will seinen Rechtsanwalt sprechen, den er sich bestellt hat. Stattdessen finden sich nun nacheinander Rosalinde und dann der als Dr. Blind verkleidete Eisenstein ein. So kommt endlich – Stück für Stück – der ganze Schwindel ans Tageslicht. Als Rosalinde sich nämlich dem vermeintlichen Anwalt gegenüber bitter über ihren abenteuerlustigen Mann beschwert, reißt der sich in seiner Wut die Verkleidung herunter und gibt sich zu erkennen. Schon glaubt er an einen totalen Triumph: Seine Frau mit dem Sänger auf frischer Tat ertappt – da hält sie ihm seine kleine Uhr unter die Nase, die er ihr, der »ungarischen Gräfin«, auf dem Fest verehrt hat. Und das Durcheinander wird komplett, als nun auch noch die beiden fidelen Schwestern aus Zelle 13 auftauchen; dort hatte sie Frosch eingesperrt!

Eisenstein bleibt nichts erspart: Dr. Falke hat die ganze Ballgesellschaft mit dem Prinzen persönlich ins Gefängnis gebeten und nun weiden sich alle an der späten Rache der »Fledermaus«. Was bleibt Eisenstein noch, als seine Frau um Verzeihung zu bitten? Der Champagner war an allem schuld …!

Hinweise

›Die Fledermaus‹ ist zwar keine Oper, stattdessen aber »die« klassische Operette schlechthin. Trotzdem spricht viel dafür, sie in unsere Auswahl mit aufzunehmen: Seit langer Zeit erscheint sie häufig auf den Spielplänen der großen Opernhäuser von Wien bis New York. Und der geniale Einfallsreichtum ihres Schöpfers, des »Walzerkönigs« Johann Strauß, hat sie turmhoch aus ihrer oftmals recht sentimentalen Gattung herausgehoben. Strauß schrieb das Werk in einem Zug innerhalb von nur sechs Wochen!

Das Textbuch zur ›Fledermaus‹ geht auf ein französisches Lustspiel von Henri Meilhac und Ludovic Halévy zurück, die auch Libretti für Bizet (›Carmen‹) und Jacques Offenbach schrieben. Aus der typischen Pariser Vorlage fertigten nun Carl Haffner und Richard Genée eine unverwechselbare Wiener Komödie, einen turbulenten Verwechslungsspaß voller komischer Situationen und dankbarer Rollen.

Sehr zur Beliebtheit dieser Operette trägt sicher die Rolle des Schnaps trinkenden Gefängniswärters Frosch bei, der meistens von einem Schauspieler dargestellt wird, denn er muss keinen Ton singen. Alle möglichen berühmten Komiker haben sich schon an Frosch versucht und ihn über das Textbuch hinaus mit ihren witzigen Einfällen ausgestattet.

Prinz Orlowsky ist eine »Hosenrolle«, wird also in der Regel von einer Frau gesungen. Das ist vor allem dann sehr einleuchtend, wenn er auf der Bühne wirklich so jung wirkt, wie es das Libretto vorgibt – also eigentlich noch mit Knabenstimme. Umso grotesker erscheint dann seine lebenserfahrene, gelangweilte Haltung; seine Einstellung zum Leben gibt er in seinem bekannten Couplet (Lied) im 2. Akt bekannt, dessen Strophen jeweils mit dem gleichen Refrain enden: »'s ist mal bei mir so Sitte, chacun à son goût!« (jeder, wie er will, jeder auf seine Art):

Jede weitere Person hat ihren wirkungsvollen Auftritt mit mindestens einem effektvollen Lied. Man kann sie kaum alle aufzählen; zu »Schlagern« sind fast alle Nummern aus der ›Fledermaus‹ geworden. In der Rolle des Alfred beispielsweise werden sehr komisch die Gewohnheiten eines Sängers parodiert, der sich als Künstler gibt und sich doch so gern im bürgerlichen Schlafrock wohl fühlen möchte. Hier der Anfang seines Trinkliedes aus dem 1. Akt:

Die Nachahmung ungarischer Klänge war im 19. Jahrhundert große Mode und so bietet die »ungarische Gräfin« Rosalinde den Gästen auf dem Ball denn auch einen Csárdás (zweiteiliger ungarischer Tanz: langsam – schnell), dessen zweiten Teil »Frischka« sie zu einem zündenden Rhythmus singt:

Rosalinde als ungarische Gräfin:

Feu - er, __ Le-bens-lust, schwellt ech - te Un -gar-brust

Das Vorspiel zur ›Fledermaus‹ ist eine so genannte Potpourri-Ouvertüre: Hier werden einige Melodien aus der nachfolgenden Operette locker und mehrfach wiederholt aneinander gereiht (Potpourri = bunte Folge von Melodien). Am bekanntesten dürfte daraus der »Fledermaus-Walzer« geworden sein.

Neben der ›Fledermaus‹ wurden mit ›Eine Nacht in Venedig‹ (1883) und ›Der Zigeunerbaron‹ (1885) zwei weitere Operetten von Johann Strauß sehr populär.

Georges Bizet
(1838–1875)

Carmen

Oper in vier Aufzügen

- Text: von Henri Meilhac und Ludovic Halévy
  (nach der Novelle von Prosper Mérimée)
- Aufbau: Vorspiel und 27 Musiknummern mit gesprochenen Dialogen oder
  Rezitativen sowie Zwischenspielen vor den einzelnen Akten
- Uraufführung: am 3. März 1875 in Paris
- Spieldauer: etwas mehr als 3 Stunden

Besetzung

Don José, ein Sergeant	*Tenor*
Escamillo, ein Stierkämpfer	*Bariton*
Zuniga, Leutnant der Wache	*Bass*
Moralès, Sergeant	*Bariton*
Dancaïro und Remendado, Schmuggler	*Tenor*
Lillas Pastia, Schenkwirt	*Sprechrolle*
Ein Führer	*Sprechrolle*
Carmen, ein Zigeunermädchen	*Mezzosopran*
Frasquita und Mercédès, ihre Freundinnen	*Sopran und Alt*
Micaëla, ein Mädchen vom Lande	*Sopran*

Soldaten, Stierfechter, Schmuggler, Zigarettenarbeiterinnen, Bürger, Kinder, Zigeuner und Zigeunerinnen, Volk	*Chor, Ballett*

Die Handlung

 In Sevilla, im heißen Süden Spaniens, gibt es mitten in der Stadt eine Wachstation, gerade gegenüber einer Zigarettenfabrik. Die Soldaten sollen hier für Ruhe und Ordnung sorgen, denn vor allem die Arbeiterinnen der Fabrik bringen die heißblütigen Spanier so schnell um den Verstand, dass es häufig zu Streit und Schlägereien kommt.

 Auf dem Platz vor der Wache pulsiert das bunte Stadtleben. Die Soldaten aber langweilen sich und schauen den friedlichen Passanten zu. Heute passiert aber auch gar nichts! Da nähert sich ihnen ein scheues Mädchen vom Lande; kaum traut sie sich, Sergeant Moralès anzusprechen: Sie sucht ihren Freund José; aber der tritt erst später beim nächsten Wachwechsel seinen Dienst an. Galant bittet Moralès sie herein. Doch sie ist viel zu schüchtern; lieber will sie nachher noch einmal vorbeikommen.

Wenig später treten mit schmissiger Marschmusik die Soldaten der Wachablösung auf und die frechen Straßenjungen ahmen sie begeistert nach. Auch José ist unter den neuen Soldaten. Als Moralès ihm die liebenswerte Besucherin, die nach ihm gefragt hat, schildert, erkennt er sofort seine Micaëla.

Eine Glocke ertönt – das Zeichen zur Pause in der Fabrik. Die Mädchen, die beim Volk als ziemlich flatterhaft gelten, kommen herausgeschlendert und erholen sich von ihrer Arbeit. Die herumstehenden und flanierenden Männer aber warten nur auf die Zigeunerin Carmen, der alle zu Füßen liegen. Angeblich hält sie es bei keinem Mann länger als sechs Wochen aus! Sie genießt ihren Auftritt sichtlich; ihr Lied versetzt alle Anbeter in Aufregung. Eben hat Carmen José entdeckt, der sich jedoch überhaupt nicht um sie kümmert. Sollte es wirklich jemanden geben, der ihr widerstehen kann? Als die Glocke wieder ertönt und die Pause beendet, wirft sie ihm schnell ein kleines Sträußchen zu und verschwindet.

Auch José kann sich natürlich ihren Reizen nicht entziehen. Verwirrt hebt er die Blumen auf. Nun kommt Micaëla zurück und reißt ihn aus seinen Träumen. Sie bringt ihm einen Brief von der Mutter, etwas Geld und einen Kuss. Voller Sehnsucht und innerer Unruhe gibt er ihr den Kuss zurück; mit seinen Gedanken ist er bereits, ohne es zu merken, bei Carmen. Micaëla verabschiedet sich und José liest gerührt den Brief seiner Mutter.

Da gibt es plötzlich Aufregung; Lärm dringt aus der Fabrik. Unter den Mädchen ist Streit ausgebrochen und Carmen war offensichtlich die Anstifterin. Sie hat sogar ein anderes Mädchen mit dem Messer verletzt! José nimmt sie fest und führt sie heraus auf die Wache. Auf die Anschuldigungen Leutnant Zunigas, Josés Vorgesetzten, trällert sie nur frech ihr Liedchen. Wütend gibt dieser José den Befehl, sie gefesselt ins Gefängnis zu bringen. Carmen ist sich ihrer gefährlichen Macht über alle Männer sicher; auch José wird ihr nicht lange widerstehen. Schon hat sie ihm derart den Kopf verdreht, dass er alles tut, was sie von ihm verlangt. Willenlos gibt er ihr Gelegenheit zur Flucht und lässt sich dafür selbst ins Gefängnis werfen.

Carmen   Don José   Micaëla

In der verrufenen Schänke des Lillas Pastia geht es hoch her. Carmen und ihre Freundinnen Frasquita und Mercédès amüsieren sich hier mit einigen Offizieren, unter ihnen auch Leutnant Zuniga. Carmen scheint tatsächlich immer noch an José zu denken, dem sie ja ihre Freiheit verdankt. Gerade heute soll er aus dem Arrest freigelassen werden!

Mit großem Gefolge tritt der berühmte Stierkämpfer Escamillo auf. Genauso wie Carmen gewöhnt ist, alle Männer zu ihren Füßen zu sehen, glaubt er, dass ihn die Frauen unwiderstehlich finden. Doch Carmen ist ihm gegenüber überraschenderweise ziemlich schnippisch; heute wartet sie nur auf José!

Lillas Pastias Kneipe ist auch noch geheimer Treffpunkt der Schmuggler. Heute Nacht ist wieder einmal ein heimlicher Grenzgang mit Schmuggelware geplant und die Zigeunermädchen sollen als Lockvögel die Zöllner ablenken. Carmen aber mag diesmal nicht; sie will lieber auf ihren José warten. Der hat Carmen keineswegs vergessen. Von fern schon hört man ihn singen; dann betritt er erwartungsvoll die Schänke. Carmen aber hat inzwischen, aufgestachelt von ihren Freundinnen, einen teuflischen Plan gefasst: Sie will José zu den Schmugglern mitnehmen, denn einen besseren Schutz als den Sergeanten kann man sich für die dunklen Geschäfte der Männer gar nicht denken!

Mit einem aufreizenden Tanz, zu dem sie selbst die Kastagnetten klappern lässt, bringt sie José fast um den Verstand. Mitten hinein tönt das Trompetensignal, das die Soldaten zurück in die Kaserne ruft. Dadurch wird der arme José in den ärgsten Zwiespalt gestürzt: Er liebt Carmen, aber er will doch nicht schon am ersten Tag in der Freiheit gegen seine Dienstvorschriften verstoßen! Carmen ist empört: Wie kann jemand, der vorgibt, sie zu lieben, trotzdem zurück ins Quartier wollen? Verzweifelt zieht José die vertrockneten Blumen hervor, die er seit jenem dramatischen Tag in Sevilla immer in der Brusttasche seiner Uniform getragen hat. Alle Liebesschwüre sind vergeblich. Carmen stößt ihn erbarmungslos zurück. Gerade hat sich José dazu durchgerungen, sich von ihr loszureißen, da kommt Zuniga, sein Vorgesetzter, überraschend zurück. Sofort bricht zwischen den beiden eifersüchtigen Männern heftiger Streit aus. Zigeuner entwaffnen zwar sehr schnell den Leutnant und sperren ihn kurzerhand ein, doch für José gibt es nun kein Zurück mehr: Ob er will oder nicht, er gehört jetzt zu den Schmugglern!

 In einer wilden, verlassenen Gebirgsgegend haben die Schmuggler ihr Lager aufgeschlagen und ruhen sich ein Weilchen von den Strapazen ihres Nachtmarsches aus. Carmen und José sind mit von der Partie; Carmen fängt schon an, seiner überdrüssig zu werden. Als er zu allem Überfluss auch noch von seiner Mutter zu sprechen beginnt, möchte sie ihn am liebsten gleich heimschicken. Eifersucht und Wut steigen in José auf.

Abergläubisch legen sich Carmen und ihre beiden Freundinnen die Karten, um aus ihnen ihr Schicksal zu lesen. Für Carmen heißt es: Tod! Erschrocken mischt sie die Karten immer wieder neu, doch das Ergebnis ist jedes Mal das gleiche: Sie wird sterben! Unterdessen kommen die ausgesandten Späher zurück und mahnen zum Aufbruch. Bald liegt die unheimliche Gegend wieder still und verlassen da.

Mit dem Mut der Verzweiflung hat sich Micaëla aufgemacht, um José hier mitten in der Wildnis bei den Schmugglern zu suchen; sie hat von seinen Abwegen gehört. Zitternd vor Angst irrt sie durch die Schlucht. Tatsächlich entdeckt sie José, der den Schmugglern den Rücken freihalten soll. Sie kommt jedoch nicht dazu, ihn anzusprechen; vielmehr muss sie sich schleunigst verstecken. Es hat sich nämlich noch jemand hier eingefunden: der Stierkämpfer Escamillo.

So wird sie unfreiwillig Zeugin, wie José seinem Rivalen begegnet, der verliebt Carmens Nähe sucht. Natürlich geraten die beiden Männer alsbald in Streit und greifen voller Eifersucht zum Messer.

Carmen, die von weitem den Lärm gehört hat, kann Escamillo gerade noch das Leben retten. Dankbar lädt er sie mit ihren Freunden zu seinem nächsten Stierkampf ein. Er glaubt Carmen bereits so sicher zu besitzen, dass er gönnerhaft auch José zum Fest bittet, doch der möchte sich am liebsten sofort wieder auf den Nebenbuhler stürzen.

Die Zigeuner wollen José nun unbedingt loswerden: Carmen ist er lästig geworden und den Schmugglern kann er in seiner blinden Eifersucht mehr schaden als nützen; doch Josés Leidenschaft ist stärker: »Du bist mein, Tochter der Hölle!«

Inzwischen haben die anderen die unglückliche Micaëla aus ihrem Versteck gezerrt. Sie redet beschwörend auf José ein: Die Mutter liegt im Sterben und braucht ihn. José reißt sich verzweifelt von Carmen los. Doch er wird wiederkommen!

Carmen   Don José   Escamillo

 In Sevilla, auf dem Platz vor der Stierkampfarena, findet ein großes ausgelassenes Volksfest statt. Auch die Zigeuner sind da und beteiligen sich an dem lustigen Treiben. Zuletzt marschieren die Stierkämpfer auf, unter ihnen der siegesgewisse Escamillo und an seiner Seite – Carmen! Während er sich auf seinen Kampf vorbereitet, warnen Frasquita und Mercédès ihre Freundin eindringlich vor José, der sich – rasend vor Eifersucht – in der Menge verborgen hält. Furchtlos und trotzig bleibt Carmen allein zurück, nachdem der Besucherstrom in der Arena verschwunden ist.

Plötzlich sieht sie sich José gegenüber. In verzweifelter Leidenschaft bedrängt er Carmen, der er hoffnungslos verfallen ist: Er möchte alles Geschehene vergessen und mit ihr fliehen; doch sie bleibt unerbittlich. José ist ihr vollkommen gleichgültig geworden. Voll Stolz stößt sie ihn zurück: »Frei will ich sein, selbst noch im Tod!« Während drinnen in der Arena die Menge Escamillo zujubelt, wirft sie José seinen Ring vor die Füße. Das ist zu viel für ihn! Völlig von Sinnen ersticht er seine Geliebte. Dann erst wird ihm bewusst, was er getan hat: »Ich war's, ich habe sie getötet. Ach Carmen, meine angebetete Carmen.«

Der Stierkampf ist gerade aus, entsetzt steht der strahlende Sieger vor der Leiche der schönen Zigeunerin.

Hinweise

Bizet ist bei uns in Deutschland allein durch seine Oper ›Carmen‹ berühmt geworden. Diese allerdings gehört schon seit Jahrzehnten zu den am häufigsten gespielten Werken des Musiktheaters, obwohl die Uraufführung ziemlich erfolglos war. Ihr heutiger Ruhm liegt sicher an der einzigartigen Mischung aus farbiger Zigeuner- und Stierkämpfer-Romantik und volkstümlich-zündender, schwungvoller Musik.

Einige Melodien kehren leitmotivartig an wichtigen Stellen der Oper wieder, allen voran das bekannte Thema des Stierkämpfers Escamillo: »Auf, in den Kampf, Torero!«. Mit diesem Lied tritt Escamillo immer auf, mit ihm zieht er in den Kampf und auch im Orchestervorspiel (Einleitung) klingt es – natürlich ohne Gesang – an:

Auf, in den Kampf, To - re - ro!   Stolz in der Brust,   sie-ges-be-wusst.

Stärkster Gegensatz zu diesem schmissigen Lied ist das düstere Schicksalsthema Carmens, mit dem die Orchestereinleitung Unheil verkündend schließt; es begleitet auch, etwas verändert, Carmens ersten Auftritt und ertönt zu ihrem blutigen Ende:

Zwischen den Akten stehen drei äußerst reizvoll instrumentierte Zwischenspiele, darunter das zarte Flötensolo mit Harfenbegleitung vor dem 3. Akt:

Im Verlauf der vier Akte gibt es neben zahlreichen Liedern, Ensembles und sehr wirkungsvollen Chören auch ausgedehntere Balletteinlagen, vor allem vor der Arena im letzten Bild. Die Musik zu diesem Ballett wird aus anderen Kompositionen Bizets übernommen, meist aus der »L'Arlésienne-Suite«.

Sehr apart ist die spanische Färbung mancher Einzelnummern, besonders bei zwei Szenen Carmens im 1. Akt:

- der »Habanera« mit ihren typischen Tanzrhythmen:

255

- *und der »Seguidilla«, beides spanische Volkstänze:*

Auch Carmens Kastagnettentanz in der Schänke, zu dem sie nur »Vokalisen« singt, gehört hierher (Vokalisen sind Tonsilben, z. B. lalala).

Eine Besonderheit in ›Carmen‹ sind die großen Rezitative mit Orchesterbegleitung. Sie stammen von einem Freund Bizets und sind nachträglich, der Mode gehorchend, in die Oper eingefügt worden. Bizet hatte ursprünglich nur gesprochenen Text zwischen den einzelnen Nummern vorgesehen. Heute kennt man auf der Bühne fast nur die Fassung mit Rezitativen, obwohl es Bizet doch eigentlich ganz anders gemeint hatte!

Von Bizets wenigen Opern wurde ›Carmen‹ mit Abstand am populärsten. Daneben sind noch ›Die Perlenfischer‹ (1863) zu nennen.

Peter Iljitsch Tschaikowskij

(1840–1893)

Eugen Onegin

Lyrische Szenen in drei Aufzügen

- Text: von Konstantin S. Schilowskij (nach Alexander S. Puschkin)
- Aufbau: Vorspiel und 22 miteinander verbundene Musiknummern
- Uraufführung: am 29. März 1879 in Moskau
- Spieldauer: etwa 2 ½ Stunden

Besetzung

Larina, Gutsbesitzerin	*Mezzosopran*
Tatjana und Olga, ihre Töchter	*Sopran, Alt*
Filipjewna, Amme	*Alt*
Eugen Onegin	*Bariton*
Lenskij	*Tenor*
Fürst Gremin	*Bass*
Ein Hauptmann	*Bass*
Saretzkij	*Bass*
Triquet, ein Franzose	*Tenor*
Gillot, Kammerdiener	*Stumme Rolle*
Landleute, Ballgäste, Gutsbesitzer, Offiziere	*Chor, Ballett*

Die Handlung

 Geschwister unterscheiden sich häufig sehr voneinander, und zwar nicht nur äußerlich, sondern vor allem im Wesen. So ist es auch mit den beiden Töchtern der reichen Gutsbesitzerin Larina: Tatjana ist das zarte, empfindsamere Wesen, Olga dagegen hat viel Temperament und sprüht vor Lebensfreude. Und ganz ihrer Art entsprechend verhalten sie sich auch Männern gegenüber: zurückhaltend die eine, kokett die andere.

 Olga hat natürlich schon einen Verehrer, ihren Nachbarn Lenskij, der ein Dichter ist und das Mädchen anbetet. Es ist Spätsommer; Lenskij hat Besuch von seinem Freund Eugen Onegin und stellt ihn auch sogleich Olga vor. Auch Mutter Larina und Schwester Tatjana sind da. Larina geht bald ins Haus, um für ihre Gäste zu sorgen. Gleich macht Lenskij seiner Olga feurige Liebesgeständnisse, Onegin aber kommt mit Tatjana ins Gespräch. Das schöne Mädchen verliebt sich in den stattlichen und vornehmen Mann, aber sie behält ihre Gefühle schüchtern für sich. Später vertraut sie sich

Eugen Onegin   Tatjana   Lenskij   Olga

ihrer Amme Filipjewna an, doch die kann ihr auch keinen brauchbaren Rat geben, wie sie sich nun verhalten soll. Da kommt Tatjana auf den Gedanken, Onegin einen Brief zu schreiben, in dem sie ihm ihre Zuneigung gesteht.

Am darauf folgenden Tag gibt es bereits das nächste Wiedersehen. Onegin gebärdet sich ziemlich kühl und herablassend und sagt Tatjana ein paar freundliche, aber unverbindliche Worte: Sie gefalle ihm zwar sehr gut, aber von der Ehe halte er überhaupt nichts und auch an das Gefühl der Liebe könne er nicht recht glauben – das müsse sich Tatjana doch wohl einbilden! Still behält das Mädchen seine tiefe Enttäuschung für sich.

 Inzwischen ist es Winter geworden in Russland. Tatjana feiert ihren Namenstag und ihr zu Ehren gibt die Mutter einen festlichen Ball. Sie lädt dazu auch Lenskij und Onegin ein, die wieder einmal zusammen auf dem Nachbargut die Zeit verbringen.

Tatjana ist es sichtlich peinlich, dass man so viel Rummel um sie macht; sie steht nicht gerne im Mittelpunkt. Onegin aber langweilt sich unter den Leuten vom Land und ihm fällt nichts Besseres ein, als seinen Freund ein bisschen zu ärgern, indem er immer wieder mit dessen Freundin Olga tanzt. Lenskij ist natürlich eifersüchtig, besonders als Olga ihm auch noch beim Ehrentanz seinen Freund vorzieht, um ihn mutwillig ein wenig zu reizen. Da kann sich Lenskij nicht mehr beherrschen und fängt vor allen Gästen mit Onegin zu streiten an. Ja, er kündigt ihm gar im Zorn die Freundschaft und fordert ihn auch noch zum Duell heraus.

Der Zweikampf, der kurz darauf im Morgengrauen stattfindet, geht tragisch aus: Onegin erschießt seinen Freund.

 In den Jahren danach treibt sich Eugen Onegin voll innerer Unruhe in der Welt herum, geplagt vom schlechten Gewissen wegen seiner unüberlegten Tat. Das Gut neben dem Landsitz Larinas hat er seinerzeit Hals über Kopf verlassen; nun taucht er wieder in St. Petersburg auf. Eines Abends ist er Gast auf einem Fest bei vornehmen Leuten. Unter den Gästen fällt ihm eine schöne Dame auf, die ihn spontan an Tatjana erinnert. Sein Freund, Fürst Gremin, stellt sie ihm stolz vor: Ja, es ist tatsächlich Tatjana. Schon seit zwei Jahren ist sie seine Frau; er trägt sie seitdem auf Händen und verwöhnt sie. Als sei nichts geschehen, plaudern Tatjana und Onegin miteinander: dass sie sich offenbar vor längerer Zeit schon einmal gesehen haben und dass er nun lange auf Reisen gewesen sei. Dann verabschiedet sich das Ehepaar, denn Tatjana fühlt sich angespannt und müde. Wie Schuppen fällt es Onegin von den Augen: Wie dumm hat er sich damals auf dem Land bei den beiden Schwestern verhalten! Und heute Abend hat er sich endgültig unsterblich in Tatjana verliebt...

Tatjana   Fürst Gremin   Eugen Onegin

Auch das Mädchen hat ihre Gefühle nicht vergessen, die sie dem stolzen Mann gegenüber empfand. Bald kommt es deshalb zu einer Aussprache, um die Onegin sie schriftlich gebeten hat. Er gesteht ihr seine Liebe und stürzt sie damit in einen schrecklichen Zwiespalt. Schweren Herzens ringt sie sich zu einer unwiderruflichen Entscheidung durch: Sie hat Gremin ein heiliges Eheversprechen gegeben und das wird sie niemals brechen. So verabschiedet sie sich voller Wehmut und Entschlossenheit und lässt Onegin allein zurück. Ihn ergreifen Gefühle der Trauer und Verzweiflung darüber, dass er selbst sein Glück verspielt hat. Er begreift, dass seine Einsicht zu spät kommt.

Hinweise

›Eugen Onegin‹ ist Tschaikowskijs bekannteste und bedeutendste Oper. Der Komponist nennt sie im Untertitel »Lyrische Szenen« und charakterisiert seine Musik mit dieser ungewöhnlichen Bezeichnung recht treffend. Zwar gibt es in diesem Werk wie in jedem Bühnenstück auch dramatische Situationen, Konflikte zwischen den handelnden Personen. Zuallererst aber ging es Tschaikowskij hier um das Vertonen menschlicher Gefühle und um den Klang von Stimmungen, die diesen Gefühlen entsprechen – verlorenes Glück, Abschieds- und Trennungsschmerz, Wehmut, Verzweiflung.

Die Vorlage zum Opernlibretto war kein Schauspiel, sondern ein Roman in Versen des russischen Dichters Alexander S. Puschkin (1799–1837). Tschaikowskij begeisterte sich für dieses große Gedicht so sehr, dass er selbst den ersten Plan zur Oper entwarf. Die Ausführung des Librettos überließ er dann seinem Freund Konstantin Schilowskij, der gegenüber der Vorlage von Puschkin größere Teile wegließ.

Die poetisch zarte, melancholische Atmosphäre des ganzen Werkes wird bereits im Orchestervorspiel beschworen, in dessen Mittelpunkt eine Melodie steht, die auch später wiederholt erklingt. Man könnte sie als Tatjanas Liebesmotiv bezeichnen:

Eine Reihe weiterer Themen prägen den Ablauf der ganzen Oper im Sinne von »Leitmotiven«.

Vor allem Tatjana verkörpert mit ihrer Musik in dieser Oper die lyrische Seite, am eindrucksvollsten sicher in der berühmten Briefszene des 2. Bildes:

Ein anderer Höhepunkt ist Gremins Arie »Ein jeder kennt die Lieb auf Erden«, ein Paradestück des so genannten seriösen Bassfaches.

Als wirkungsvollen Kontrast zu den melancholisch-zarten Partien des Werkes gibt es immer wieder auch fröhliche, lebenslustige Abschnitte. Dem volkstümlich-temperamentvollen Chor der Landleute merkt man am ehesten an, dass diese Musik aus Russland stammt:

Polonaise und Walzer setzen im 2. Akt einen festlichen Akzent:

In der packenden Duellszene zwischen den beiden ehemaligen Freunden Lenskij und Onegin verdeutlicht Tschaikowskij mit einem musikalischen Kunstgriff, dass eine Versöhnung nicht mehr möglich ist: Die beiden Männer singen zwar die gleichen Melodien, aber nacheinander im Kanonabstand, also nicht gleichzeitig!

Neben ›Eugen Onegin‹ ist unter Tschaikowskijs zehn Opern ›Pique Dame‹ (1890) hervorzuheben, eine sehr effektvolle Oper, in der es auch spukt. Seine ›Jungfrau von Orléans‹ entstand nach Schillers gleichnamigem Drama (1881).

Jacques Offenbach
(1819–1880)

Hoffmanns Erzählungen

Phantastische Oper in drei Aufzügen, einem Vor- und einem Nachspiel

- Text: von Jules Barbier
- Aufbau: keine Ouvertüre, 25 Musiknummern, zum Teil durch Orchesterrezitative miteinander verbunden; vor jedem Akt ein kurzes Vorspiel
- Uraufführung: am 10. Februar 1881 in Paris
- Spieldauer: etwa 2 ¾ Stunden

Besetzung

Hoffmann	*Tenor*
Olympia, Giulietta, Antonia	*Sopran*
(Stella)	*(Sprechrolle)*
Lindorf, Coppelius, Dapertutto, Mirakel	*Bass / Bariton*
Andreas, Cochenille, Pitichinaccio, Franz	*Tenor*
Niklaus	*Alt*
Nathanael, Hermann, zwei Studenten	*Tenor, Bariton*
Lutter, Wirt des Weinkellers	*Bass*
Spalanzani	*Tenor*
Schlemihl	*Bariton*
Rat Crespel	*Bass*
Die Stimme von Antonias Mutter	*Mezzosopran*
Studenten, Kellner, Gäste, Diener, Masken	*Chor, Ballett*

Die Handlung

Statt einer einzigen müssen wir nun vier Geschichten erzählen, denn in dieser Oper gibt es keine durchlaufende Handlung, sondern vier verschiedene Handlungsstränge. Allerdings haben alle eine gemeinsame Hauptperson: den Dichter der Romantik Ernst Theodor Amadeus Hoffmann. Er tritt im Vorspiel der Oper auf und erzählt seinen Freunden nacheinander drei phantastische Geschichten: Alle drei hat er selbst erlebt, in allen dreien ist er die Hauptperson und alle drei sind Liebesabenteuer.

| Stella | Olympia | Hoffmann | Giulietta | Antonia | Mirakel |

Schon im Vorspiel der Oper steht der Dichter im Mittelpunkt einer angedeuteten Liebesaffäre. Wir befinden uns in Lutters Weinkeller in Berlin, wo Hoffmann gewöhnlich seinen Punsch trinkt. Noch ist er nicht da; ein Bote tritt ein, sieht sich suchend um, findet aber nur den Stadtrat Lindorf. Der schwatzt ihm sogleich listig das kleine Briefchen ab, das doch eigentlich für Hoffmann bestimmt ist. Lindorf wie Hoffmann sind nämlich beide glühende Verehrer der gefeierten Sängerin Stella und in dem bewussten

Briefchen befindet sich pikanterweise der Schlüssel zu ihrem Schlaf-zimmer. Lindorf ist aufgebracht – alle Wetter: Hoffmann als sein Nebenbuhler? Da scheint die Gelegenheit jetzt günstig zu sein, ihm eins auszuwischen: Er wird Stella gleich nach der Vorstellung hierher in den Keller bitten, damit sie ihren Dichter als unwürdigen Trunken-bold erlebt; dann wird sie sicher statt seiner ihn, Lindorf, erhören!

Allmählich füllen die Studenten das Weinlokal; sie bringen begeis-terte Trinksprüche auf die große Künstlerin Stella aus. Dann endlich kommt auch Hoffmann gemeinsam mit seinem ihm ergebenen Freund Niklaus; heute ist der Dichter ziemlich verstimmt und schlechter Lau-ne. Die Studenten aber lassen nicht so schnell locker und muntern ihn auf: Er kann doch so spannende Geschichten erzählen! So trägt er ihnen die »Ballade von Kleinzack« vor. Unversehens verfällt er da-bei aber in anbetende Gedanken an Stella und schildert ihre Vorzüge in den leuchtendsten Farben.

Plötzlich entdeckt er Lindorf, seinen Gegenspieler, der ihm immer schon Unglück gebracht hat. Wird er ihm etwa auch in der Liebe schaden wollen? Wieder gerät er ins Schwärmen. Drei verschiedene Frauen sieht er in seiner Stella vereinigt! Und jede erinnert ihn zu-gleich an eine verflossene Geliebte. Er lässt sich nicht lange bitten und erzählt – und zwar so anschaulich, dass seine Geschichten leibhaftig vor den Augen seiner Zuhörer erstehen:

 Olympia heißt seine erste Geliebte. Sie ist die angebliche Tochter seines Lehrers, des schrulligen Physikprofessors Spalanzani. Bei ihm ist Hoffmann zu einer festlichen Abend-gesellschaft eingeladen. Er kommt gern, denn er hat sich gerade in Spalanzanis Tochter verliebt, von deren Schönheit man Wunderdinge hört. Hinter einem Vorhang verborgen scheint sie zu schlafen; in Wahrheit aber ist sie eine raffiniert konstruierte Puppe, ein Meister-stück des Professors, was Hoffmann jedoch nicht weiß. Er ist – wie man so sagt – blind vor Liebe. Und auch die besorgten Warnungen seines Begleiters Niklaus beachtet er nicht.

Da tritt der wunderliche Coppelius ein, ein Kollege Spalanzanis. Er beginnt sofort, seine ungewöhnlichen und leistungsfähigen Brillen anzupreisen, mit denen er Handel treibt. Er verkauft auch Hoffmann ein solches Prachtstück, durch das man die Welt auf geheimnisvolle Weise verklärt sieht: viel schöner, als sie wirklich ist.

Mit Spalanzani aber gerät der wunderliche Professor in einen erbitterten Streit darüber, wer denn nun der Vater von Olympia sei – Coppelius hat nämlich ihre Augen konstruiert, ein wahres Wunderwerk an Lebendigkeit. Spalanzani findet einen Ausweg: Der Kollege soll ihm die Augen und damit die ganze Puppe verkaufen. Schnell wird man handelseinig und zufrieden lachend entfernt sich Coppelius.

Nun kommen auch die anderen Festgäste; alle sind schrecklich neugierig auf Olympia, von der man so viel Wunderbares vernommen hat. Stolz führt der Hausherr sie herein und sie trägt gleich eine unerhört kunstvolle Koloraturarie vor. Großer Beifall. Dann begeben sich die Gäste zur Festtafel nach nebenan. Hoffmann betrachtet Olympia durch die Wunderbrille; er darf mit ihr allein bleiben und macht ihr glühende Liebesgeständnisse. Dabei berührt er wiederholt ihre Schulter und sie antwortet tatsächlich »ja, ja«; er drückt ihr die Hand, da steht sie ruckartig auf und verschwindet zu seiner Verblüffung hinter dem Vorhang.

Niklaus holt Hoffmann zum Festmahl. Inzwischen kommt auch Coppelius ziemlich aufgebracht zurück – der Scheck von Spalanzani war ungedeckt! Als die Gäste wieder ins Zimmer treten, versteckt er sich schnell hinter dem Vorhang. Hoffmann darf mit der Puppe tanzen, doch ihr eingebautes Uhrwerk beginnt schneller und schneller abzuschnurren; immer wilder wird der Tanz. Erschöpft sinkt Hoffmann schließlich in einen Sessel, die Brille rutscht ihm von der Nase und zerbricht am Boden. Olympia wird wieder hinter ihren Vorhang geführt. Da hört man auf einmal fürchterlichen Lärm. Wutentbrannt hat Coppelius die Puppe zerschlagen und entsetzt muss Hoffmann seinen Irrtum erkennen: Er hat einen leblosen Automaten geliebt!

Die zweite Geliebte heißt Giulietta. Sie ist eine schöne, aber ebenso eitle stadtbekannte Lebedame in Venedig. In ihrem prunkvollen Palast empfängt sie ihre Gäste und lässt sich von ihnen bewundern. Von der festlich geschmückten Galerie des Gebäudes aus hat man einen prächtigen Blick auf den berühmten Canal Grande. Hoffmann ist heute ebenfalls ihr Gast und erliegt sofort ihren Reizen, während sich gleichzeitig ihr derzeitiger Liebhaber Schlemihl unter die Bewunderer mischt.

Als sich die ganze Gesellschaft einschließlich Hoffmann nebenan beim Glücksspiel vergnügt, taucht die unheimliche Gestalt Dapertuttos auf; er hat die schöne Giulietta in der Hand. Mit der magischen Kraft seines Zauberspiegels holt er sich seine Opfer, nämlich Giuliettas unglückliche Liebhaber, deren Seelen ihm verfallen. Schlemihl hat ihm bereits seinen Schatten opfern müssen und nun ist Hoffmann an der Reihe. Dapertuttos unerbittlicher Befehl an Giulietta lautet: »Hoffmanns Spiegelbild beschaffe mir, noch heute!«

Hoffmann hat sein ganzes Geld verspielt und will sich bei der Schönen verabschieden. Mit betörenden Worten aber erbittet Giulietta von ihm zum Zeichen der Liebe sein Spiegelbild. Schon hat sie ihn dazu überredet, da stört Schlemihl die Zweisamkeit. Leise flüstert Giulietta Hoffmann zu: »Er hat den Schlüssel zu meinem Schlafzimmer!« Dapertutto kommt hinzu und hält Hoffmann scheinheilig seinen Zauberspiegel vor das Gesicht; der prallt entsetzt zurück: Wo ist sein Spiegelbild geblieben? Niklaus drängt ihn zur Flucht, doch verrückt vor Liebe weigert sich Hoffmann, ihm zu folgen. Er will stattdessen Schlemihl den Schlüssel zu Giuliettas Zimmer entreißen. Schlemihl zieht jedoch seinen Degen und wehrt sich. Hoffmann, dem Dapertutto schnell seinen eigenen Degen zusteckt, erschlägt den Rivalen mit dieser Waffe, nimmt dem Toten rasch den Schlüssel ab und verschwindet in Giuliettas Schlafzimmer.

Sie jedoch kümmert sich überhaupt nicht mehr um den Dichter; es ist die Stunde der Gondeln und sie besteigt mit dem buckligen Pitichinaccio unbekümmert eins der Schiffe. Enttäuscht kommt Hoffmann wieder aus dem leeren Zimmer zurück. Sein treuer Freund Niklaus reißt ihn mit sich fort, gerade noch rechtzeitig, bevor die Wache eintrifft, um ihn als Mörder zu verhaften.

 Die dritte Geliebte heißt Antonia. Sie ist die Tochter des alten Rat Crespel und leidet unter einem traurigen Schicksal: Sie hat von ihrer verstorbenen Mutter nicht nur die Gabe des Gesanges geerbt, sondern leider auch ihre tödliche Krankheit. Deshalb vermeidet ihr besorgter Vater ängstlich jede Gelegenheit, die sie zum Singen veranlassen könnte: Eine größere Anstrengung würde nämlich ihren Tod zur Folge haben. Doch immer wieder ertappt er sie bei einem Rückfall – Singen ist ihre Leidenschaft! Aus Angst um ihre Gesundheit sieht Crespel auch ihren Verehrer Hoffmann nicht gern in seinem Haus, denn der ist geradezu verzaubert vom Gesang seiner Tochter. Hoffmann wiederum weiß noch nichts von Antonias tragischem Los. Und so lässt sie sich von ihm bei einem seiner verliebten Besuche wieder zu einem Lied verleiten. Kaum sind die letzten Töne verklungen, da droht sie vor Schwäche umzusinken. Schnell zieht sie sich erschöpft in ihr Zimmer zurück.

Hoffmann aber versteckt sich in einem Fensterwinkel, denn er hört ihren Vater kommen. Vielleicht kann er auf diese Weise endlich hinter ihr Geheimnis kommen? In seinem Versteck wird er nun Zeuge einer gespenstischen Begebenheit: Gegen den Willen von Rat Crespel verschafft sich nämlich der zwielichtige Doktor Mirakel Zutritt, der schon Antonias Mutter unter seltsamen Umständen zu Tode gepflegt hat. Sofort drängt er auch Crespel allerlei mitgebrachte Arzneien auf, die seine Tochter unbedingt einnehmen soll. Wie bei einer Geisterbeschwörung redet er dann auf Antonia – die gar nicht anwesend ist – ein: »Sing, Antonia, sing!« Endlich gelingt es Crespel, den ungebetenen Zauberdoktor hinauszuwerfen. In seinem Versteck hat Hoffmann nun erfahren, welches Schicksal Antonia von ihrer Mutter geerbt hat. Nachdem auch der Vater das Zimmer verlassen hat, ruft Hoffmann nach ihr und bittet sie inständig, der Musik abzuschwören. Aus Liebe verspricht sie ihm, nie wieder zu singen. Einigermaßen beruhigt verlässt Hoffmann die Geliebte.

Im dunklen Zimmer aber erlebt Antonia nun äußerst seltsame Dinge. Doktor Mirakel erscheint lautlos, ohne dass man ihn durch die Tür hätte kommen sehen. Mit magischer Überzeugungskraft redet er ihr üble Sachen ein: Hoffmann wolle sie um ihr Glück bringen, sie müsse sich nur der Kunst weihen, allein für den rauschenden Beifall der Menge leben und nichts als singen, singen.

Verzweifelt erinnert sie sich an das Schicksal der Mutter und in ihrer Not wendet sie sich dem Bild der Verstorbenen an der Wand zu. Beschworen von Mirakel, tönt die Stimme der toten Mutter aus dem Rahmen herab: »Sing, sing immer fort, teures Kind!« Und willenlos, unter dem Zwang des Zaubers, singt Antonia zum letzten Mal, begleitet von dem teuflisch auf der Geige kratzenden Doktor.

Auf einmal ist der Spuk vorbei. Rat Crespel findet seine Tochter sterbend vor dem Bild ihrer Mutter auf dem Fußboden. Auch Hoffmann kommt hinzu. Sein treuer Niklaus kann ihn wieder einmal in letzter Sekunde retten, diesmal vor dem aufgebrachten Vater Crespel, der auf den vermeintlichen Mörder mit dem Messer eindringt.

 Nach diesen spannenden Geschichten befinden wir uns im Nachspiel wieder in Lutters Weinkeller. Hoffmann hat mitreißend erzählt, wie es so seine Art ist. Gebannt haben ihm alle zugehört. Der Dichter ist inzwischen ziemlich betrunken, denn während seiner Geschichten hat er fleißig dem geliebten Punsch zugesprochen. Gerade schafft er noch die letzte Strophe des Liedes von Kleinzack, dann sinkt er berauscht auf seinem Stuhl zusammen.

Im Theater ist unterdessen die Vorstellung zu Ende gegangen. Die Sängerin Stella will ihren Geliebten Hoffmann wie verabredet aus dem Weinkeller abholen und muss ihn nun völlig betrunken vor sich sehen. Angewidert wendet sie sich ab. – Da steht vor ihr Stadtrat Lindorf: Der wird sie trösten. Gemeinsam verlassen sie das Lokal – ohne Hoffmann …

Hinweise

102 Bühnenwerke hinterließ Jacques Offenbach der Nachwelt. Der gebürtige Kölner hieß eigentlich mit Vornamen Jakob; er siedelte schon früh nach Paris um und wurde als der Meister der Pariser Operette in aller Welt berühmt. Einige von seinen Operetten werden auch heute noch gespielt, z. B. ›Orpheus in der Unterwelt‹ oder ›Die schöne Helena‹.

Am Ende seines Lebens aber bewies Offenbach, dass er auch eine große abendfüllende Oper komponieren konnte. Sein Librettist Jules Barbier bearbeitete für ihn ein Theaterstück, das er zuvor gemeinsam mit Michel Carré verfasst hatte und in dessen Zentrum der deutsche Dichter der Romantik E.T.A. Hoffmann stand. Hoffmanns phantastische Erzählungen waren auch in Frankreich bekannt geworden. Die Handlungen der drei Akte sowie des Vor- und Nachspiels mit der Ballade von Kleinzack (»Klein Zaches«) wurden dabei aus den verschiedensten Dichtungen Hoffmanns entnommen und zu einer neuen Einheit zusammengefügt. Der 1. Akt mit der Puppe Olympia war bereits zuvor Gegenstand eines anderen Bühnenwerkes: des Balletts ›Coppelia‹ von Léo Délibes.

Leider hat Offenbach die Uraufführung seiner Oper nicht mehr erlebt, so sehr er sich auch danach gesehnt hatte. Manche technischen und organisatorischen Gründe verzögerten die geplante Aufführung, die dann jedoch mit großem Erfolg in der »Opéra comique« von Paris über die Bühne ging. Sein Freund Ernest Guiraud hatte das Werk, von dem Offenbach nur den Klavierauszug hatte fertig stellen können, noch instrumentieren müssen. Auch die Rezitative stammen von Guiraud, der bekanntlich diese Arbeit auch für Bizets ›Carmen‹ geleistet hatte.

In heutigen Aufführungen werden die vier Rollen der Geliebten Hoffmanns häufig von einer einzigen Sängerin dargestellt, obwohl sie recht verschiedenartig angelegt sind. Sie stellen deshalb die Künstlerin vor eine ungewöhnlich schwierige Aufgabe: So ist die Rolle der Olympia reich an Koloraturen, während Antonia eher eine lyrische Partie ist und Giulietta ins dramatische Fach hinüberreicht; Stella dagegen ist nur eine ganz kleine Sprechrolle.

Ähnlich wird auch mit den vier Bass- oder Baritonpartien der Bö-sewichter (Lindorf, Coppelius, Dapertutto, Mirakel) verfahren, manch-mal sogar auch mit den vier Dienern (Andreas, Cochenille, Pitichinaccio, Franz). Niklaus, der gute Geist Hoffmanns und so etwas wie sein Schutz-engel, ist eine »Hosenrolle« (Alt).

Musikalisch ist diese Oper ungemein abwechslungsreich und vielseitig im Ausdruck. Zwei Beispiele mögen die großen Gegensätze verdeutlichen: Zum einen Hoffmanns vom Punsch beschwingte Ballade von Kleinzack:

Hoffmann:

Es war ein - mal am Ho - fe von Ei - se - nack

Zum anderen die berühmte Barcarole im 2. Akt, die mit ihrer melancho-lischen Melodie fast zum Schlager geworden ist:

Offenbach hinterließ neben ›Hoffmanns Erzählungen‹ noch zahl-reiche weitere Opern und auch Operetten, unter ihnen ›Die schöne Helena‹ (1864), ›Blaubart‹ (1866) und ›Pariser Leben‹ (1866).

Pietro Mascagni

(1863–1945)

Cavalleria rusticana

Sizilianische Bauernehre
Melodram in einem Aufzug

- Text: von Giovanni Targioni-Tozzetti und Guido Menasci
- Aufbau: Vorspiel und zehn Szenen
- Uraufführung: am 17. Mai 1890 in Rom
- Spieldauer: etwa 1 ¼ Stunden

Besetzung

Santuzza, eine junge Bäuerin	*Sopran*
Turiddu, ein junger Bauer	*Tenor*
Lucia, seine Mutter	*Alt*
Alfio, ein Fuhrmann	*Bariton*
Lola, seine Frau	*Mezzosopran*
Landleute, Kinder	*Chor*

Die Handlung

Liebe, Eifersucht und Mord gibt es überall auf der Welt, ob im kalten Norden oder im heißen Süden. Nur die Gepflogenheiten sind sehr verschieden und am südlichsten Zipfel Europas, in Sizilien, scheint die Leidenschaft der Menschen besonders feurig zu sein. Man kann nie vorhersehen, wie dort eine Liebesgeschichte ausgeht: ob friedlich und glücklich, ob blutig und tragisch.

In einem kleinen sizilianischen Dorf trägt sich solch eine dramatische Geschichte zu und am Ende kann man kaum sagen, wen denn eigentlich die Schuld trifft, dass es Tränen, Trauer und Tod gegeben hat.

Da ist Turiddu, der junge unbekümmerte Bauer, der zu den Soldaten musste. Als er nach einem Jahr heimkehrt, hat sich seine ungeduldige Verlobte Lola inzwischen mit dem Fuhrmann Alfio verheiratet. Doch nicht genug damit: Lola beobachtet eifersüchtig ihren einstigen Verlobten und sie hat schnell heraus, dass Turiddu sich mit der jungen Bäuerin Santuzza tröstet, ihr gar die Ehe verspricht; da fühlt sich Lola auf einmal in ihrer Eitelkeit gekränkt. Mit weiblicher List umgarnt sie aufs Neue ihren einstigen Freund, während ihr Mann tagsüber in Geschäften unterwegs ist.

Ein friedlicher südlich-sonniger Ostermorgen zieht herauf. Artig und sittsam gehen die Dorfbewohner in die Kirche. Der kleine Platz beginnt sich allmählich mit festlich herausgeputzten, sonntäglich gelaunten Menschen zu füllen. Nur Santuzza ist unruhig und verstört; sie sucht Trost bei Turiddus Mutter Lucia. – Wo mag nur ihr Geliebter sein? Lucia weiß nur zu berichten, dass er gestern in den Nachbarort gegangen ist, um Wein zu holen.

Unterdessen kommt Lolas Mann Alfio von seiner Reise zurück, mit sich und der Welt zufrieden. Wie schön ist doch das Fuhrmannsleben, wenn zu Hause ein zärtliches, treues Weibchen wartet! Er wechselt mit Mama Lucia ein paar freundliche Worte: Ja, ihren Sohn Turiddu hat er wohl gesehen, heute Morgen ganz nah bei seinem eigenen Haus! Und er macht sich auf den Weg dorthin. Aus der Kirche hört man weihevolle Orgelklänge, drinnen und auch draußen unter freiem Himmel kniet man andächtig nieder und betet. Santuzza bleibt an Lucias Seite und schüttet ihr das Herz aus. Erschüttert erfährt die Mutter von der Untreue ihres Sohnes, der nun seiner ehemaligen Geliebten Lola von neuem verfallen ist und Santuzza im Stich gelassen hat.

Schließlich geht auch Lucia zu den Betenden in die Kirche. Die verlassene Santuzza bleibt allein und ungetröstet zurück. Da endlich taucht Turiddu auf; er sucht seine Mutter, doch statt ihrer trifft er auf das Mädchen. Er möchte einer Auseinandersetzung gern ausweichen, aber Santuzza stellt sich ihm in den Weg, berichtet ihm von der Heimkehr Alfios und macht ihm eine Szene.

Auch die kesse Lola ist auf dem Weg zur Kirche. Spöttisch beobachtet sie die beiden auf dem Kirchplatz, macht ein paar aufreizende Bemerkungen zu ihnen und verschwindet dann im Gotteshaus. Da verliert Turiddu die Beherrschung: Als sich Santuzza an ihn klammert und ihn mit beschwörenden Worten zurückhalten will, stößt er sie zu Boden und eilt Lola nach in die Kirche.

Kurz darauf kommt Alfio; außer sich vor gekränktem Stolz und Eifersucht klärt Santuzza ihn über Lolas Beziehung zu Turiddu auf: Sogar jetzt ist er mit Lola zusammen in der Kirche!

Alfio reagiert ganz so, wie es die sizilianische Bauernehre vorschreibt: Nur der Tod kann solche Schmach sühnen, Turiddu muss sterben! Als Santuzza erkennt, was ihre Worte ausgelöst haben, ist es zu spät. Die Tragödie lässt sich nicht mehr aufhalten.

Der Festgottesdienst ist zu Ende, man trifft sich in guter Laune vor der Kirche und vor dem Wirtshaus beim Glas Wein. Turiddu mischt sich unbekümmert unters Volk und prostet auch Alfio freundlich zu; der aber weist den Becher schroff zurück.

Unruhe breitet sich auf einmal aus und man spürt: Streit liegt in der Luft! Die beiden Männer umarmen sich. Was so harmlos und freundschaftlich aussieht, ist in Wirklichkeit grausamer sizilianischer

Brauch, denn Alfio beißt Turiddu gleichzeitig ins rechte Ohr, zum Zeichen, dass man aufs Messer miteinander kämpfen will – gleich jetzt draußen vorm Dorf, am heiligen Ostersonntag!

Turiddu verabschiedet sich ahnungsvoll von seiner alten Mutter Lucia, bittet sie um ihren Segen und darum, dass sie sich um die arme Santuzza kümmern möge, falls er nicht mehr wiederkommen sollte. Lucia ahnt dunkel den Sinn seiner geheimnisvollen Worte. Umgeben von den neugierig und gebannt blickenden Bauern steht sie wie versteinert zusammen mit der verzweifelten Santuzza mitten auf dem Platz. Da – eine Frauenstimme aus weiter Ferne: »Turiddu ist tot!«

Lucia   Santuzza   Turiddu   Lola

Hinweise

›Cavalleria rusticana‹ brachte ihrem Komponisten Pietro Mascagni über Nacht Weltruhm – ihm, der bisher nichts als ein kleiner unbekannter Musiklehrer gewesen war. Diese kurze einaktige Oper war sein Beitrag zu einem Preisausschreiben und unter siebzig Mitbewerbungen wurde sie 1890 mit dem ersten Preis ausgezeichnet! Heute ist das Werk auf allen Opernbühnen der Welt zu Hause; meistens wird es zusammen mit Leoncavallos ›Bajazzo‹ (siehe Seite 278) an einem Abend aufgeführt.

Mascagni nennt seine Oper ›Cavalleria‹ ein »Melodram«, was jedoch nicht mit der ursprünglichen Bedeutung dieses Wortes zu verwechseln ist (vgl. das Melodram in Beethovens ›Fidelio‹, Seite 106). Gemeint ist hier vielmehr eine vom Geist des italienischen Belcanto, nämlich der Vorherrschaft der edlen Gesangsmelodie, getragene dramatische Handlung, die in ihren Einzelheiten sorgfältig dem Leben und den lebenden Menschen nachgebildet ist.

Mascagnis große Stärke ist die einprägsame, ausdrucksvolle Melodie – sei es für die menschliche Stimme, sei es für das große, raffiniert instrumentierte Orchester. Jedem der Sänger komponierte er wirkungsvolle Auftritte, die sich arienähnlich in den pausenlosen Ablauf der Oper einfügen. Noch bei geschlossenem Vorhang, nach dem Vorspiel, hört man zum ersten Mal die Stimme Turiddus, eines typischen italienischen Heldentenors. Alfio, ein »Charakterbariton«, stellt sich mit einem lustigen Fuhrmannslied vor:

Lolas erster Gesang ist einem alten Volkslied nachempfunden:

Großartige Chorszenen umrahmen die leidenschaftlichen Sologesänge und Duette. Kurz vor dem tragischen Ende der Oper wird überraschend ein Orchesterzwischenspiel – das »Intermezzo sinfonico« – eingeschoben, das mit weit gespanntem, leidenschaftlichem Melodiebogen zur letzten Szene überleitet:

Ruggiero Leoncavallo
(1857–1919)

Der Bajazzo

I Pagliacci
Drama in zwei Aufzügen und einem Prolog

- Text: vom Komponisten
- Aufbau: Prolog und zwei durchkomponierte, in Szenen unterteilte Akte
- Uraufführung: am 21. Mai 1892 in Mailand
- Spieldauer: etwa 1 ¼ Stunden

Besetzung

Canio, Leiter einer fahrenden Komödiantentruppe (zugleich Bajazzo in der Komödie)	*Tenor*
Nedda, seine Frau (zugleich Colombine)	*Sopran*
Tonio, Komödiant (zugleich Taddeo)	*Bariton*
Beppo, Komödiant (zugleich Harlekin)	*Tenor*
Silvio, ein junger Bauer	*Bariton*
Ein Bauer	*Bass*
Landleute, Straßenjungen	*Chor*

Die Handlung

 Der Clown im Zirkus, der Bajazzo bei einer wandernden Theatertruppe – ist er nur eine geschminkte Grimasse, deren großer Mund stets zu lachen scheint, ein Spaßmacher für Jung und Alt? Steckt dahinter nicht ein ganz normaler Mensch, der seine kleinen und großen Sorgen und Nöte hat, verborgen hinter einer Maske von Fröhlichkeit?

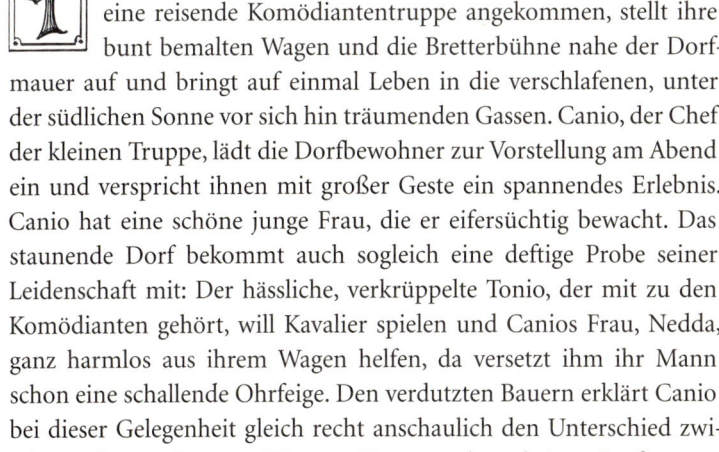 Irgendwo in Italien, in einem kleinen Dorf in Kalabrien, ist eine reisende Komödiantentruppe angekommen, stellt ihre bunt bemalten Wagen und die Bretterbühne nahe der Dorfmauer auf und bringt auf einmal Leben in die verschlafenen, unter der südlichen Sonne vor sich hin träumenden Gassen. Canio, der Chef der kleinen Truppe, lädt die Dorfbewohner zur Vorstellung am Abend ein und verspricht ihnen mit großer Geste ein spannendes Erlebnis. Canio hat eine schöne junge Frau, die er eifersüchtig bewacht. Das staunende Dorf bekommt auch sogleich eine deftige Probe seiner Leidenschaft mit: Der hässliche, verkrüppelte Tonio, der mit zu den Komödianten gehört, will Kavalier spielen und Canios Frau, Nedda, ganz harmlos aus ihrem Wagen helfen, da versetzt ihm ihr Mann schon eine schallende Ohrfeige. Den verdutzten Bauern erklärt Canio bei dieser Gelegenheit gleich recht anschaulich den Unterschied zwischen Leben und Kunst: Hier, am Tag, versteht er keinen Spaß, wenn seine Frau ihm untreu zu werden droht; auf der Bühne aber, am Abend, ist er der dumme Bajazzo, der sich obendrein auch noch verprügeln lassen muss.

Es ist Sonntag; man geht in die Kirche. Canio aber setzt sich mit einigen Bauern und seinem Freund Beppo zu einem Gläschen Wein ins Wirtshaus. Tonio ist natürlich wütend und beleidigt über die Art, wie Canio ihn eben vor allen Leuten behandelt hat. Gierig und wild stürzt er sich auf Nedda, die allein bei ihrem Wagen zurückgeblieben ist. Sie aber schlägt ihm grob mit der Peitsche mitten ins Gesicht. Ohnmächtig vor Wut tritt Tonio unter lauten Rachedrohungen den Rückzug an.

Es zeigt sich sehr bald, dass Canio seine guten Gründe hat, wenn er seiner Frau nicht über den Weg traut. Denn während er nichts ahnend mit Beppo beim Wein sitzt, trifft sie sich mit dem Bauern Silvio, mit dem sie sich heimlich verabredet: Heute Nacht will sie mit ihm fliehen und ihren eifersüchtigen Mann verlassen. Ein heißer Kuss besiegelt ihre Abmachung. Da steht auf einmal zornentbrannt Canio vor ihnen, den Tonio rachedurstig aus dem Wirtshaus geholt hat. Mit knapper Not kann sich Silvio über die Mauer retten, während sich der betrogene Ehemann mit gezücktem Messer auf seine Frau stürzt. Beppo, den der Lärm ebenfalls angelockt hat, verhindert im letzten Moment eine schreckliche Bluttat. Tonio verspricht Canio freundschaftlich, auf Nedda gut aufzupassen. Und er gibt ihm auch noch einen Tipp: Ihr Liebhaber wird doch sicher am Abend bei der Vorstellung im Publikum sitzen?! – Erschrocken wird sich Canio bewusst, dass er ja nachher auf der Bühne stehen muss, so als sei überhaupt nichts geschehen. Wie soll er nur als Bajazzo die Leute unterhalten, wenn gleichzeitig die Eifersucht in ihm kocht? Elendes Künstlerlos!

 Es ist Abend geworden, gleich wird die Theatervorstellung beginnen. Nedda findet gerade noch Gelegenheit, Silvio einen Wink zu geben: »Sei auf der Hut, Canio ist alles zuzutrauen!« Dann geht der Vorhang auf; die erwartungsvollen Zuschauer sitzen im Halbdunkel, während auf der hell erleuchteten Bühne das alte, immer neue Spiel der Komödianten beginnt: Canio steckt nun in der Maske des lustig-blöden Bajazzo, Nedda ist seine kokette Colombine, die sich leichtsinnig mit Harlekin einlässt, den Beppo darstellt. Auch der arme Tonio ist mit von der Partie, er spielt den trotteligen Taddeo. Und wie könnte es anders sein, es geht auch hier – im Spiel wie im Leben – um Liebe und Eifersucht:

Bajazzo ist außer Hause und wird wie üblich erst spät in der Nacht heimkommen. So meint jedenfalls Colombine, die sich bei solchen

Gelegenheiten in aller Ruhe mit ihrem Liebsten, dem Harlekin, vergnügt. Heute Abend muss sie vorher jedoch noch den zudringlichen Tölpel Taddeo abwehren, der sie tolpatschig küssen will. Grob wirft sie ihn hinaus und gleich darauf steigt Harlekin zur Freude des Publikums durchs Fenster. Die beiden Verliebten lassen sich's wohl ergehen, essen, trinken und schmieden eifrig allerlei Pläne, wie sie wohl Bajazzo loswerden und selbst fliehen könnten. Da – wenn man vom Teufel spricht, ist er auch nicht weit: Bajazzo steht auf einmal drohend in der Tür, ganz unbemerkt ist er heute früher nach Hause gekommen und ertappt seine Frau auf frischer Tat mit seinem Nebenbuhler. Der kann sich mit einem kühnen Sprung aus dem Fenster in Sicherheit bringen.

Auf einmal geht es wie ein Ruck durch Canio-Bajazzo: Ist das nicht haargenau die gleiche fürchterliche Situation wie heute Morgen, als seine Frau Nedda ihm den Namen ihres Liebhabers nicht preisgeben wollte? Spiel und Wirklichkeit geraten in Canio durcheinander. Ohne dass es die Zuschauer zunächst bemerken, wird für ihn aus dem Spiel blutiger Ernst. Nur Nedda-Colombine begreift, dass ihr auf einmal ihr wirklicher Ehemann gegenübersteht, der mit schneidender Stimme den Namen ihres Geliebten von ihr wissen will. Scheinbar eiskalt spielt sie ihre Rolle weiter und reizt ihn dadurch nur noch mehr. Canio gerät allmählich völlig außer sich und vergisst Bühne und Publikum: »Den Namen heraus oder ich bringe dich um!« Standhaft, mit dem Mut der Verzweiflung, weigert sich Nedda, ihren Silvio zu verraten, der aufgeregt im Zuschauerraum auf seinem Sitz herumrutscht. Da fällt Canio in blinder Eifersucht über sie her und ersticht sie. Mit den letzten Atemzügen ruft sie Silvio um Hilfe, ohne zu begreifen, dass sie damit auch ihn verrät und sein Todesurteil spricht. Auch Silvio stirbt unter den Messerstichen Canios.

Wie gelähmt hat das Publikum diese echte Tragödie verfolgt, in die sich auf einmal die Komödie verwandelt hat. Einige beherzte Bauern wollen sich auf den Mörder stürzen, doch dessen Lebenskraft ist gebrochen. Willenlos und verzweifelt lässt er sich gefangen nehmen.

Ruggiero Leoncavallo

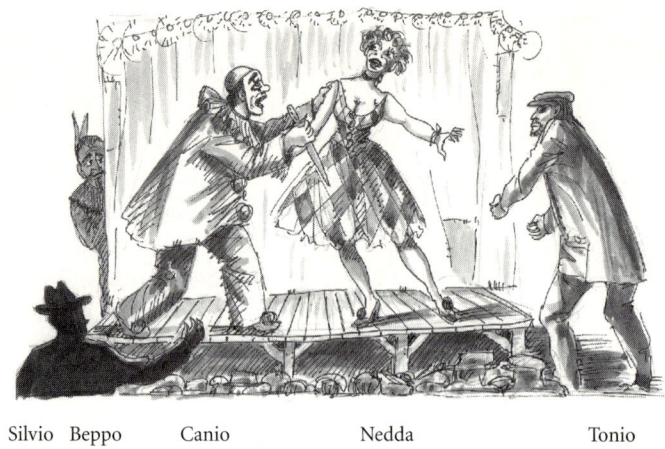

Silvio Beppo   Canio   Nedda   Tonio

Hinweise

›Der Bajazzo‹ bildet oft gemeinsam mit ›Cavalleria rusticana‹ einen ganzen Opernabend. Diese Tradition scheint sich gut bewährt zu haben
und für diese Verbindung spricht tatsächlich manches: Zunächst einmal
hatte Leoncavallo seine Oper genau beim gleichen Preisausschreiben ein-
gereicht, bei dem dann Mascagnis ›Cavalleria‹ den ersten Preis gewann.
›Der Bajazzo‹ konnte leider nicht gewertet werden, weil das Werk entgegen den Wettbewerbsbestimmungen zweiaktig angelegt war. Es wurde
dann jedoch ein ebenso großer Welterfolg. Außerdem kann man beide
Stücke recht gut in der gleichen Dekoration ein und desselben italienischen Dorfes spielen. Auch die wirklichkeitsgetreue Art und Weise, in der
uns hier Liebe, Eifersucht und Mord, also eine Tragödie unter einfachen
Menschen, vorgeführt werden, ist bei beiden Opern sehr ähnlich (in der
Fachsprache nennt man diesen Stil »Verismo« – wie die Wirklichkeit
mit all ihren Schönheiten, aber auch Grausamkeiten). Ähnlich wie in
›Cavalleria rusticana‹ beherrscht die weit geschwungene, leidenschaftliche italienische Gesangsmelodie (Belcanto) die Musik, und die Haupt-

darsteller vertreten zugleich die typischen Stimmfächer der italienischen Oper.

Ohne Pause gehen der Prolog und die beiden durch ein Zwischenspiel (Intermezzo) verbundenen Akte ineinander über; es handelt sich also um eine so genannte durchkomponierte Oper, wie sie im späteren 19. Jahrhundert unter dem Einfluss Richard Wagners üblich war.

Zunächst stellt uns das Orchester in einem kurzen Vorspiel die Welt der Komödianten vor – lebenslustig und temperamentvoll im ersten Motiv:

Und leidenschaftlich mit einer zweiten Melodie:

Dann folgt sofort jener gesungene Prolog (Vorspruch), in dem Canio vor Beginn der eigentlichen Handlung dem Publikum erläutert, wie schwer und undankbar die Aufgabe des Künstlers ist: Er muss nämlich hinter einer Maske der Fröhlichkeit seine eigenen alltäglichen Sorgen und Probleme verstecken. Zugleich erklärt er – sozusagen stellvertretend für den Schöpfer dieser Oper – die künstlerischen Absichten des Komponisten und Textdichters. Am Ende des 1. Aktes, wenn sich die Tragödie bereits ankündigt, kommt Canio in seinem Lied noch einmal voller Verzweiflung auf diese Thematik zurück:

Hüll dich in Tand nur und schmin - ke dein Ant - litz

Die Handlung beruht übrigens auf einer wahren Begebenheit, die Leoncavallo im kalabrischen Dorf Montalto im Alter von sieben Jahren als Zuschauer miterlebt hat.

Ein raffinierter und in der langen Geschichte des Theaterspiels immer wieder bewährter Trick ist das »Spiel im Spiel« im 2. Akt, die »Bühne auf der Bühne«. Hier greift Leoncavallo auf die altüberlieferten Figuren der italienischen Stegreifkomödie (Commedia dell'arte) zurück: auf Bajazzo, Harlekin und Colombine, deren entfernte deutsche Verwandte wir als Hanswurst und Kasperle kennen.

Auch musikalisch unterscheidet sich diese künstliche Welt der Bretterbühne von der alltäglichen Umgebung. Es erklingen beispielsweise zum Spiel der Komödianten altertümliche Tänze wie Menuett, Gavotte und Sarabande, die sich wirkungsvoll von den moderneren Klängen des 19. Jahrhunderts abheben.

Engelbert Humperdinck
(1854–1921)

Hänsel und Gretel

Märchenspiel in drei Bildern

- Text: von Adelheid Wette
- Aufbau: Ouvertüre und drei durchkomponierte Bilder
- Uraufführung: am 23. Dezember 1893 in Weimar unter Leitung von Richard Strauss
- Spieldauer: etwa 2 Stunden

Besetzung

Vater Peter, Besenbinder	*Bariton*
Mutter Gertrud, seine Frau	*Mezzosopran*
Hänsel, deren Sohn	*Mezzosopran*
Gretel, deren Tochter	*Sopran*
Knusperhexe	*Mezzosopran / Tenor*
Sandmännchen	*Sopran*
Taumännchen	*Sopran*
Kinder	*Chor*
Die vierzehn Engel	*Ballett*

Handlung

 Jeder von uns kennt das Grimmsche Märchen von Hänsel und Gretel und so ähnlich verläuft auch die Geschichte in dieser Oper. Da es aber einige Abweichungen gibt, erzählen wir die Handlung am besten noch einmal nach.

 Zwei arme Besenbinderleute, Vater Peter und Mutter Gertrud, wohnen in einer dürftigen kleinen Hütte am Waldrand. Sie haben zwei kleine Kinder, einen Jungen und ein Mädchen – Hänsel und Gretel. Diese beiden stören sich gar nicht an den ärmlichen Verhältnissen, sondern spielen fröhlich miteinander. Auch wenn der Hunger noch so groß ist, singen sie doch ihre Lieder und vergessen darüber gar zu gern ihre Arbeit.

Heute Abend gibt es etwas Besonderes: Die Nachbarin hat ihnen Milch geschenkt; es wird Reisbrei zu essen geben! Vor Freude tanzen die beiden in der Stube herum. – Müde kommt die Mutter von der Arbeit heim. Zornig weist sie die Kinder zurecht, weil Gretel nicht mit ihrem Strickstrumpf fertig ist und Hänsel seinen Besen nicht gebunden hat. In ihrem Ärger stößt sie auch noch den Milchtopf vom Tisch – nun haben sie kein Abendessen! Der Vater ist ohnehin noch nicht daheim; also werden die beiden Kinder schnell in den Wald geschickt, um Erdbeeren zu pflücken. Traurig und erschöpft setzt sich die Mutter an den Tisch und schläft auch gleich vor Müdigkeit ein.

Aber was ist denn nur mit Vater los? Schon von weitem hört man ihn vergnügt singen, wie es doch sonst nicht seine Art ist! Er scheint sogar ein Gläschen über den Durst getrunken zu haben. Verwundert reibt sich die Mutter die Augen. Schon will sie mit ihm schimpfen: Der geht einfach ins Wirtshaus und wir müssen hungern. – Aber nein, heute ist ein Glückstag! Er hat alle seine Besen verkauft, weil man drüben hinterm Herrenwald große Feste vorbereitet und deshalb viele Besen zum Reinemachen braucht. Wurst, Butter, Speck und viele andere gute Sachen hat er mitgebracht. Da stutzt der Vater: Wo sind

Mutter Gertrud   Hänsel   Gretel

denn die Kinder? Gar im dunklen Wald, jetzt am Abend? Wenn sie sich nun verirren? Dann fängt sie doch die böse Hexe am Ilsenstein! Daran hat die Mutter vorhin in ihrem Zorn überhaupt nicht gedacht. Schnell machen sich die besorgten Eltern auf, um ihre Kinder zu suchen.

 Hänsel und Gretel pflücken tief im Wald, ganz nah beim Ilsenstein, Erdbeeren. Sie haben gar nicht auf die Zeit geachtet: Schon glüht das Abendrot zwischen den Bäumen und endlich ist das Körbchen voll. Gretel hat ein Hagebuttenkränzlein geflochten, das ihr der Bruder auch gleich aufs Haar drückt. Still ist's im Wald; nur der Kuckuck ruft – der Eierdieb! Gleich ahmen die Kinder nach, wie der Kuckuck Eier aus fremden Nestern stiehlt und auffrisst: Gretel steckt dem Bruder eine Beere in den Mund, dann Hänsel der Schwester und so fort, bis auf einmal das ganze Körbchen leer ist. Da merken die Kinder, wie dumm sie im Spiel gewesen sind. Nun wird es auch noch dunkel. Wo sollen sie denn jetzt noch neue Beeren herbekommen? Und den Heimweg finden sie auf einmal auch nicht mehr: Alle Büsche und Bäume sehen in der Dämmerung so verändert, so unheimlich aus! Ihrem ängstlichen Rufen antwortet nur das Echo. Nebelschwaden steigen auf und sie kauern sich verschüchtert unter eine große Tanne.

Da taucht unversehens aus dem Nebel das Sandmännchen mit seinem Säckchen auf und streut ihnen Sand in die Augen. Schnell werden die Kinder ganz schlaftrunken, beten noch ihren Abendsegen, wie sie es daheim gewöhnt sind, legen sich nebeneinander aufs weiche Moos und schlafen Arm in Arm ein.

Inzwischen ist es tiefe Nacht geworden. Plötzlich fällt von oben herab ein heller Strahl. Eine leuchtende Treppe scheint geradewegs vom Himmel herabzuführen. Vierzehn Engel steigen leise hinunter und stellen sich schützend um die schlafenden Kinder, so wie es im Abendsegen beschrieben wird: »Abends will ich schlafen gehn, vierzehn Engel um mich stehn.«

Im Schutz der Engel haben Hänsel und Gretel sanft die ganze Nacht geschlafen. Am frühen Morgen heben sich langsam die Nebel und im ersten Licht des neuen Tages weckt das Taumännchen die beiden Kinder. Verwundert reiben sie sich die Augen und begreifen erst gar nicht, wo sie sind. Sie erzählen sich gegenseitig von ihrem Traum. Wie seltsam – beide träumten genau dasselbe: von einer goldenen Himmelsleiter mit vierzehn Englein!

Der letzte Nebelschleier zerreißt und im Strahl der aufgehenden Sonne sehen die Kinder auf einmal das Knusperhäuschen – über und über aus Kuchen, umgeben von einem Zaun aus lauter Lebkuchen. Da spüren sie ihren Hunger. Sie fassen sich ein Herz und brechen sich Kuchenstücke vom Häuschen ab. Eine Stimme tönt aus dem Inneren: »Knusper, knusper Knäuschen, wer knuspert mir am Häuschen?« Die Kinder antworten: »Der Wind, der Wind, das himmlische Kind!« und lassen sich nicht stören. Sie merken nicht einmal, dass die Knusperhexe herausgeschlichen kommt und Hänsel einen Strick um den Hals legt. Erst als die Hexe ihr grelles Lachen ausstößt, blicken sie ganz erschrocken auf.

Die Alte verstellt ihre garstige Stimme und versucht die beiden ins Knusperhaus zu locken, doch Hänsel befreit sich aus der Schlinge. Sie glauben der bösen Hexe kein Wort und wollen gerade fortlaufen, da bannt ein Zauberspruch sie auf der Stelle fest. Mit ihrem glühenden Zauberstab verhext die Alte die Kinder, sodass sich Hänsel ganz willenlos von ihr in einen Käfig sperren lassen muss. Dort fängt sie sogleich an, ihn mit Mandeln und Rosinen zu füttern. Wenn er so richtig rund und fett geworden ist, will sie ihn aufessen!

| Gretel | Knusperhexe | Hänsel |

Nun löst die Hexe Gretels Gliederstarre mit einem Spruch, schickt das Mädchen ins Haus und heizt schon einmal den großen Backofen richtig an. In wilder Vorfreude auf den Braten greift sie sich ihren Hexenbesen und reitet ausgelassen ums Haus herum. Gretel aber war schlau und hat sich den Zauberspruch gemerkt, mit dem die Alte sie vorhin wieder entzaubert hat. Den wendet Gretel nun heimlich bei ihrem Bruder an, sodass er sich selbst aus dem Käfig befreien kann.

Da ruft die Hexe gierig nach Gretel: »Komm, schau einmal in den Backofen, ob die Lebkuchen schon braun sind!« Gretel stellt sich dumm: Die Hexe soll es ihr doch vormachen! Als diese nichts ahnend ihren Kopf in den Ofen steckt, geben ihr Hänsel und Gretel einen Stoß, sodass sie hineinstolpert. Schnell werfen sie die Ofentür hinter ihr zu.

Jubelnd fallen sich die Kinder um den Hals und tanzen zum Knusperhaus hinüber, wo sie alle süßen Herrlichkeiten probieren. Da – eine hohe Flamme schlägt aus dem Ofen und mit einem gewaltigen Krach stürzt er in sich zusammen. Um sie herum aber stehen auf einmal viele Kinder; sie waren alle von der Hexe in Lebkuchen verzaubert worden. Jetzt sind sie erlöst, befreit für alle Zeit!

Aus dem Wald hört man die Stimme des Vaters. Endlich haben die Eltern ihre Kinder wiedergefunden und sind überglücklich. Unterdessen haben einige Kinder die Hexe aus den Trümmern des Backofens gezogen: Sie ist zu einem riesigen Lebkuchen geworden! Nun steht sie stumm mitten auf der Wiese vor dem Knusperhaus. Alle sind fröhlich, nur der Vater ist doch ein wenig nachdenklich geworden: »Wenn die Not aufs Höchste steigt, Gott der Herr die Hand uns reicht!«

Hinweise

Eigentlich sollte ›Hänsel und Gretel‹ gar keine große Oper werden. Humperdincks Schwester Adelheid Wette wollte lediglich ein Märchenspiel für Kinder schreiben, mit ein paar bekannten Kinderliedern nach Art eines Singspiels. Aber Humperdinck machte dann die Arbeit so großen Spaß, dass daraus unter seinen Händen unversehens eine anspruchsvolle Oper wurde. So kam es auch, dass die beiden Rollen von Hänsel und Gretel nicht von Kindern, sondern von ausgebildeten erwachsenen Sängern übernommen werden müssen, die den Schwierigkeiten dieser Partien gewachsen sind. Die Uraufführung in Weimar leitete ein damals noch junger, später weltberühmter Komponistenkollege Humperdincks, nämlich Richard Strauss, der in den folgenden Jahren eine Reihe bedeutender Opern schreiben sollte (siehe Seite 323ff.).

Humperdinck war ein begeisterter Verehrer Richard Wagners und so orientierte er sich bei der Komposition von ›Hänsel und Gretel‹ in man-

cherlei Hinsicht an seinem großen Vorbild. Er verwendete wie Wagner ein sehr großes Orchester mit zahlreichen Holz- und Blechblasinstrumenten und mischte die Klangfarben ebenso raffiniert. Auch »Leitmotive« finden sich hier wie bei Wagner, also musikalische Themen, die zu bestimmten Personen und Situationen gehören und häufig wiederkehren. Und doch wäre es falsch, von einer bloßen Nachahmung Wagners zu sprechen; Wagners musikalische Neuerungen sind vielmehr aufgegangen im eigenen, unverwechselbaren Stil Humperdincks.

So hat er mit seiner eigenen musikalischen Sprache überzeugend die Poesie des Waldes eingefangen (2. Bild). Und es ist auch bewundernswert, wie selbstverständlich sich in diese so komplizierte Musik drei richtige Volks- und Kinderlieder einfügen: »Suse, liebe Suse«, »Brüderchen, komm tanz mit mir« und »Ein Männlein steht im Walde«. Man hat bei dieser Oper den Eindruck, als kämen noch viel mehr Volkslieder in ihr vor; manche andere Melodie, die so ähnlich klingt, ist aber in Wirklichkeit vom Komponisten selbst erfunden und verschmilzt bruchlos mit der volkstümlich-märchenhaften Stimmung. Ein solches Beispiel ist der bekannte Abendsegen im 2. Bild:

Hänsel und Gretel:

A - bends will ich schla - fen gehn, vier - zehn Eng - lein um mich stehn ...

Das Vorspiel zur Oper verwendet bereits einige Themen aus den drei Bildern (Abendsegen, Knusperhexe, Furcht und Freude der Kinder). Das Vorspiel zum 2. Bild kann auch als Zwischenspiel eingesetzt werden; dann gibt es keine Pause zwischen dem 2. und 3. Bild (statt Aufzügen oder Akten spricht Humperdinck von »Bildern«).

›Hänsel und Gretel‹ ist Humperdincks bekanntestes Bühnenwerk. Sein Melodram ›Die Königskinder‹ arbeitete der Komponist zu einer Märchenoper um (1910).

Giacomo Puccini

(1858–1924)

La Bohème

Oper in drei Aufzügen

- Text: von Giuseppe Giacosa und Luigi Illica
- Aufbau: drei durchkomponierte Aufzüge
- Uraufführung: am 1. Februar 1896 in Turin unter der Leitung von Arturo Toscanini
- Spieldauer: 2 ½ Stunden

Besetzung

Rudolfo, Dichter	*Tenor*
Schaunard, Musiker	*Bariton*
Marcel, Maler	*Bariton*
Collin, Philosoph	*Bass*
Bernard, der Hausherr	*Bass*
Mimi	*Sopran*
Musette	*Sopran*
Parpignol	*Tenor*
Alcindor	*Bass*
Sergeant der Zollwache	*Bass*

Studenten, Näherinnen, Hutmacherinnen, Bürger, Verkäufer, Hausierer, Soldaten, Kellner, Kinder	*Chor*

Die Handlung

 Künstler, Maler, Poeten – werden sie nicht von aller Welt um ihr freies und ungebundenes, lockeres und ausgelassenes Leben beneidet? »Bohème« – das lässt an ein In-den-Tag-hinein-Leben, an ungezwungenes Miteinander, eben Künstlerleben denken. Doch der zufällige Blick hinter die so lebensfrohe Fassade enthüllt oft Sorgen und Armut.

 Um das Jahr 1830 wohnen in einem großen Pariser Miets-haus, ganz oben unterm Dach in einer kleinen Mansarde, vier Künstler: der Dichter Rudolfo, der Maler Marcel, der Musiker Schaunard und ein Philosoph, Collin. Es ist Heiliger Abend; doch da alle vier bettelarm sind, haben sie nicht einmal Holz zum Heizen. So bitterkalt ist es dort oben, dass man nicht arbeiten kann. Marcel möchte in seinem Zorn einen Stuhl in den Ofen stecken, doch Rudolfo kommt ihm zuvor und verheizt das Manuskript eines seiner Theaterstücke. – Erfolg hatte er damit ohnehin nicht! Auch Collin kommt enttäuscht herein; er wollte einen Stapel Bücher ins Leihhaus bringen, doch es war schon geschlossen.

Da überrascht sie der ausgelassene Schaunard und rettet den Weih-nachtsabend, denn er bringt Essen, Trinken und Brennholz mit – und obendrein noch Geld. Er erzählt den Freunden eine lustige Geschichte, wie er das Geld verdient hat: Drei Tage lang musste er für einen ver-rückten reichen Engländer musizieren, um den Papagei dieses Mannes mit seinen Tönen umzubringen. Der Vogel wollte jedoch nicht sterben und so musste Schaunard ihn heimlich vergiften. Der ahnungslose Engländer belohnte ihn reichlich. Jetzt will Schaunard mit den Freun-den endlich feiern gehen – ins Quartier Latin, das Pariser Künstler-und Studentenviertel. Doch zuvor treiben die vier noch ihren Schaber-nack mit dem Hauswirt, der kam, um die überfällige Miete einzutrei-ben. In übermütiger Stimmung brechen dann alle auf – außer Rudolfo, der noch schnell einen Zeitungsaufsatz fertig schreiben möchte. Doch dabei wird er gestört: Es klopft ganz zaghaft; ein zierliches hübsches Mädchen steht vor der Tür. Sie bittet ihn um ein Streichholz für ihre Kerze; dabei wird sie von einem heftigen Hustenanfall geschüttelt.

Nachdem sie sich erholt hat, muss sie Rudolfo gleich noch einmal um einen Gefallen bitten: Sie hat ihren Zimmerschlüssel verloren und beim Licht der Kerzen suchen sie den Boden ab. Da bläst der Wind die Flammen aus und auf einmal berühren sich ganz zart und scheu ihre Hände. Sehr schnell finden sie Gefallen aneinander und Rudolfo lädt Mimi – so hat sie sich gerade vorgestellt – ein, mit ins Café Momus zu kommen. Ungeduldig tönen von der Straße auch schon die Stimmen der drei Freunde herauf.

Rudolfo   Mimi

Im Quartier Latin ist fröhliche Festtagsstimmung. Unbekümmert geben die Freunde mit vollen Händen ihr Geld aus. Jeder kauft irgendetwas Hübsches, Überflüssiges. Rudolfo schenkt Mimi ein rosa Hütchen. Dann lassen sie sich im Café Momus nieder und Rudolfo macht Mimi endlich mit seinen Freunden bekannt. Nur Marcel ist nicht in Feierlaune. Die lustigen Sprüche der Kameraden gehen ihm auf die Nerven. Seine Miene hellt sich erst auf, als seine frühere Freundin Musette am Arm eines vornehmen älteren Herrn vorbeistolziert. Sie hat Marcel eigentlich verlassen, weil er so arm ist, aber das Leben an der Seite des Alten behagt ihr gar nicht. So lenkt sie kokett Marcels Aufmerksamkeit auf sich, der zuerst eine Weile kühl und unnahbar tut. Musette aber merkt sogleich, wie sehr er sich verstellt. Sie schickt ihren Verehrer mit einem erfundenen Auftrag weg und schon fallen sich Musette und Marcel glücklich in die Arme. Inzwischen marschiert die Wache auf und die Künstler ziehen mit, Musette fröhlich auf ihren Schultern tragend. Der reiche Herr findet nur noch einen leeren Tisch – und darauf die Rechnung, die er bezahlen darf. Die Schuhe, die er für Musette besorgen sollte, hat er umsonst mitgebracht.

 Inzwischen ist es Februar geworden, Marcel und Musette wohnen wieder zusammen in einer kleinen billigen Pension. Draußen ist es bitterkalt, Mimi kommt hustend und ganz verzweifelt zu Marcel und klagt über Rudolfos grundlose Eifersucht. Marcel rät ihr zur Trennung, wenn es gar zu unerträglich würde. Als Rudolfo auftaucht, versteckt sich Mimi ganz schnell. Er gibt zu, dass ihn Eifersucht quält, aber noch mehr macht ihm Mimis Krankheit Sorge. Auch er denkt an Trennung. Als Mimi es nicht länger in ihrem Versteck aushält, kommt es zu einer rührenden Wiedersehens- und Trennungsszene. Unterdessen geraten sich Marcel und Musette fürchterlich in die Haare und gehen im Zorn ebenfalls auseinander.

Rudolfo und Marcel arbeiten, jeder still für sich, in ihrer kalten Dachkammer. Zwischendurch erzählen sie sich, was sie dieser Tage erlebt haben: Rudolfo hat Musette in einer prächtigen Kutsche vorbeifahren sehen und Marcel ist Mimi begegnet, der es auch gut zu gehen schien. Dann hängen beide wehmütig ihren Erinnerungen nach: Jeder denkt insgeheim an sein liebes Mädchen, ohne es dem Freund gegenüber zuzugeben. Collin und Schaunard kommen herein und sorgen mit ihrer guten Laune für Abwechslung.

Rudolfo   Mimi   Musette   Marcel

Sie haben zwar nur trockenes Brot und einen Hering aufgetrieben, aber diese billigen »Requisiten« genügen ihnen, um sich ein Festmahl vorzugaukeln. Die Stimmung wird immer ausgelassener, man lacht, tanzt und streitet ein bisschen, aber doch mehr zum Schein. Im Duell benutzen sie Kohle, Schaufel und Feuerzange.

Jäh schlägt die gute Laune um, als Musette völlig unerwartet hereinplatzt und die todkranke Mimi ankündigt, die sich hinter ihr die steile Treppe heraufgeschleppt hat. Rudolfo nimmt sein Mädchen zart in die Arme und bereitet ihr ein weiches Lager. Musette schickt Marcel mit ihren Ohrringen fort, um dafür Medizin zu kaufen. Den Doktor soll er auch gleich mitbringen. Sie selbst will einen warmen Muff für Mimi besorgen, den sich das Mädchen so sehnlich wünscht. Und Collin will seinen warmen Mantel im Leihhaus gegen Geld eintauschen; Schaunard geht still mit hinaus.

Rudolfo und Mimi sind nun ganz allein und gestehen sich noch einmal ihre Liebe; er holt sogar das rosa Hütchen von damals hervor und sie denken an ihr erstes Treffen. Ein schrecklicher Hustenanfall quält Mimi, als nach und nach die Freunde mit ihren guten Gaben zurückkehren. Besonders glücklich ist Mimi über den Muff von Musette, die sie großzügig im Glauben lässt, er sei von Rudolfo. Ruhig schläft die Kranke ein. Rudolfo zieht behutsam die Vorhänge zu und Musette betet. Leise schaut Schaunard zum Krankenlager, wo es so still geworden ist. Er erkennt als Erster, dass Mimi soeben sanft verschieden ist. Rudolfo hebt den Kopf und sieht die betretenen Mienen der Freunde; sie beraten flüsternd, wie sie ihm die schreckliche Wahrheit beibringen sollen. Da begreift auch er, was geschehen ist, und bricht schluchzend über der toten Freundin zusammen.

Hinweise

Wie zahlreiche andere Opern des 19. Jahrhunderts geht auch das Libretto zu Puccinis ›La Bohème‹ auf ältere Textvorlagen zurück. Bereits um die Mitte des Jahrhunderts gab es einen heute weitgehend vergessenen französischen Roman mit dem Titel ›Szenen aus dem Leben der Bohème‹. 1849 entstand daraus ein Theaterstück. Außer Puccini komponierte auch Leoncavallo, der Komponist des populären ›Bajazzo‹ (siehe Seite 278), eine ›Bohème‹. Seine Oper wurde jedoch nicht annähernd so bekannt und berühmt wie Puccinis gleichnamiges Werk.

Anders als bei ›Madame Butterfly‹ oder ›Tosca‹ erleben wir in ›La Bohème‹ keine große leidenschaftliche Tragödie. Es gibt auch keine dramatischen Konflikte mit Intrige und Mord. Die großartige Wirkung von ›La Bohème‹ beruht vielmehr auf der meisterhaften und liebevollen musikalischen Schilderung des Pariser Künstlerlebens mit seinen alltäglichen Stimmungsmomenten von Freude und Leid, Freundschaft und Liebe, Krankheit und Tod. Dicht nebeneinander erklingen in dieser Musik – getreu dem Textbuch folgend – zarte Passagen voller Poesie und Verliebtheit neben Augenblicken der Lebenslust, der Heiterkeit und der Komik. Im rechten Moment findet Puccini auch den großen Melodiebogen der Leidenschaft, etwa in der sich allmählich entwickelnden Liebesszene zwischen Mimi und Rudolfo am Ende des 1. Aktes:

Zu den schönsten Stimmungsbildern der ganzen Operngeschichte gehört im 2. Aufzug die Schilderung des weihnachtlichen Treibens im Quartier Latin: Hier kann es gar nicht zu großen Soloszenen oder Duetten kommen; stattdessen ist die ganze Szene im Grunde ein einziges langes Gesangsensemble. Im Mittelpunkt des Bildes erklingt der berühmte »Musette-Walzer«:

Der denkbar größte Stimmungsgegensatz dazu ist der Anfang des 3. Bildes mit seiner melancholischen Winteratmosphäre, die bereits auf das traurige Ende vorausdeutet.

Im letzten Bild wird dann besonders deutlich, wie Puccini seine Komposition aus lauter kleinen einprägsamen Motiveinfällen zusammensetzt, die alle schon in der Oper erklungen sind und nun am Ende von Mimis Leben und in der trostlosen Umgebung an vergangene, glücklichere Zeiten erinnern. Man könnte hier eher von zurückweisenden »Erinnerungsmotiven« sprechen als von »Leitmotiven« wie in Wagners Opern. Im Übrigen erinnert die Handlung dieser letzten Szene an Verdis ›La Traviata‹ mit ihrem ähnlich traurigen Schluss, dem Tod der weiblichen Hauptfigur durch Schwindsucht; die Musik allerdings ist von völlig anderer Art.

Giacomo Puccini
(1858–1924)

Tosca

Musikdrama in drei Aufzügen

- Text: von Luigi Illica und Giuseppe Giacosa (nach Victorien Sardou)
- Aufbau: drei durchkomponierte Akte
- Uraufführung: am 14. Januar 1900 in Rom
- Spieldauer: 2 ½ Stunden

Besetzung

Floria Tosca, berühmte Sängerin	*Sopran*
Mario Cavaradossi, Maler	*Tenor*
Baron Scarpia, Chef der Polizei	*Bariton*
Cesare Angelotti	*Bass*
Der Messner	*Bass*
Spoletta, Agent der Polizei	*Tenor*
Sciarrone, Gendarm	*Bass*
Ein Schließer	*Bass*
Ein Hirt	*Knabenstimme (Sopran)*
Ein Kardinal	*Stumme Rolle*
Der Staatsprokurator	*Stumme Rolle*
Roberti, Gerichtsbüttel	*Stumme Rolle*
Ein Schreiber	*Stumme Rolle*
Ein Offizier	*Stumme Rolle*
Ein Sergeant	*Stumme Rolle*

Soldaten, Bürger, Volk, Geistliche,
  Ordensbrüder, Chorschüler, Kapellsänger *Chor*

Die Handlung

 Diese Oper spielt in Rom um 1800 und die Bauwerke, in denen sich die Handlung ereignet, gibt es tatsächlich. Bekannt ist vor allem die Engelsburg mit ihren Verliesen und Waffenkammern. Sie steht am Ufer des Tiber, unweit des Petersdomes, und stammt aus dem 2. Jahrhundert n. Chr. Ein riesiges Standbild, das den Erzengel Michael darstellt, krönt sie. Der letzte Akt der Oper spielt auf dem weitläufigen Dach der Engelsburg; deshalb sieht man die Kolossalstatue auf der Bühne meistens von hinten.

 Wir befinden uns im Inneren der Kirche Sant' Andrea della Valle. Der Raum ist menschenleer und still. Da tritt, völlig abgehetzt, ein Mann in Gefängniskleidung ein. Er scheint etwas zu suchen – und richtig: An einem Pfeiler findet er einen Schlüssel, den seine Schwester dort für ihn versteckt hat. Schnell schließt er sich in der benachbarten kleinen Kapelle ein, gerade rechtzeitig, um nicht dem Messner in die Arme zu laufen. Der hat einige Pinsel in der Hand, denn tagsüber malt hier Mario Cavaradossi, der berühmte Künstler, ein Altarbild. Gerade kommt dieser zurück, um sich wieder an die Arbeit zu machen.

Der Messner betrachtet das Gemälde und entdeckt große Ähnlichkeit zwischen Maria Magdalena auf der Leinwand und jener unbekannten Schönen, die hier in letzter Zeit häufig gebetet hat. Der Maler jedoch meint, das Bildnis ähnele viel eher seiner Geliebten, der Sängerin Floria Tosca. Rasch stellt der Messner einen Korb mit Speisen bereit, bevor er den Künstler allein lässt.

Vorsichtig schaut der Fremde aus der Kapelle hervor. Cavaradossi stutzt erst, dann begrüßt er ihn überrascht und erfreut: Es ist Angelotti, der ehemalige Konsul von Rom, den der Polizeichef Scarpia in die Engelsburg hat sperren lassen. Nun ist ihm die Flucht gelungen, doch Scarpias Häscher sind sicher schon auf seiner Spur.

Da hört man draußen Toscas Stimme. Cavaradossi drängt Angelotti zurück in sein Versteck und gibt ihm schnell noch den Essenskorb mit. Dann lässt er Tosca herein; sie ist ziemlich verwundert, dass ihr Geliebter so lange mit dem Öffnen der Tür gezögert hat. Schnell erwacht ihre Eifersucht: Warum hat er sich überhaupt eingeschlossen? Als ihr Blick auf das neue Altarbild fällt, meint sie, eine verblüffende Ähnlichkeit mit der Gräfin Attavanti festzustellen. Cavaradossi kann sie kaum beruhigen; er macht ihr feurige Liebeserklärungen und drängt sie doch zugleich zum Verlassen der Kirche – er hat viel zu arbeiten! Sie verabreden sich für den Abend nach Toscas Opernvorstellung.

Tosca   Cavaradossi

Angelotti kommt aus der Kapelle. Die Zeit drängt. Schon tönt drohend ein Kanonenschuss von der Engelsburg herüber und verkündet die Flucht des Gefangenen. Cavaradossi nimmt den Geflohenen schnell mit, um ihn nahe seines eigenen Hauses fürs Erste zu verstecken.

Als der Messner wiederkommt, ist die Kirche leer – und er wollte dem Maler doch so gerne die Siegesmeldung Melas über Bonaparte mitteilen! So macht er sich mit seinen Chorsängern und jungen Geistlichen an die Vorbereitungen der Siegesfeier, an der natürlich auch die

Kirche beteiligt sein will. In ihrer Ausgelassenheit riskieren sie sogar ein kleines Tänzchen.

Plötzlich stürmen der gefürchtete Baron Scarpia und seine Soldaten in die Kirche und durchsuchen alle Altäre und Nischen. Bald finden sie den leeren Korb und obendrein einen Fächer, dessen Wappen auf die Familie Attavanti hinweist. Zufällig kommt auch Tosca noch einmal zurück, um ihrem Mario eilig Genaueres über das abendliche Rendezvous zu sagen. Scarpia hat schon immer ein Auge auf Tosca geworfen, nun wittert er seine Chance: Er weckt mit dem Fächer schnell ihre Eifersucht – das kann doch nur bedeuten, dass Cavaradossi sich hier mit der Gräfin Attavanti heimlich getroffen hat! Schon triumphiert Scarpia: Er wird Tosca endlich erobern und zugleich Cavaradossi aus dem Weg räumen! Heimlich schickt er ihr Soldaten nach und wendet sich dann in geheuchelter Aufmerksamkeit dem Tedeum zu, das inzwischen begonnen hat.

Scarpia ist ein eiskalter, brutaler Machtmensch, der vor keiner Intrige und vor keinem Verbrechen zurückschreckt, obwohl er sich äußerlich als vollendeter Kavalier aufspielt. Nun wartet er ungeduldig im Palazzo Farnese auf seinen Agenten Spoletta, der ihm alsbald furchtsam gesteht, dass Angelotti leider entkommen ist. Den Maler aber hat er verhaftet. Scarpia lässt ihn sich sogleich vorführen und befragt Cavaradossi in Anwesenheit des Richters nach Angelottis Versteck. Durch das offene Fenster hört man Toscas Stimme, die an der Siegeskantate im benachbarten Palast der Königin mitwirkt. Cavaradossi gibt vor, nichts von Angelotti zu wissen, und Scarpia überantwortet ihn seinen Folterknechten. Tosca, die er benachrichtigt hat, kommt gerade rechtzeitig, um miterleben zu müssen, wie ihr Geliebter abgeführt wird. Alsbald ertönen seine Schmerzensschreie aus der Folterkammer und unbarmherzig zwingt Scarpia sie zuzuhören.

Der Maler bleibt standhaft, Scarpia befiehlt Folterverschärfung, und Tosca gibt schließlich auf einen markerschütternden Schrei Cavaradossis hin das Geheimnis preis, wo sich Angelotti versteckt hält. Ohnmächtig wird der Maler hereingetragen, langsam kommt er zu sich und begreift entsetzt Toscas Verrat. Da stürzt der Polizist Sciarrone atemlos herein und meldet einen unerwarteten Sieg Bonapartes, woraufhin Cavaradossi sich völlig vergisst und ein Triumphlied anstimmt. Empört lässt Scarpia ihn abführen.

Nun wendet er sich mit falscher Freundlichkeit an Tosca: Ihr Freund hat sein Leben verwirkt, vielleicht wüsste sie ja eine Lösung für ihn …? Sie bietet ihm Geld, doch er lehnt verächtlich ab. Bei einer so schönen Frau gibt es für ihn nur einen Preis: Liebe!

Zwischendurch schaut Spoletta herein und meldet zweierlei: Man habe Angelotti gefunden, aber tot, denn er habe sich umgebracht, und man sei dabei, die Hinrichtung des Malers vorzubereiten. Tosca hat alles mit angehört. In ihrer Verzweiflung nickt sie Scarpia ihr Einverständnis zu, sein Begehren zu erfüllen. Der gibt seinem Agenten einen Befehl, begleitet von einem vielsagenden, bedeutungsvollen Blick: Cavaradossi soll – aufgrund von Toscas Versprechen – nur zum Schein hingerichtet werden; Spoletta wisse ja schon – wie seinerzeit beim Grafen Palmieri … Dann unterschreibt Scarpia für Tosca und Cavaradossi einen Passierschein, mit dem sie gemeinsam fliehen können. Tosca steht neben dem Schreibtisch. Wie zufällig fällt ihr Blick auf einen Dolch, der dort liegt. Sie ergreift ihn – ohne Überlegung, fast wie im Traum. Als sich Scarpia nun voller Erwartung mit offenen Armen zu ihr wendet, stößt sie ihm das Messer ins Herz. Neben den Leichnam stellt sie zwei Leuchter, legt ihm ein Kruzifix auf die Brust und vergisst auch nicht, ihm den Passierschein aus seiner schon starren Hand zu ziehen. Man hört einen fernen Trommelwirbel. Eilig verlässt sie den Ort des Schreckens.

3 Im frühen Morgengrauen treffen Soldaten auf dem ausgedehnten flachen Dach der Engelsburg die Vorbereitungen zur Hinrichtung. Ein schöner Tag kündigt sich an. Aus der Ferne hört man den zarten Gesang eines Hirten, und die Glocken von allen Kirchen Roms läuten friedlich den Morgen ein. Soldaten führen

Cavaradossi herein; er übergibt dem Türschließer einen Abschiedsbrief an die Geliebte, dann überwältigt ihn die Erinnerung. Da bringt Spoletta Tosca und glücklich liegen sich die beiden in den Armen. Sie erklärt ihm schnell die verabredete Scheinhinrichtung und ermahnt ihn, gut zu schauspielern, damit niemand Verdacht schöpft.

Das Erschießungskommando marschiert auf, lädt die Gewehre, die Salve kracht und Tosca – immer noch ahnungslos – staunt, wie geschickt und täuschend echt ihr Geliebter zu Boden gefallen ist. Die Soldaten entfernen sich, endlich kann Tosca hinübereilen und – begreift auf einmal Scarpias Betrug: Tot liegt Cavaradossi in einer Blutlache.

In der Engelsburg beginnt es zu rumoren, denn man hat offenbar den Leichnam Scarpias gefunden und hält Tosca für die Mörderin. Schon stürzen Soldaten auf die Plattform, um sie zu verhaften. Tosca aber schwingt sich auf die Brüstung und stürzt sich verzweifelt hinab in den Abgrund.

Cavaradossi   Soldaten   Tosca

Hinweise

›Tosca‹ bezeichnet man gern als typische Oper des so genannten »Verismo« (von lat. verus = wahr). Dieser italienische Begriff meint die Schilderung der Welt, wie sie oft tatsächlich ist: gewöhnlich, unschön und grausam. Ein genaues Hinhören bei ›Tosca‹ zeigt aber sehr bald, dass auch das Schlagwort »Verismo« nur die halbe Wahrheit trifft. Zwar steht im Mittelpunkt dieser Oper ein gnadenloser, machthungriger Mensch (Scarpia); es wird betrogen, gefoltert und gemordet. Aber ›Tosca‹ ist viel mehr als das, denn gleichzeitig gibt es die Liebesgeschichte zwischen Floria Tosca und dem Maler Cavaradossi mit melodieseligen, schwelgerischen Soloszenen und Liebesduetten. Es gibt das poetisch-zarte Stimmungsgemälde des anbrechenden Morgens über Rom. Es gibt das festliche Tedeum in der Kirche und daneben sogar die komische Figur des Messners. Dieses effektvolle Nebeneinander der krassen Gegensätze macht die großartige Theaterwirksamkeit dieser Oper aus.

›Tosca‹ ist eine in drei Akten durchkomponierte Oper ohne Vorspiel oder Ouvertüre. Statt ihrer erklingen zu Beginn als Klangsymbole der tyrannischen Grausamkeit drei fremdartige, scheinbar beziehungslose Akkorde des vollen Orchesters im dreifachen Forte (fff). Wie ein Leitmotiv kehren sie im Verlauf der Oper häufig wieder:

Andante molto sustenuto

Im 1. Akt kommt es zu einem großen Liebesduett zwischen Tosca und dem Maler, das zunächst von Tosca eingeleitet wird:

Von unserm Häus - chen mit mir sollst du träu - men

305

Wenig später antwortet ihr Cavaradossi in einem gefühlvollen Melodiebogen:

Und im Duett teilen sie sich dann eine weitere Liebesmelodie:

Im 2. Akt klingt während des Gespräches zwischen Scarpia und Cavaradossi aus dem benachbarten Palast eine Kantate herüber, die von Puccini im Stil der Zeit um 1800 geschrieben wurde, der Epoche also, in der die ›Tosca‹-Handlung spielen soll.

Weitere musikalische Höhepunkte sind zum einen das feierliche Tedeum am Ende des 1. Aufzuges mit Orgelspiel, Chor und hallenden Kanonenschüssen; zum anderen die stimmungsvolle Schilderung des frühen Morgengrauens zu Beginn des 3. Aufzuges: größte Ruhe – mit vielstimmigem Glockenläuten von allen Kirchen Roms und dazu ein zartes Hirtenlied.

Die Erschießungsszene am Ende geschieht realistisch auf der Bühne, während im Orchester – scheinbar fast ohne Beziehung zu diesem grausamen Geschehen – ständig die gleiche Melodie wiederholt wird:

Giacomo Puccini
(1858–1924)

Madame Butterfly

Tragödie einer Japanerin in drei Aufzügen

- Text: von Luigi Illica und Giuseppe Giacosa
- Aufbau: durchkomponierte Oper mit einem kurzen Vorspiel
- Uraufführung: am 17. Februar 1904 an der Mailänder Scala
- Spieldauer: etwa 2 ½ Stunden

Besetzung

Cho-Cho-San, genannt Butterfly	*Sopran*
Suzuki, ihre Dienerin	*Alt*
F. B. Linkerton, Marineleutnant der USA	*Tenor*
Kate Linkerton, seine Frau	*Mezzosopran*
Sharpless, Konsul der USA in Nagasaki	*Bariton*
Goro, Teehausbesitzer und Heiratsvermittler	*Tenor*
Fürst Yamadori	*Tenor*
Onkel Bonze, Priester	*Bass*
Yakusidé	*Bass / Bariton*
Kaiserlicher Kommissar	*Bariton*
Der Standesbeamte	*Bass*
Cho-Cho-Sans Mutter	*Mezzosopran*
Ihre Base	*Sopran*
Ihre Tante	*Sopran*
Ihr Kind	*Stumme Rolle*

Vewandte, Freunde und Freundinnen von Cho-Cho-San, Diener	*Chor*

Die Handlung

 Wie gut können sich eigentlich Angehörige verschiedener Völker untereinander verstehen? Sind nicht ihre Sitten und Gebräuche so weit voneinander entfernt, dass Hürden zwischen zwei Menschen unterschiedlicher Herkunft und Sprache bestehen bleiben müssen? Oder vermag vielleicht die Liebe solche Grenzen zu überwinden?

 Leutnant Linkerton macht sich jedenfalls solche Gedanken erst gar nicht. Der Amerikaner ist an Bord seines Schlachtschiffes im Hafen der japanischen Stadt Nagasaki vor Anker gegangen und will sich an Land nun die Zeit vertreiben; sonst hat er nichts im Sinn. Auch seine Begegnung mit der kleinen Geisha Cho-Cho-San in einem Teehaus passt hervorragend in seine Vergnügungspläne. Er verliebt sich sogar oberflächlich in das niedliche, erst fünfzehnjährige Mädchen und möchte sich nun einfach für die restliche Zeit seines Japanaufenthaltes mit ihr ein paar schöne Tage machen. Cho-Cho-San, genannt Butterfly (Schmetterling), stammt aus einer sehr guten, aber verarmten Familie und achtet immer darauf, dass die landesüblichen Sitten streng eingehalten werden, auch wenn sich zwei Verliebte begegnen. Sie lässt sich nicht einfach verführen, sondern besteht darauf, dass Linkerton mit ihr erst Hochzeit feiert. Dass der Mann nach japanischem Gesetz jederzeit aus einer solchen Ehe wieder ausbrechen darf, bekümmert sie nicht ernstlich – das ist, wenn man sich liebt, nicht von Bedeutung.

Goro, dem das Teehaus gehört, vermittelt diese seltsame Ehe zwischen zwei fremden Welten, zwischen dem Amerikaner und der Japanerin. Gegen einen Geldbetrag besorgt der Teehausbesitzer den beiden ein Häuschen, regelt alle Formalitäten und benachrichtigt auch die Angehörigen; alles ist für ihn ein reines Geschäft. Auch der Amerikaner sieht das so; ihm ist es nur recht, dass er so billig und ohne Komplikationen ans Ziel seiner Wünsche gelangt. Für ihn ist das Ganze ja nur ein Zeitvertreib. Lachend erzählt er dem amerikanischen Konsul Sharpless, der ihn gerade in seinem kleinen Haus besucht, von seiner Braut in Amerika, die er bald nach seiner Heimkehr heiraten will. Das Abenteuer hier in Japan aber dient nur der Abwechslung. Ist es nicht das alte Recht des Seemanns, sich auf seinen Reisen überall auf der Welt ein Liebchen zu suchen? Wer denkt denn da schon an die Zukunft?

Goro ist schon wieder geschäftstüchtig: Vielleicht mag der Herr Konsul auch eine kleine Geisha (Gesellschafterin)? – Nein, das ist nichts für Sharpless! Im Gegenteil, der Konsul redet Linkerton ein wenig ins Gewissen: Könnte es nicht sein, dass die kleine Cho-Cho-San die Heirat ernst nimmt und am Ende ganz verlassen und traurig dasteht? Aber für solch tief schürfende Gedanken hat Linkerton überhaupt kein Verständnis.

Glücklicherweise kommt nun Fräulein Butterfly mit ihren kleinen Freundinnen. Man macht sich sehr höflich miteinander bekannt und plaudert in wohlgesetzten Worten über Cho-Cho-Sans verarmte Familie, über ihr Los als Geisha, über ihren toten Vater. Auch Linkerton kann sich dem Charme des niedlichen Mädchens nicht entziehen!

Umso erheiternder wirken auf ihn dann die zahlreichen Verwandten und Gäste, die sich auf einmal einfinden, unverständlich und aufgeregt durcheinander reden, neugierig Haus und Garten besichtigen und an der Hochzeitszeremonie teilnehmen wollen. Butterfly aber nimmt ihren Leutnant beiseite und breitet vor ihm vertrauensvoll ihre wenigen Habseligkeiten aus, an denen ihr Herz hängt und die sie so gern mit in die Ehe bringen will: Darunter ist ein Dolch, mit dem sich ihr Vater auf Geheiß des Mikado, des Kaisers, das Leben genommen hat (Harakiri nennt man das).

Doch leider endet das Fest keineswegs so heiter und friedlich, wie es begonnen hat. Die lieben Verwandten haben nämlich herausbekommen, dass Cho-Cho-San auch noch zum Christentum übergetreten ist, um ihrem Leutnant eine Freude zu machen, wenn er sie heiratet –

so ernst ist es ihr! Voller Empörung verfluchen die Angehörigen, allen voran der Priester Onkel Bonze, die Abtrünnige und brechen unverzüglich auf. Dabei geraten sich Linkerton und der Onkel heftig in die Haare. Die kleine Butterfly ist verzweifelt und bricht in Tränen aus; erst ganz allmählich lässt sie sich von Linkerton trösten.

Langsam wird es Nacht; die lärmenden Verwandten sind längst abgezogen. Butterflys Zofe Suzuki bereitet das Mädchen zur Nacht vor und hilft ihr in den weißen Hochzeitskimono. Draußen auf der Terrasse in der lauen Mondnacht über der Bucht von Nagasaki findet Butterfly Ruhe und Geborgenheit in den Armen ihres Geliebten, der von ihrem Liebreiz wie verzaubert ist.

 Drei Jahre sind ins Land gegangen. Alles ist leider ganz anders gekommen, als die vertrauensvolle Butterfly sich erhofft hatte. Linkerton hat sie tatsächlich bald nach der Heirat im Stich gelassen und ist nach Amerika abgereist, ohne irgendeine Erklärung zu geben. Die verlassene Geliebte aber hat in der Zwischenzeit ein Söhnchen von ihm geboren und hofft unbeirrt, dass ihr geliebter Leutnant eines schönen Tages wiederkehren wird. Hat er es nicht selbst versprochen? Suzuki sieht das alles viel schonungsloser und nüchterner: Der Amerikaner denkt überhaupt nicht an Rückkehr, und inzwischen hat Cho-Cho-San fast kein Geld mehr fürs tägliche Leben! Aber sie verschließt ihre Augen vor der trüben Wirklichkeit. Wie hat Linkerton ihr doch gesagt: »Wenn das Rotkehlchen wieder nistet…«, dann wird sie ihn wiedersehen und alles wird gut werden.

Da belebt ein unverhoffter Besuch ihre Einsamkeit. Goro und der Konsul treten ein. Sharpless hat nämlich einen Brief von Linkerton bekommen und versucht nun dem Mädchen begreiflich zu machen, dass es keine Hoffnung auf seine Rückkehr gibt. Aber Cho-Cho-San fragt ihn nur ganz verständnislos, wann denn eigentlich in Amerika die Rotkehlchen brüten. Hier in Japan ist das doch inzwischen schon dreimal geschehen; also muss es drüben wohl ganz anders sein?

Noch ein Besucher erscheint in Butterflys Häuschen: Fürst Yamadori, der schon seit langem mit Goros Unterstützung um ihre Hand anhält – leider auch heute wieder vergeblich. Während sie draußen die
Teezeremonie vorbereitet, erzählt Goro beiläufig den beiden anderen
Männern eine Neuigkeit: Linkertons Schiff wird bald im Hafen von
Nagasaki eintreffen! Sharpless beruhigt deshalb gleich den eifersüchtig
aufhorchenden Fürsten: Wegen Cho-Cho-San käme der Leutnant nun
ganz bestimmt nicht zurück; Yamadori könne ruhig weiter ernsthaft
um Butterfly werben. Butterfly bringt den Tee; Sharpless muss nun
deutlicher werden: Linkerton hat eine andere Frau, er wird niemals
zu ihr zurückkehren … Endlich begreift Butterfly die ganze schreckliche Wahrheit. Verzweifelt holt sie ihren kleinen Sohn herein, von
dem Linkerton noch gar nichts wissen kann. Was soll denn nun mit
ihm geschehen, so ganz ohne Vater! Und was bleibt ihr selbst? Entweder wieder die Arbeit als Geisha oder – der Tod! Sharpless ist gerührt; natürlich wird er dem treulosen Leutnant schreiben und ihm
ins Gewissen reden. Dann verabschiedet er sich. Goro aber wird gleich
mit hinausgeworfen, denn er hat draußen in aller Welt Lügen verbrei-
tet: Der Vater des Kindes sei unbekannt!

In die Stille hinein dringen plötzlich einzelne Kanonenschüsse vom
Hafen herauf. Ein fremdes Schiff ist soeben angekommen. Butterfly
greift nach dem Fernglas und erkennt es sofort wieder: Linkertons
Schiff! Er ist wieder da! In großer Geschäftigkeit richtet Cho-Cho-San
zusammen mit Suzuki das Haus zum festlichen Empfang und beklei-
det sich erwartungsvoll mit dem alten Hochzeitskimono. Dann setzen
sie sich gemeinsam mit dem kleinen Jungen dicht an die Hauswand
aus Pergament, bohren drei kleine Löcher hinein und schauen unentwegt hinaus auf den Weg zum Hafen: Hier wird Linkerton kommen!

 Ganz langsam bricht der neue Tag an. In der grauen Mor-
gendämmerung endlich legt sich Butterfly todmüde und enttäuscht zur Ruhe. Suzuki wird sie schon aufwecken, wenn
Linkerton kommt. Während sie erschöpft schläft, tritt Linkerton tat-

Cho-Cho-San (Butterfly)   Suzuki

sächlich ganz leise ins Haus. Auch seine Frau hat er mitgebracht; sie wartet draußen vor der Tür. Sharpless ist bei ihnen. Sie haben nur eine einzige Absicht: Sie wollen den kleinen Jungen abholen, um ihn nach Amerika mitzunehmen. Linkerton selbst ist zu feige, Cho-Cho-San noch einmal Auge in Auge gegenüberzutreten.

Ängstlich hält er Suzuki zurück, die unverzüglich ihre Herrin wecken will. Das ist für Sharpless zu viel; voller Zorn überhäuft er den Leutnant mit Vorwürfen wegen seines rücksichtslosen Verhaltens. Ein wenig wehmütig wird es Linkerton nun schon ums Herz, als er sich in den vertrauten Räumen an die zärtlichen Stunden erinnert, die er hier einmal mit der kleinen Geisha verbracht hat. Still nimmt er Abschied von dem kleinen Häuschen und entfernt sich.

Inzwischen ist Butterfly wieder wach geworden. Unvermutet trifft sie in ihrem Zimmer Sharpless und die fremde Dame. Ziemlich schnell entnimmt sie den verlegenen Antworten der beiden, dass Linkerton hier war und dass man ihr das Kind wegnehmen will. Stolz weist sie Frau Linkerton ab: Nur ihm selbst will sie es übergeben, wenn er bereit sein sollte, in einer halben Stunde noch einmal wiederzukommen. Betroffen verlassen Sharpless und Frau Linkerton ihr Haus.

Cho-Cho-San ist allein mit ihrem Unglück. Sorgsam verschließt sie alle Türen und holt dann den alten Dolch ihres Vaters aus der Kommode. Nach alter Zeremonie küsst sie ihn …

Doch noch einmal ruft das Leben sie zurück: Suzuki schiebt ihr verzweifelt das Kind durch die Tür zu. Aber für Butterfly gibt es kein Zurück mehr. Ergreifend nimmt sie Abschied von ihrem Söhnchen; dann schickt sie es hinaus in den Garten. Unbeirrt und entschlossen zieht sie sich hinter den Vorhang zurück. Nur das Geräusch des zu Boden fallenden Messers verrät, dass sie ihrem Leben ein Ende gesetzt hat.

Von ferne hört man Linkertons Stimme sich nähern, doch zu spät: Nach ein paar mühsamen Schritten zur Tür hin bricht Cho-Cho-San zusammen und stirbt.

Hinweise

Drei von Puccinis Opern sind besonders bekannt geworden: ›La Bohème‹, ›Tosca‹ und ›Madame Butterfly‹. Alle drei sind tragische Liebesgeschichten, die aus den unterschiedlichsten Gründen tödlich enden: durch Krankheit, Mord oder Selbstmord. Unter ihnen ist ›Madame Butterfly‹ sicher die beliebteste und der Komponist hielt sie auch immer für sein bestes, sein gelungenstes Werk.

Bemerkenswert ist, auf welche Weise Puccini die fremdartige Atmosphäre der japanischen Welt Cho-Cho-Sans heraufbeschworen hat. Das Orchester dieser Oper ist genauso zusammengesetzt wie in allen anderen Werken des Komponisten; außer einem japanischen Gong und kleinen Glöckchen, die auf der Bühne ertönen, verzichtet er völlig auf den Einsatz exotischer Instrumente. Auch sind nur wenige richtige japanische Volksmelodien mit eingearbeitet worden; außerdem übrigens die amerikanische Nationalhymne. Umso raffinierter ist die Mischung der Klangfarben im Orchester, mit denen diese anrührende, manchmal wohl auch ein bisschen sentimentale Geschichte ausgemalt wird.

Puccini ist als Nachfolger von Giuseppe Verdi der letzte bedeutende Komponist der großen italienischen Oper. Noch einmal werden uns hier, an der Schwelle des 20. Jahrhunderts, alle Merkmale dieser so beliebten Gattung vorgeführt, in der trotz aller Großartigkeit des Orchesterparts doch die Gesangstimmen die Szene beherrschen, und zwar nach alter Belcanto-Tradition in großen Soloszenen und Duetten. Obwohl jeder der drei Akte durchkomponiert ist, lassen sich doch unschwer Arien und Duette herauslösen, die auch gelegentlich im Konzertsaal einzeln dargeboten werden. Allen voran ist das große Liebesduett zwischen Linkerton und Butterfly am Ende des 1. Aktes zu nennen:

Die Oper beginnt nach einem ganz kurzen Vorspiel, dessen Stimmen nach und nach – wie eine Fuge – einsetzen. Von ganz besonderer, ergreifender Wirkung ist das zarte Orchesterzwischenspiel, das den 2. mit dem 3. Akt verbindet. Hier scheint auf einmal die Zeit stillzustehen, während in der Bühnenwirklichkeit doch eine ganze lange Nacht vergeblichen Wartens verstreicht. Der Einsatz eines summenden Chores hinter der Szene führt zu einer ganz eigentümlichen Wirkung; seine geheimnisvollen Klänge verschmelzen mit denen des Orchesters:

Bei der Uraufführung stieß das Werk zunächst auf ziemlich einhellige Ablehnung bei Publikum und Presse. Daraufhin nahm sich Puccini ›Madame Butterfly‹ noch einmal vor und fertigte eine Neufassung an, die am 28. Mai 1904 in Brescia einen großen Erfolg errang. In dieser Fassung, die manche Änderung brachte, wird die Oper heute meistens aufgeführt: Aus ursprünglich zwei Akten waren nun drei geworden, wo-

bei das berühmte Zwischenspiel hinzukam. Auch die Partie des Linkerton wurde etwas verändert und zugleich vergrößert. Im italienischen Original heißt er übrigens Pinkerton.

Weitere Hauptwerke Puccinis sind ›Manon Lescaut‹ (1893), ›Das Mädchen aus dem goldenen Westen‹ (1910) und die von Puccini nicht vollendete Oper über die Prinzessin ›Turandot‹ (1926) – eine im märchenhaften China spielende, grausame Geschichte. Als Meister des Komischen erwies sich Puccini überraschend im Einakter ›Gianni Schicchi‹, der zu einem dreiteiligen Zyklus von Kurzopern gehört (›Il trittico‹, 1918).

Leoš Janáček
(1854–1928)

Das schlaue Füchslein

Příhody Lišky Bystroušky
Oper in drei durchkomponierten, in Szenen gegliederten Akten

- Text: vom Komponisten nach einer Novelle von Rudolf Těsnohlídek
- Uraufführung: am 6. November 1924 in Brünn
- Spieldauer: ca. 1 ½ Stunden

Besetzung

Der Förster	*Bariton*
Die Försterin	*Alt*
Der Schulmeister	*Tenor*
Der Pfarrer	*Bass*
Harašta, Geflügelhändler und Wilddieb	*Bass*
Pasek, Gastwirt	*Tenor (Chor)*
Die Gastwirtin	*Sopran (Chor)*
Frantik und Pepík, Burschen	*Sopran (Chor)*
Die Füchsin Bystrouška	*Sopran*
Fuchs	*Sopran*
Das junge Füchslein Bystrouška	*Kindersopran*
Der Hund Lapák	*Mezzosopran*
Hahn	*Sopran*
Schopfhenne	*Sopran*
Grille, Heuschrecke, Frosch	*Kindersopran*
Specht	*Alt*
Mücke	*Tenor*
Dachs	*Bass*
Eule	*Alt*
Eichelhäher	*Sopran*
Waldtiere, Stimmen der Natur	*Chor*
Fliegen, Libelle, Igel, Eichhörnchen, allerlei Getier	*Ballett*

Die Handlung

 Die Hauptpersonen dieser Märchenoper sind Tiere, die von Menschen gespielt werden. Die Darstellung von Tieren auf der Bühne aber ist eine sehr schwierige Aufgabe. Außerdem hat der Komponist die Worte des tschechischen Textbuches sehr genau und originell vertont, sodass jede Übersetzung der Oper problematisch ist. So ist es nicht verwunderlich, wenn dieses köstliche Werk bei uns leider sehr selten gespielt wird!

Die Handlung setzt sich aus einer lockeren Folge von einzelnen poetischen Szenen zusammen, das heißt, es gibt eigentlich keine durchlaufende Geschichte. Der Komponist gab den Szenen, in denen das Füchslein mit Namen Bystrouška auftritt, Titel, die hier jeweils vorangestellt werden.

 Wie Bystrouška gefangen wurde. Wir befinden uns an einem warmen Sommertag in einem romantischen dunklen Wald. Allerlei Tiere bevölkern die Lichtung und die Libellen führen einen Tanz auf. Auf einmal wird die friedliche Stimmung durch den Förster gestört, der ausgerechnet hier ein Päuschen einlegen möchte und sich ein wenig ins Gras legt. Nachdem er friedlich eingeschlafen ist, fangen Grille und Heuschrecke unbekümmert ihr Konzert an. Die Mücke fliegt dem Förster um die Nase herum und wird dabei beinahe vom Frosch gefangen. Den wiederum möchte sehr gern das kleine Füchslein fressen. Erschrocken springt der Frosch daraufhin dem Förster mitten ins Gesicht. Wütend fährt er aus dem Schlaf hoch, sieht das Füchslein und fängt es. Er möchte es seinen Kindern zum Spielen mitbringen!

Bystrouška in der Försterei. An einem herbstlichen Nachmittag in der Försterei: Das Füchslein ist hier seit längerem gefangen und hat leider auch Flöhe mit ins Haus gebracht. Darüber ärgert sich die Försterin.

| Frosch | Förster | Füchslein |

Mit traurigen Worten beklagt sich das Füchslein über sein Los, aber der Hund Lapák versucht es zu trösten. Allerdings ist auch er unglücklich und singt in seinen Trauergesängen nächtlich den Mond an. Die beiden Försterburschen ärgern gern das Füchslein, das natürlich nach ihnen schnappt. Die Kinder verpetzen es daraufhin bei ihren Eltern und so wird Bystrouška zur Strafe an die Leine gelegt.

Bystrouška politisiert. Nachts zeigt sich, dass Bystrouška auch zaubern kann, denn es verwandelt sich in ein niedliches Mädchen; im Traum weint es vor sich hin. Frühmorgens verwandelt es sich wieder zurück. – Alsbald wendet sich das Füchslein den Hennen zu, die von ihrem Hahn streng zur Arbeit angetrieben werden, und versucht, sie listig gegen ihre Arbeit und ihre Unterdrückung aufzustacheln. Mit einem Trick lockt das Füchslein sie zu sich heran und beißt nacheinander erst den Hahn und dann alle Hennen tot.

Bystrouška entkommt. Als Förster und Försterin die Untat bemerken, sind sie schrecklich wütend. Sie fallen prügelnd über das Füchslein her, doch das beißt schnell seinen Strick durch und flieht zurück in den Wald.

Bystrouška enteignet. Wir sind wieder im Wald vor der Höhle des Dachses. Bystrouška und der Dachs streiten miteinander, denn das Füchslein meint, er allein brauche doch nicht so ein großes Haus! Neidisch hetzt es die anderen Tiere gegen den Dachs auf, der daraufhin unwillig abzieht. So kann das Füchslein triumphierend in seine Höhle einziehen.

Szenenwechsel: Wir sind in Paseks Wirtshaus. Förster, Schulmeister und Pfarrer spielen am Stammtisch Karten. Dabei kommt es zu einem Wortgefecht: Zunächst spricht der Pfarrer von seinen Umzugsplänen; ihm gefällt es hier im Dorf nicht mehr. Der Förster neckt den Schulmeister: Er habe kein Glück bei den Frauen, das merke man gut beim Kartenspiel. Der gibt zurück: Ihm, dem Förster, sei ja das Füchslein davongelaufen! So gibt ein Wort das andere; man munkelt auch über das Vorleben des Pfarrers. Schulmeister und Pfarrer machen sich schließlich auf den Heimweg, gefolgt vom Förster, der in Gedanken an das Füchslein vor sich hin schimpft.

Mitten im Wald scheint der Mond auf eine Sonnenblume. Schwankend nähert sich der angetrunkene Schulmeister. Er macht sich Gedanken über die große Blume, die – im Gegensatz zu ihm – so schön im Gleichgewicht steht. Er hält sie in seinem Rausch für seine unerreichbare Geliebte Terynka (sie tritt in der ganzen Oper nicht auf, aber es wird oft von ihr gesprochen). Das Füchslein, das hinter der Sonnenblume liegt, wedelt mit dem Stängel und wird kurz vom Schulmeister verfolgt, bevor dieser hinfällt. – Auch der Pfarrer verirrt sich auf dem Heimweg hier im Wald. Er ist tief in Gedanken verloren und grübelt über eine alte unangenehme Geschichte nach: Man hatte ihm einmal ein unsittliches Verhältnis und sogar ein uneheliches Kind anhängen wollen. Derweil gaukelt ihm das Füchslein die Erscheinung eines jungen Mädchens (wieder ist es Terynka) aus der Vergangenheit vor. – Als Letzter taucht auch noch der Förster auf, der ein paar Schüsse auf das Füchslein abgibt, ohne es jedoch zu treffen. Erschrocken fliehen die beiden anderen aus dem Wald.

Bystrouška verliebt sich. Das Füchslein lernt in einer lauen Nacht im Wald einen stolzen Fuchs kennen, der ihm einen Hasen zum Geschenk macht. Gleich erzählt die Füchsin ihm, was für eine gute Erziehung sie genossen hat – nämlich in der Försterei! Alsbald verlieben sich beide ineinander; sie ziehen zusammen und die Tiere im Wald feiern mit ihnen ihre Hochzeit. Der Specht nimmt – in der Funktion des Standesbeamten – die Trauung vor.

 Bystrouška legt den Harašta herein. Am Waldrand treffen wir nun auf den Wilddieb Harašta, der unbekümmert ein Liebeslied trällert. Als er den Förster kommen sieht, will er schnell einen erlegten Hasen vor ihm verstecken. Dann erzählt er dem Förster von seinen Heiratsplänen mit Terynka, worüber der sich sehr ärgert. Schließlich baut der Förster eine Fuchsfalle auf, doch die Füchse riechen sofort den Tabakrauch des Försters und lachen hinter seinem Rücken über ihn.

Bystrouškas Tod. Bystrouška und ihr Mann haben inzwischen Kinder bekommen, freuen sich an ihnen und hoffen auf weiteren Nachwuchs. Der Wilddieb kehrt zurück und die Füchsin beginnt ihn zu locken: Sie scheint sich verletzt dahinzuschleppen; er verfolgt sie und fällt dabei hin. Unterdessen machen sich die Fuchskinder über seinen Geflügelkorb her – so hatte die Mutter es geplant! Harašta rappelt sich jedoch zornig wieder auf, greift zum Gewehr und erschießt die Füchsin.

Im Wirtshaus gibt sich der Schulmeister seiner Verzweiflung hin, weil Harašta seine angebetete Terynka geheiratet hat. Außerdem fehlt ihm und dem Förster nun doch der Pfarrer, der ja fortgezogen ist. Allerdings hört man sagen, er sei heimwehkrank! Man bricht auf. Der Förster trauert seiner verlorenen Jugend nach und auch sein alter Hund ist nun endgültig zu schlapp, um ihm zu folgen.

Der Mama aus dem Gesicht geschnitten! Zum Schluss kehren wir noch einmal zurück in den Wald, wo die Oper begonnen hat, und treffen dort den Förster wieder. Ein wenig traurig denkt er an seine Hochzeit und an das frühere Glück in seiner Ehe. Hier in der Natur fühlt er sich so richtig wohl; zufrieden sinkt er in Schlaf – und träumt: Es erscheinen ihm alle Tiere noch einmal, die in der ersten Szene auftraten, unter ihnen auch ein Füchslein, das ihn sehr an die Füchsin erinnert. Als er zum Gewehr greifen will, erwischt er im Aufwachen wieder nur einen gewöhnlichen Frosch – den Enkel des Froschs, mit dem die Geschichte begann. Der macht sich nun auch noch über ihn lustig: »Das war nicht ich, das war nur der Opa!«

Hinweise

Janáčeks Opern hatten zunächst nur in seiner Heimat Erfolg. Erst nach der Prager Erstaufführung von ›Jenufa‹ im Jahr 1916 begann der internationale Siegeszug. Janáček ist nach Dvořák und Smetana der dritte bedeutende Komponist aus dem böhmisch-tschechischen Raum im 19. Jahrhundert, dessen Schaffen jedoch bis weit ins 20. Jahrhundert hineinreicht.

Zeit seines Lebens hatte Janáček eine äußerst enge Beziehung zu seiner Heimat und zur slawischen Volksmusik. Wie seine großen ungarischen Kollegen Bartók und Kodály sammelte er Volkslieder und -tänze. Diese lebenslange Beschäftigung merkt man auch seinen Opern an. Er verwendete jedoch nicht in erster Linie originale Melodien aus der Volksmusik. Vielmehr bemühte er sich, den typischen Tonfall der tschechischen Sprache – ihre Melodie und ihren Rhythmus – auf die Tonsprache seines Orchesters und seiner Singstimmen zu übertragen. Auf diese Weise entwickelte er einen ganz unverwechselbaren Stil, der auch ›Das schlaue Füchslein‹ prägt. Die Musik zeichnet sich durch einen eigentümlichen fremdartigen Reiz aus, der dieses Werk deutlich unterscheidbar von allen anderen Opern jener Zeit macht. Die enge Bindung von Gesang und Orchesterbegleitung an die tschechische Sprachmelodie bedeutet allerdings, dass bei einer Übersetzung des Librettos natürlich größere Probleme entstehen: Denn die deutsche Sprache hat beispielsweise ganz andere Betonungen und Laute als das tschechische Originallibretto. Hier erwarb sich der Dichter Max Brod (1884–1968) Verdienste, der Janáčeks große Opern ins Deutsche übersetzte. Allerdings schreckte Brod in seinem Bemühen, Janáčeks Opern im Ausland populär zu machen, hin und wieder auch nicht vor inhaltlichen Veränderungen und Verfälschungen zurück.

Im ›Schlauen Füchslein‹ spielt nicht nur die Sprachmelodie eine wichtige Rolle. Janáček versuchte hier zusätzlich, den typischen Tonfall der Tiere zu treffen. In seinen vorbereitenden Skizzen finden sich deshalb auch zahlreiche in Noten festgehaltene Tierlaute, insbesondere von Vögeln und Hühnern. – Außerdem verwendet Janáček immer wieder Melodien in der Art einfacher Kinderlieder, etwa im Lied der Fuchskinder:

Oder auch im Liebesduett der beiden Füchse:

Typisch für Janáčeks Stil sind auch die zahlreichen kleinen, einprägsamen Motive, die im Orchester ständig wiederholt und dabei immer wieder mehr oder weniger verändert werden.

Weitere wichtige und ebenso eigenwillige Opern von Janáček sind ›Jenufa‹ (1904), ›Kátja Kabanová‹ (1921), ›Die Sache Makropulos‹ (1926) und ›Aus einem Totenhaus‹ (1930).

Richard Strauss

(1864–1949)

Salome

Musikdrama in einem Aufzug

- Text: von Oscar Wilde (deutsche Übersetzung von Hedwig Lachmann)
- Aufbau: durchkomponierte Großform ohne Vorspiel
- Uraufführung: am 9. Dezember 1905 in Dresden
- Spieldauer: knapp 2 Stunden

Besetzung

Herodes	*Tenor*
Herodias	*Alt*
Salome, ihre Tochter	*Sopran*
Jochanaan	*Bariton*
Narraboth	*Tenor*
Page der Herodias	*Mezzosopran, auch Alt*
Fünf Juden	*vier Tenöre, ein Bass*
Zwei Nazarener	*Tenor, Bass*
Ein Cappadocier	*Bass*
Zwei Soldaten	*Bass*
Sklave	*Sopran (oder Tenor)*

Die Handlung

 Bereits in der Bibel steht die grausame Geschichte von der judäischen Prinzessin Salome, die den Kopf Johannes des Täufers verlangt. Dort äußert sie ihr grausames Verlangen jedoch nicht aus eigenem Antrieb, sondern weil ihre Mutter sie dazu aufstachelt (Matthäus 14/1–12, Markus 6/14–29).

Salome ist die Tochter der Herodias; deren Mann, König Herodes, ist Salomes Stiefvater. Salome ist jung, hübsch und maßlos verwöhnt. Sie weiß, dass ihr alle Männer – ob jung oder alt – nachlaufen; jeden kann sie haben und deshalb sind ihr alle gleichgültig. Ihr Stiefvater, der sie ständig mit seinen gierigen Blicken verfolgt, ist ihr sogar widerlich. Auch dem jungen Hauptmann Narraboth, der sich vor Leidenschaft nach der Prinzessin verzehrt und sie nie aus den Augen lässt, schenkt sie kaum einen Blick: Er ist ihr zu schwach, zu weich und damit ebenfalls lästig.

 In einer schwülen Sommernacht vertreiben sich Herodes und seine Höflinge gelangweilt auf der Terrasse des Königspalastes die Zeit. Ein Fest will nicht so recht in Gang kommen. Da – auf einmal ertönt aus der Zisterne, die tief unter der Erde liegt und mit einem Gitter abgedeckt ist, eine fremdartige beschwörende Männerstimme. Es ist der Prophet Jochanaan. Herodes hat ihn einsperren lassen, weil er ihn als gefährlich einschätzt. Zugleich aber hält er ihn auch für einen heiligen Mann. Und da die Juden Jochanaan nach dem Leben trachten, will Herodes ihn auf diese Weise vor ihnen schützen.

Mit machtvollen Worten prangert Jochanaan das lasterhafte Leben der Herodias an. Aufmerksam lauscht Salome dem Klang seiner Stimme, die sie fasziniert; der Inhalt seiner Worte interessiert sie weniger. Sie umschmeichelt Herodes und erreicht von ihm, der ihr nichts abschlagen kann, dass der Prophet aus seiner Zisterne zu ihr heraufgeholt wird. Bleich und in Ketten wird Jochanaan der Königsfamilie vorgeführt. Finster fährt er sogleich fort, ihnen ihr ausschweifendes Leben vorzuhalten. Salome aber ist hingerissen von der seltsamen Erscheinung des Mannes, der so ganz anders ist als die weichlichen Gestalten ihrer Umgebung. Sie nähert sich ihm und will ihn auf ihre Weise verführen, seinen Leib streicheln und ihn auf den Mund küssen. Die ganze Zeit über beobachtet der Hauptmann Narraboth Salome mit neidvollen Blicken. In seiner Eifersucht ersticht er sich, ohne dass sich jemand um ihn kümmert. Empört und unnahbar weist Jochanaan Salome zurück und antwortet mit einem Fluch auf ihre Verführungskünste. Dann wendet er sich ab und steigt wieder hinab in sein Gefängnis.

Narraboth   Salome   Page   Jochanaan

So etwas hat Salome noch nie erlebt. – Sie, die jeden Mann fast willenlos zu ihren Füßen liegen sehen kann, wenn sie nur den kleinen Finger bewegt, wird einfach abgewiesen! In einer seltsamen Mischung aus Leidenschaft und Rachsucht brütet sie vor sich hin. Bald ertönt Jochanaans Stimme wieder aus der Tiefe der Zisterne. Schnell entbrennt eine lautstarke Diskussion unter den anwesenden Juden, die ganz im Gegensatz zu Herodes nicht glauben wollen, dass der Prophet ein so heiliger Mann ist und Gott gesehen hat.

Herodes zeigt sich jedoch von diesem Geschehen kaum beeindruckt; er hat nur Augen für seine schöne Stieftochter. Und plötzlich verspürt er nur noch einen Wunsch: Salome soll vor ihm tanzen! Salome weigert sich, aber auch die eifersüchtige Herodias kann ihn davon nicht abbringen. Da reift in Salome ein teuflischer Plan: Nach langem Drängen willigt sie schließlich ein und will vor Herodes tanzen. Doch erst muss er einen Eid schwören: Er soll ihr nachher jeden Wunsch erfüllen!

Dann tanzt sie vor ihm einen langen aufreizenden Tanz: Nach und nach wirft sie einen Schleier nach dem anderen ab und Herodes gehen fast die Augen über vor lauter Gier. Als Belohnung aber verlangt sie nach dem Tanz mit kalter Stimme den Kopf des Propheten, und zwar in einer Silberschüssel!

Herodes   Salome   Herodias

Schlagartig erwacht Herodes aus seiner Verzückung, in die ihn Salomes Vorführung versetzt hat. Erschrocken weigert er sich, doch Herodias unterstützt nun begeistert den Wunsch ihrer Tochter. Herodes windet sich verzweifelt, verspricht der Prinzessin alle Kostbarkeiten der Welt, die ihm nur einfallen, um sie von ihrem entsetzlichen Begehren abzubringen – allen Schmuck, ja sogar den heiligen Vorhang aus dem Tempel! Empört schreien die anwesenden Juden auf.

Allein Salome bleibt unerbittlich und wiederholt immer wieder: »Gib mir den Kopf des Jochanaan!«, bis Herodes endlich erschöpft nachgibt.

Mit seinem riesigen Schwert steigt der Henker in die Zisterne hinab. In der atemlosen Stille lauscht Salome gebannt; man hört unheimliche Geräusche aus der Tiefe heraufdringen. – Da endlich reicht man ihr in einer Silberschüssel das blutige Haupt des Propheten herauf!

Wie von Sinnen drückt Salome den abgeschlagenen Kopf an sich und küsst ihn endlich auf den Mund. Herodes aber ist angewidert von Salomes Verhalten und zittert zugleich vor Angst, weil er einen Heiligen hat ermorden lassen. Endlich bringt er einen knappen Befehl über seine Lippen: »Man töte dieses Weib!« Die Soldaten stürzen sich auf Salome und bringen sie auf der Stelle um.

Hinweise

Das Theaterstück ›Salome‹ des englischen Dichters Oscar Wilde (1854– 1900) wurde 1901 zum ersten Mal in deutscher Übersetzung in Breslau aufgeführt. Richard Strauss lernte das Werk bald kennen und erkannte sofort dessen Eignung zum Opernstoff.

Nachdem ihm mehrere für ihn verfasste Libretti jedoch nicht gefielen, begann Strauss, das Originaltextbuch zu vertonen; es wurde dabei nur ganz geringfügig überarbeitet und gekürzt.

Strauss nennt seine ›Salome‹ ein Musikdrama, dem bewunderten Vorbild Wagner folgend. Wie dessen spätere Musikdramen ist auch ›Salome‹ durchkomponiert, sogar pausenlos in einem einzigen Aufzug. Auch die große Besetzung des Orchesters übernahm Strauss von Richard Wagner. Er erweiterte es sogar noch ein wenig, ließ es noch raffinierter in allen nur denkbaren Klangfarben aufleuchten und verlangte von den Musikern noch größeres Können.

Seine zuvor entstandenen »Symphonischen Dichtungen« (zum Beispiel ›Don Juan‹, ›Tod und Verklärung‹, ›Till Eulenspiegels lustige Streiche‹) waren bereits für dieses Riesenorchester geschrieben; seine Erfahrungen damit wandte er nun auch auf ›Salome‹ an.

›Salome‹ beginnt – wie etwa Puccinis nur wenige Jahre ältere Oper ›Tosca‹ oder wie Verdis ›Otello‹ und ›Falstaff‹ – ohne Ouvertüre. Eine aufsteigende, leicht chromatisch gefärbte Tonleiter der Soloklarinette führt zum ersten exotisch schimmernden Klang der Oper, während sich bereits der Vorhang hebt und den Blick auf die orientalische Szenerie vor dem Palast des Herodes freigibt. Mit wenigen Tönen und Farben zaubert Strauss in der Musik die dazu passende, leicht schwüle Atmosphäre:

Der Stil dieser Musik ist immer sehr genau der Handlung und vor allem den singenden Darstellern angepasst. Herodes beispielsweise hat meistens einen gehetzten, eher rezitativischen Gesangsstil, während der Prophet Jochanaan viel beherrschter und melodischer, weihevoll singt, selbst als Salome ihn bedrängt.

Aus dem Streit der Juden und der Nazarener über die Göttlichkeit Jesu wird ein höchst kompliziertes, vielstimmiges Ensemble, ein scheinbar harmonisches und rhythmisches Durcheinander, das gleichwohl sorgfältig geplant ist. Nicht nur an dieser Stelle wird verständlich, dass ›Salome‹ zur Zeit ihrer Uraufführung, Anfang des 20. Jahrhunderts, zu Recht als kühnes, klanglich ungewohntes Werk galt. An keiner Stelle aber verletzt Strauss die Gesetze der Harmonik und schreibt wirklich »atonale« Musik, wie es wenig später etwa Arnold Schönberg tat.

Besonders berühmt geworden ist Salomes »Tanz der sieben Schleier«, den sie vor Herodes aufführt. Strauss komponierte hier ein längeres, vielgestaltiges Orchesterstück, das fast wild beginnt und sich dann allmählich vom Piano ausgehend immer mehr in Lautstärke und Tempo steigert. Im Verlauf des Tanzes werden mehrere auffällige Themen verarbeitet, die in der ganzen Oper eine wichtige Rolle spielen. Es handelt sich um eine Art »Leitmotive«, ähnlich wie bei Richard Wagner. So sehen die wichtigsten dieser Einfälle aus:

Hierher gehört auch die Tonfigur, mit der die Oper beginnt (siehe erstes Notenbeispiel). Hinzu kommen einige fast orientalisch anmutende Melodiewendungen, etwa gleich zu Anfang:

Richard Strauss

(1864–1949)

Der Rosenkavalier

Komödie für Musik in drei Aufzügen

- Text: von Hugo von Hofmannsthal
- Aufbau: drei durchkomponierte Akte mit Vorspielen
- Uraufführung am 26. Januar 1911 in Dresden
- Spieldauer: etwa 3 ½ Stunden

Besetzung

Die Feldmarschallin Fürstin Werdenberg	*Sopran*
Baron Ochs auf Lerchenau	*Bass*
Octavian, genannt Quinquin, ein junger Herr aus großem Haus	*Mezzosopran*
Herr von Faninal, ein reicher Neugeadelter	*Bariton*
Sophie, seine Tochter	*Sopran*
Jungfer Marianne Leitmetzerin, die Duenna	*Sopran*
Valzacchi, ein Intrigant	*Tenor*
Annina, seine Begleiterin	*Mezzosopran, auch Alt*
Polizeikommissar	*Bass*
Haushofmeister der Feldmarschallin	*Tenor*
Haushofmeister bei Faninal	*Tenor*
Notar	*Bass*
Wirt	*Tenor*
Ein Sänger	*Tenor*
Flötist, Gelehrter, Friseur, dessen Gehilfe	*Stumme Rollen*
Adlige Witwe	*Stumme Rolle*
Drei adlige Waisen	*Sopran, Mezzosopran, Alt*
Modistin	*Sopran*
Tierhändler	*Tenor*
Vier Lakaien der Feldmarschallin	*Tenor, Bass*
Vier Kellner	*Tenor, Bass*
Ein kleiner Neger	*Stumme Rolle*
Lakaien, Lauffer, Heiducken, Küchenpersonal, Gäste, Musikanten, Wächter, Kinder, verdächtige Gestalten	*Chor*

Die Handlung

 Wieder einmal begegnet uns hier ein uraltes Motiv: eine Dreiecksgeschichte. Ein Mann steht zwischen zwei Frauen. Das Besondere an der Situation aber ist diesmal, dass eine der Frauen älter ist, und sie fühlt sehr bald, dass ihr junger Kavalier sich über kurz oder lang auch einer Jüngeren zuwenden wird. So ist der Lauf der Welt!

 Heute Nacht hat die Feldmarschallin Fürstin Werdenberg einen jungen Mann bei sich behalten, der sie glühend verehrt und liebt: den Grafen Octavian Rofrano, den sie liebevoll »Quinquin« nennt. Selig liegen sie sich am Morgen in den Armen, doch die Fürstin kann sich gegen ihre trüben Ahnungen nicht wehren: Diese Liebe wird nicht von Dauer sein!

Eben wollen die beiden gemütlich frühstücken, da stört sie Lärm in den Vorzimmern – ob der Feldmarschall, ihr Mann, überraschend vorzeitig heimgekommen ist? Glücklicherweise nicht: Es ist nur ein entfernter Verwandter der Feldmarschallin, Baron Ochs auf Lerchenau, ein ungehobelter Klotz, der obendrein noch tief verschuldet ist.

Geistesgegenwärtig verkleidet sich Octavian schnell als niedliche Zofe »Mariandl« und bedient die gnädige Frau, während ihr der Baron sein Anliegen vorträgt: Er möchte, nicht zuletzt wegen seiner hohen Schulden, die Tochter des neureichen Herrn von Faninal heiraten, der einer solchen ehrenvollen Verbindung mit altem Adel nicht abgeneigt ist. Er bittet die Marschallin, ihm einen jungen Kavalier zu vermitteln, der – wie es in solchen Kreisen üblich ist – als Brautwerbung eine silberne Rose überreichen soll.

Ihr fällt sofort Octavian ein und sie schlägt ihn dem Baron auch gleich vor. Dieser ist einverstanden, hört aber gar nicht recht zu, weil er unentwegt mit der charmanten Zofe »Mariandl« schäkert, die sich vor seiner Zudringlichkeit kaum retten kann.

Marschallin   Baron Ochs   Octavian

Wie jeden Morgen beginnt nun der Empfang von Bittstellern und Höflichkeitsbesuchern. Auf einmal herrscht lebendiges Treiben im Salon: Ein Friseur bemüht sich um die Schönheit der Marschallin, ein Sänger trägt eine italienische Arie vor und gleichzeitig verhandelt der Baron schon lautstark mit einem Notar um die »Morgengabe« durch den Brautvater, auf die Lerchenau äußerst scharf ist. Ein Wutanfall beendet jedoch die Szene, denn so einfach, wie sich der Baron das gedacht hat, lässt sich auf diesem Weg nicht an Geld kommen!

Huldvoll entlässt die Fürstin die vielen Leute. Eine melancholische Stimmung überfällt sie; allerlei traurige Gedanken gehen ihr durch den Kopf: Sie erinnert sich an ihre Jugend, als sie direkt aus dem Kloster gegen ihren Willen mit dem Feldmarschall verheiratet wurde. Auch über das Älterwerden denkt sie mit schwerem Herzen nach. »Mariandl« hat sich inzwischen wieder in Octavian zurückverwandelt; auch er kann seine Geliebte nicht aufheitern und verlässt sie unmutig. Schnell lässt ihm die Marschallin durch ihren kleinen Mohren die silberne Rose nachbringen.

Sophie von Faninal ist jung, noch sehr unerfahren und naiv. Am Morgen ihres Verlobungstages wartet sie ungeheuer gespannt auf ihren Zukünftigen, ist jedoch maßlos enttäuscht, als sie den groben und lüsternen Kerl bald darauf leibhaftig vor sich sieht. Ungleich besser gefällt ihr der junge vornehme Kavalier Octavian, der ihr in aller Form die silberne Rose überreicht. Der Baron zieht sich sogleich nach nebenan zurück, um mit Herrn von Faninal das Geschäftliche der Heirat zu besprechen. Seine drei ungehobelten Diener »kümmern« sich unterdessen handgreiflich um alle erreichbaren Dienstmädchen des Herrn von Faninal.

Mittlerweile plaudern Sophie und Octavian recht vertraulich miteinander. Doch sie werden beobachtet: Annina und Valzacchi, zwei zwielichtige Gestalten, die für derlei Spionieraufgaben bezahlt werden, rufen lautstark den Baron. Mutig stellt sich Octavian ihm entgegen und verkündet, dass Sophie ihn nicht heiraten will. Der Baron scheint nicht recht zu begreifen, was der junge Mensch da von ihm will, doch dieser zieht seinen Degen und verletzt ihn ein wenig am Arm.

Welch ein Skandal! Herr von Faninal kann es gar nicht fassen, gibt sich untröstlich über die Verletzung und Beleidigung seines zukünftigen Schwiegersohnes. Und der Baron leidet derart, als sei ihm Fürchterliches zugefügt worden. Inzwischen aber hat Octavian einen Entschluss gefasst: Dem widerlichen Kerl will er ein für alle Mal Sophie austreiben. Für seinen Plan engagiert er nun seinerseits Annina und Valzacchi, die vom Baron sehr enttäuscht sind, denn der Geizhals hat sie nur mit ein paar Groschen für ihre Meldung »belohnt«.

 Am nächsten Abend in einem billigen Wiener Vorstadt-Wirtshaus: Es herrscht hektisches Treiben, um alle Vorbereitungen für den Schabernack zu treffen, mit dem Octavian dem Baron endgültig die Lust auf Sophie austreiben will.

Bald trifft der Baron ein, ein Brieflein hat ihn mit mancherlei Andeutungen und Versprechungen hergelockt, um hier das niedliche »Mariandl« wiederzutreffen. Octavian hat sich wieder verkleidet und

| Jungfer | Sophie | Octavian | Herr von Faninal |

so kommt es bei zärtlicher Musik und Kerzenschein zum vertraulichen Zusammensein. Auf einmal aber fährt der Baron zusammen: Hier spukt es. Merkwürdige Gesichter blicken durch Türen, Bilderrahmen und Fenster auf ihn herab und zu allem Überfluss baut sich noch eine Frau mit ihren Kindern vor ihm auf und gibt sich als seine verlassene Ehefrau aus.

Baron Ochs schreit um Hilfe und sogleich stellt sich ein Polizeikommissar ein, der ihm recht peinliche Fragen stellt. Der Baron stellt das »Mariandl« verlegen als seine Braut Sophie von Faninal vor, aber auch der zukünftige Schwiegervater steht auf einmal mitten im Zimmer. Natürlich hat Octavian für sein Kommen gesorgt – und auch dafür, dass er gleich seine Tochter mitbringt, damit sie ihren feinen Bräutigam auf frischer Tat ertappen kann.

Für Faninal bricht eine Welt zusammen. Während seine Tochter ihn nebenan zu beruhigen versucht, gibt sich Octavian zu erkennen. Dass auch noch die Marschallin erscheint, hat er allerdings nicht geplant – sie kommt vielmehr, weil der Baron verzweifelt einen Diener nach ihr geschickt hat.

Sie aber denkt überhaupt nicht daran, dem Baron aus der Klemme zu helfen, und gibt ihm nur einen einzigen Rat: Verschwinde, so schnell es geht! Als ihm schließlich auch noch die Rechnung für das Abenteuer unter die Nase gehalten wird, tritt er endgültig den Rückzug an.

Die Marschallin aber hat ganz schnell durchschaut, was sich zwischen ihrem geliebten Octavian und Sophie angebahnt hat. Resigniert und doch in großer Würde lässt sie das Liebenspaar allein und nimmt den verwirrten Herrn von Faninal in ihrer Kutsche mit heim.

Octavian und Sophie können sich endlich ungestört in die Arme nehmen. Ein kleines Tüchlein fällt dabei zu Boden, ohne dass es von den beiden Verliebten im Fortgehen bemerkt wird. Da öffnet sich noch einmal leise die Tür und der kleine Mohr der Fürstin trippelt herein, blickt sich um, sucht das Tüchlein, findet es und huscht hinaus.

Hinweise

Der österreichische Dichter Hugo von Hofmannsthal (1874–1929) hatte für Richard Strauss bereits das Libretto zur ›Elektra‹ verfasst, bevor er für ihn den ›Rosenkavalier‹ (und später noch ›Ariadne auf Naxos‹, ›Die Frau ohne Schatten‹, ›Die ägyptische Helena‹ und ›Arabella‹) dichtete. Die Zusammenarbeit dieser beiden bedeutenden Künstler ist in der Geschichte der Oper etwas Einmaliges, ein Glücksfall. Über ihre gemeinsame Arbeit an den Opern schrieben sie sich ausführliche Briefe, die man heute noch nachlesen kann, da sie als Buch erschienen sind.

Anders als bei seinen übrigen Textbüchern für Strauss hat sich Hofmannsthal die Handlung des ›Rosenkavalier‹ selbst ausgedacht. Der endgültige Untertitel des Werkes: »Komödie für Musik« stellt die Oper in die geschichtliche Tradition der komischen Oper und vor allem der »Opera buffa«. Strauss wollte eigentlich so etwas wie eine Mozart-Oper komponieren! Und an den Geist Mozarts erinnert dann auch – trotz aller völlig anders gearteten melodischen, rhythmischen und klangfarblichen Eigen-

tümlichkeiten dieser Musik – die Einfügung großer Ensembles in das Geschehen: etwa die Liebesduette zwischen Octavian und der Marschallin, oder – als Höhepunkt – das zarte Terzett der drei Frauenstimmen am Ende der Oper, das von der Marschallin begonnen wird.

An die historische Opera buffa erinnern darüber hinaus manche Situationen, vor allem die Verkleidungsszenen: Octavian wird zu »Mariandl«, um den Baron hereinzulegen, und zugleich ist Octavian selbst bereits eine so genannte »Hosenrolle«, ein Jüngling, der von einer Frau dargestellt wird. Das wichtigste Vorbild hierzu in der Musikgeschichte ist natürlich Cherubino in Mozarts ›Figaros Hochzeit‹! Auch manche »Typen« der Opera buffa tauchen, mehr oder weniger versteckt, wieder auf: Zofe, Notar, Doktor und zwei Intriganten (Annina und Valzacchi).

Die Handlung der Oper spielt zur Zeit der Kaiserin Maria Theresia, also zur Mozart-Zeit. Die Musik aber klingt völlig anders, raffiniert mit allen Reizen der modernen Harmonik und der Instrumentation ausgestattet, wie man sie von Richard Strauss zu Beginn des 20. Jahrhunderts kannte. Das stürmische Orchestervorspiel zum ersten Akt ist der musikalische Nachklang einer Liebesnacht; es setzt mit einem einprägsamen Motiv ein:

Die drei Aufzüge der Oper sind, wie bei Wagner, geschlossen durchkomponiert. Dabei wechselt der Gesangsstil zwischen breit strömenden Melodiebögen, vor allem in den Ensembles, und Passagen, die sich dem normalen Tonfall und Sprechrhythmus sehr stark annähern, z. B.:

Ein wichtiger Bestandteil dieser Musik ist der Wiener Walzer, wobei Richard Strauss hier das Vorbild seines (mit ihm nicht verwandten!)

Namensvetters Johann Strauß kunstvoll in das Gefüge der großen Oper einpasste und es seinem Stil anglich. Das Ergebnis ist so überzeugend, dass es niemanden stört, wenn im Wien der Mozart-Zeit auf einmal Walzer erklingen, die es damals noch gar nicht gab!

Die Szene im 2. Akt, als Octavian Sophie die silberne Rose überreicht, erhält ihren ganz eigenen Reiz durch den Einsatz der Celesta (Stahlstabklavier), die eine fremdartige Folge von lauter einzelnen Dreiklängen in die ansonsten ganz harmonische Musik einstreut. Kein Akkord hat etwas mit dem anderen zu tun; es handelt sich also nicht um eine »Kadenz«!

Einige weitere Opern von Strauss haben sich mehr oder weniger feste Repertoireplätze in den Opernhäusern sichern können. Zu ihnen gehören: ›Elektra‹ (1909), ›Ariadne auf Naxos‹ (1912), ›Die Frau ohne Schatten‹ (1919) und ›Arabella‹ (1933).

Igor Strawinskij
(1882–1971)

Die Geschichte vom Soldaten

L'Histoire du soldat
Gelesen, Gespielt und Getanzt. In zwei Teilen.

- Text: von Charles Ferdinand Ramuz
- Aufbau: 13 Musiknummern, verbunden durch Dialog und Lesung
- Uraufführung: am 28. September 1918 in Lausanne
- Spieldauer: 45 Minuten

Besetzung

Der Vorleser	*Sprecher*
Der Soldat	*Sprecher*
Der Teufel	*Sprecher und Tänzer*
Die Prinzessin	*Tänzerin*

Die Handlung

 Märchenstoffe sind international: Von zahlreichen Märchen gibt es Fassungen in vielen Ländern der Erde und alle unterscheiden sich ein wenig voneinander. ›Die Geschichte vom Soldaten‹ stammt aus Russland, doch begegnen uns in ihr manche vertrauten Einzelheiten und Personen, wie wir sie aus unserer Märchenwelt, etwa aus Märchen der Brüder Grimm, kennen.

 Urlaub – was gäbe es Schöneres für einen aufrechten Soldaten? Unser Soldat, von dem wir nicht einmal den Namen kennen, hat sich auf den Weg in die Heimat gemacht. Nun rastet er unterwegs, abseits der staubigen Straße an einem Bach. Hier sortiert er seine wenigen Besitztümer, darunter Kamm und Spiegel, ein Bild der Freundin und vor allem: seine geliebte Geige. Dass sie arg verstimmt ist, stört ihn überhaupt nicht. Da kommt ein alter Mann des Weges und bleibt auf einmal wie angewurzelt vor dem Soldaten stehen. Der erschrickt – aber dass er den leibhaftigen Teufel vor sich hat, ahnt er nicht. Dem Bösen hat es die verstimmte Geige angetan und er bietet dem Soldaten ein Buch zum Tausch. Doch was nützt ein Buch, wenn man nicht lesen kann! Der Teufel jedoch erklärt, was es mit dem Buch für eine Bewandtnis hat: Es ist kein gewöhnliches Buch. – Wem es gehört, der wird reich!

Da erklärt sich der Soldat mit dem Handel doch einverstanden und beide erläutern sich gegenseitig, wie man am besten mit den ausgetauschten Gegenständen umgeht: Der Teufel lernt notdürftig Geige spielen und der Soldat mit dem Zauberbuch umgehen. Doch da man unmöglich in wenigen Augenblicken lesen lernen kann, lädt der Alte den Soldaten ein, drei Urlaubstage bei ihm zu verbringen.

Die drei Tage vergehen schnell und doch sind sie viel länger, als gedacht. Denn als der Soldat schließlich in seinem Heimatort eintrifft, erkennt ihn niemand mehr. Voller Schrecken begreift er, dass ihn der alte Mann nicht drei Tage, sondern ganze drei Jahre lang bei sich behalten hat! Wie Schuppen fällt es ihm von den Augen: Er war – beim Teufel! Der ist zu allem Überfluss auch schon wieder zur Stelle und tritt diesmal als Viehhändler auf. Der Soldat erfährt nun, was er bisher nicht wusste: Das Buch hat ihn an den Teufel gefesselt, er muss ihm weiter folgen!

Immerhin hat sich das wunderliche Buch bewährt; der Soldat ist steinreich geworden. Nur seine geliebte Geige fehlt ihm sehr. Wieder kreuzt der Teufel wie zufällig seinen Weg – diesmal als alte Frau –, unterm Arm die vermisste Fiedel. Der Soldat stürzt sich auf das Weib und bemächtigt sich seiner Geige, doch – sie ist stumm geworden; er bringt keinen Ton heraus! In seiner Wut zerreißt der Soldat das verfluchte Buch und wirft die Geige auf den Boden.

 Natürlich hat der Soldat sogleich sein ganzes Geld verloren, als er das Buch so leichtfertig zerriss. So befindet er sich, ganz wie zu Beginn, wieder auf der staubigen Landstraße zwischen Chur und Wallenstadt, auf dem Weg in die Heimat. Diesmal ruht er sich in einem Gasthaus aus, wo man ihm das Neueste erzählt: Die Prinzessin sei krank und keiner konnte sie bisher heilen. Der König hat deshalb in seiner Ratlosigkeit versprochen, sie demjenigen, der sie gesund machen könne, zur Frau zu geben. Der Soldat hat ohnehin nichts zu verlieren – warum sollte er hier nicht sein Glück versuchen? Gleich bricht er zum Königsschloss auf.

Doch auch der Teufel – wie könnte es anders sein? – ist schon dort, diesmal tatsächlich als vortrefflicher Geigenspieler. Es zeigt sich aber, dass auch der Teufel seine Schwächen hat, denn dem Soldaten gelingt es, ihn betrunken zu machen. So kommt er endlich wieder in den Besitz seines geliebten Instruments. Als die arme Prinzessin die lieblichen Klänge hört, die der Soldat seiner Geige entlockt, wird sie ganz schnell wieder gesund und fröhlich. Soldat und Prinzessin umarmen sich glücklich, doch unvermutet ist der Teufel aus seinem Rausch erwacht und steht auf einmal drohend hinter dem Paar. Schnell greift der Soldat wieder zu seiner Violine und spielt eine Tanzweise, die so-

Soldat   Prinzessin   Teufel   Vorleser

gar dem Teufel in die Beine fährt – ob er will oder nicht: Er muss
tanzen! Der Soldat spielt immer weiter, so lange, bis der Teufel einfach umfällt. Schnell schleppen die beiden den Bösen hinaus und glauben, dass sie sich nun ungestört umarmen können. Weit gefehlt – wie
aus dem Boden geschossen steht der Teufel schon wieder vor ihnen.
Drohend warnt er den Soldaten: Wenn du jemals dein Heimatdorf
betrittst, hole ich dich in die Hölle!

Natürlich erwacht die Sehnsucht nach der Heimat immer dann am
stärksten, wenn man weiß, dass man nicht dorthin darf. Schließlich
zieht es den Soldaten mit Macht in sein Heimatdorf und er nimmt
seine Prinzessin mit, um sie der Mutter vorzustellen. Kaum aber hat
er den Grenzpfahl des Dorfes erreicht, steht auch schon der Teufel vor
ihm! Nun ist ihm sein Opfer sicher; geigend folgt ihm der Soldat in
die Hölle …

Hinweise

*Strawinskijs ›Geschichte vom Soldaten‹ ist keine Oper im üblichen Sinn,
aber trotzdem ein eindrucksvolles und sehr originelles Stück des Musiktheaters. Mit diesem Werk beschritt der Komponist einen neuen Weg:
Mit musikalischen Mitteln stellte er eine Handlung auf der Bühne dar,
ohne dass die Darsteller wie in der Oper singen. Stattdessen gibt es einen
»Vorleser«, der das Märchen lebendig und spannend erzählt. Ihm zur
Seite stehen lediglich drei weitere Personen, die zur Musik und zu den
gesprochenen Worten spielen und tanzen, in der Art einer Ballettpan-
tomime. Dieser kleinen Darstellerbesetzung entspricht auch das ungewöhnlich kleine Instrumentalensemble, das man hier kaum »Orchester«
nennen kann; es ist vielmehr eine Kammermusikgruppierung, bestehend
aus sieben Mitgliedern: nämlich Kontrabass, Klarinette, Fagott, Piston
(ein Blechblasinstrument mit baulichen und klanglichen Merkmalen von
Trompete und Horn), Posaune und Schlagzeug sowie einer Solovioline –
natürlich die Geige des Soldaten.*

*Die Musik, die Strawinskij für dieses Ensemble komponierte, ist auf
raffinierte Weise einfach und verständlich. Er schrieb eine Folge von einzelnen, jeweils abgeschlossenen Musikstücken:*

- *den Marsch des Soldaten:*

- *das kleine Konzert des Soldaten, das er der Prinzessin vorspielt,*
- *Tänze der Prinzessin, nämlich Tango, Walzer und Ragtime,*
- *das Teufelslied*
- *sowie einen kleinen und einen großen Choral.*

*Der Dichter Ch. F. Ramuz aus der französischen Schweiz verfasste die
›Geschichte vom Soldaten‹ in enger Zusammenarbeit mit Strawinskij.*

Er sagte zu seinem Buch: Der Vorleser ist das Wichtigste; alles andere –
Musik und Spiel auf der Bühne – sind nur Ergänzungen. Es kam ihm
also in erster Linie auf die Handlung an. Für die deutsche Bühne wurde
das Buch nicht wörtlich übersetzt, sondern frei nachgedichtet.

Unter Strawinskijs »richtigen« Opern ist ›The Rake's Progress‹
(»Das Leben eines Wüstlings«, 1951) zu erwähnen. ›Oedipus Rex‹
(1928) hingegen wird vom Komponisten als »Opernoratorium« bezeichnet.

Alban Berg
(1885–1935)

Wozzeck

Oper in drei Aufzügen

- Text: von Georg Büchner
- Aufbau: drei in 15 Szenen gegliederte Akte
- Uraufführung: am 14. Dezember 1925 in Berlin
- Spieldauer: 2 Stunden

Besetzung

Wozzeck	*Bariton*
Tambourmajor	*Tenor*
Andres	*Tenor*
Hauptmann	*Tenor*
Doktor	*Bass*
Zwei Handwerksburschen	*Bass, Bariton (auch Tenor)*
Der Narr	*Tenor*
Marie	*Sopran*
Margret	*Alt*
Mariens Knabe	*Sopran*
Soldat	*Tenor*
Soldaten und Burschen, Mägde und Dirnen, Kinder	*Chor*

Die Handlung

 Der arme Soldat Wozzeck rasiert seinen Hauptmann; dabei kommen beide miteinander ins Gespräch. Dem Hauptmann ist aufgefallen, dass Wozzeck schon seit längerer Zeit so unruhig, so gehetzt wirkt, und er macht ihm Vorwürfe, dass er ein Kind hat, ohne verheiratet zu sein – das gehört sich schließlich nicht! Wozzeck versucht seine Lage zu erklären: Arme Leute wie er haben nicht viel Gelegenheit in dieser Welt, es sich gut gehen zu lassen!

Wenig später trifft sich Wozzeck mit seinem Freund Andres draußen vor der Stadt, um für den Major Weidenstöcke zu schneiden. Plötzlich scheinen sich seine Sinne zu verwirren: Er hört unheimliche Geräusche und schwankt wie vom Schwindel gepackt hin und her. In panischer Angst beobachtet er die untergehende Sonne, sieht Feuer vom Himmel fallen und glaubt, die Posaunen des Jüngsten Gerichtes zu hören.

Zur gleichen Zeit steht Wozzecks Freundin Marie mit ihrem Kind auf dem Arm am Fenster ihrer armseligen Wohnung und sieht der bunten Militärkapelle nach, die am Haus vorbeimarschiert. Besonders der Tambourmajor hat es ihr angetan. Dieser hat das hübsche Mädchen am Fenster natürlich bemerkt und sie winkt ihm verstohlen zu. Nachbarin Margret verspottet die beiden und Marie wirft beleidigt das Fenster zu. Nachdenklich wiegt sie ihr Kind in den Schlaf und singt ein trauriges Lied dazu. Da tritt – gehetzt wie immer – Wozzeck ein. Er muss schnell zurück in die Kaserne, doch vorher will er ihr unbedingt noch von seinem unheimlichen Erlebnis auf dem Feld erzählen. Dann stürzt er wieder davon. Nicht einmal nach seinem Kind hat er geschaut; verzweifelt sieht Marie ihm nach.

Wozzeck verdient sich auf allerlei Wegen ein wenig Geld zu seinem kümmerlichen Sold hinzu, denn er muss ja auch Marie und das Kind ernähren. So lässt er sich vom Doktor als »Versuchstier« gebrauchen: Er darf immer nur Bohnen essen und der Doktor beobachtet, wie er sich dabei fühlt, in der Hoffnung, dabei große wissenschaftliche Ent-

deckungen zu machen. Der Lohn dafür ist allerdings mehr als küm-
merlich: ganze drei Groschen. Auch der Doktor weiß keinen Rat, als
Wozzeck ihm von seinen Visionen erzählt.

Es dunkelt: Da klopft der Tambourmajor bei Marie an. Sie bewundert das prächtige Mannsbild und er ist ganz scharf auf ein Abenteuer
mit dem Mädchen. Sie wehrt sich erst ein bisschen gegen seine zudringlichen Zärtlichkeiten, doch dann nimmt sie ihn heimlich mit zu
sich ins Haus.

 Am nächsten Morgen bewundert sich Marie im Spiegel: Sie
trägt neue Ohrringe. Die hat ihr gestern Nacht der Tambourmajor geschenkt, als Lohn für die Liebesnacht. Um ihr Kind
kümmert sich Marie heute nur sehr unwillig. Wozzeck kommt vorbei;
natürlich entdeckt er sofort die Ohrringe, obwohl Marie sie schnell
verstecken will. Er bedrängt sie eifersüchtig und glaubt nicht recht,
dass sie so etwas Kostbares gefunden haben könnte, wie sie behauptet.
Aber bevor er zum Dienst geht, lässt er trotzdem sein ganzes weniges
Geld da. Reumütig blickt Marie ihm nach.

Marie   Kind   Wozzeck   Major

Auf dem Weg begegnet Wozzeck dem Hauptmann und dem Doktor. Als er sich an ihnen vorbeidrücken will, halten sie ihn am Rockzipfel fest, machen sich über ihn lustig und spielen dabei boshaft auf den Tambourmajor an. Wozzeck erschrickt und wehrt sich gegen solche Späße, denn Marie und das Kind sind seine einzige Freude. Der Hauptmann aber besteht hartnäckig auf seinen Andeutungen: Das war ja gar nicht als Spaß gemeint, das mit dem Tambourmajor... Entsetzt ergreift Wozzeck die Flucht.

Daheim zwingt er Marie sogleich zum Geständnis ihres Seitensprunges. Doch sie widersetzt sich trotzig seinen Drohungen. Wozzeck verlässt sie wie von Sinnen vor Eifersucht.

Ersten Trost sucht er im Wirtshaus. Einsam sitzt er am Tisch vor seinem Bier. Die anderen machen einen Bogen um ihn, weil er so verstört aussieht. Unter den tanzenden Paaren sieht er auch Marie und den Tambourmajor. Plötzlich nähert sich ihm eine seltsame närrische Gestalt und murmelt geheimnisvolle Worte: »Ich rieche Blut...« Wozzeck stürzt hinaus.

Wozzeck   Narr   Handwerker   Marie   Tambourmajor

In der Kaserne sucht Wozzeck vergeblich Ruhe. Er findet auf seiner Pritsche keinen Schlaf. Aufgeblasen und angetrunken kommt der Tambourmajor heim. Er ist rauflustig und reizt Wozzeck bis aufs Blut, sodass es zum Ringkampf kommt. Natürlich besiegt der kraftstrotzende Major den kränkelnden Wozzeck und lässt ihn blutend auf seinem Bett zurück. Finster grübelnd liegt Wozzeck die ganze Nacht wach, während die Kameraden um ihn herum friedlich schlafen.

 Auch Marie ist unruhig und findet keinen Schlaf. Wozzeck hat sich bei ihr überhaupt nicht mehr blicken lassen. Deshalb sucht sie Trost in der Bibel und stößt dabei ganz zufällig auf eine passende Geschichte: Jesus verzeiht der Ehebrecherin, wenn sie verspricht, nicht mehr zu sündigen. Sie singt ihrem kleinen Jungen ein trauriges Lied von einem einsamen Waisenkind vor. Dann blättert sie stumm weiter in der Bibel.

Schließlich taucht Wozzeck doch wieder bei ihr auf. Er macht mit Maria in der Dämmerung einen Spaziergang durch den einsamen Wald. Sie hat große Angst und will heim, doch Wozzeck drückt sie an sich und küsst sie. Er murmelt seltsame Worte, die ihr unheimlich sind. Sie gehen an einem kleinen Teich entlang. Als der Mond aufgeht, zieht er plötzlich ein Messer und sticht zu. Dann stürzt er in großer Panik davon; Marie bleibt im Wald liegen und verblutet.

Wozzeck kehrt in das Wirtshaus zurück, schreit und singt, tanzt mit Margret und sucht Streit. Auf einmal sieht sie seine blutige Hand. Wozzeck ergreift in panischer Angst die Flucht, mitten aus dem Kreis der entsetzten Gäste, die den Verrückten umringt haben.

Der Mörder kehrt an den Tatort zurück. Wozzeck sucht am Teich im Wald das blutige Messer, das ihn verraten könnte. Er findet es und wirft es ins Wasser. Dann watet er hinterher, aus Angst, das Messer könnte vielleicht doch noch zu sehen sein. Immer tiefer gerät er in das sumpfige Wasser – schließlich geht er unter, versinkt, ertrinkt…

Wieder einmal gehen der Hauptmann und der Doktor zusammen spazieren. Diesmal führt sie der Weg zufällig an dem Teich im Wald vorbei. In der Stille der Nacht glauben sie seltsame Geräusche zu hören wie von einem Ertrinkenden. Da wird ihnen schauerlich zumute; schnell kehren sie um und verlassen den unheimlichen Ort.

Vor dem leeren Haus Maries spielen ein paar Kinder miteinander Fangen. Auch ihr kleiner Junge ist mit seinem Steckenpferd dabei. Da kommen noch mehr Kinder gelaufen; sie haben die tote Marie im Wald gefunden! Gleich rennen alle los, um die Tote anzuschauen. Dem kleinen Jungen rufen sie noch schnell zu: »Deine Mutter ist tot!«... Aber er begreift nicht, was das heißt. Mutterseelenallein hoppelt er auf seinem Steckenpferd den anderen nach.

Hinweise

Als Alban Berg 1914 in Wien die erste Aufführung des Schauspiels ›Woyzeck‹ von Georg Büchner (1813–1837) sah, war er so beeindruckt, dass er sich sogleich an eine Vertonung dieses Textes machte. Er richtete sich selbst das Libretto des ›Woyzeck‹ ein, ließ einige Szenen weg und fügte die vorhandenen Szenen zu drei Aufzügen zusammen.

›Wozzeck‹, wie Berg nun das neue Werk nannte, ist eine »atonale« Oper. Ihre Musik ist also nicht auf einen Grundton und eine Tonart bezogen; ihre Klänge stehen nicht mehr in harmonischer Verwandtschaft zueinander, ordnen sich nicht mehr wie bisher in Kadenzen; Dissonanzen lösen sich nicht mehr zu Konsonanzen auf. Um seiner Musik dennoch einen festen Halt zu geben, legte Berg den einzelnen Szenen jeweils bestimmte Satzformen der traditionellen Musik zugrunde. Jeder Akt bildet eine höhere formale Einheit. Im Einzelnen sieht das so aus:

- *1. Akt: Folge von fünf Charakterstücken.*
  - *Erste Szene: Suite nach barockem Vorbild mit Präludium, Sarabande, Gigue, Gavotte, Air und Postludium (= das rückwärts gespielte Präludium!).*
  - *Zweite Szene: Rhapsodie über drei Akkorde, Jägerlied mit drei Strophen.*

- *Dritte Szene: Marsch und Wiegenlied.*
- *Vierte Szene: Passacaglia mit 21 Variationen.*
- *Fünfte Szene: ein »Andante affettuoso«.*
- *2. Akt: eine Sinfonie in fünf Sätzen.*
  - *Erste Szene: Sonate.*
  - *Zweite Szene: Fantasie (Invention) und Tripelfuge.*
  - *Dritte Szene: Largo für Kammerorchester.*
  - *Vierte Szene: Scherzo mit zwei Liedern als Trios.*
  - *Fünfte Szene: Introduktion (Einleitung) und »Rondo martiale« (kriegerisch).*
- *3. Akt: sechs Inventionen (wie bei Bach).*
  - *Erste Szene: Invention über ein Thema mit sieben Variationen und Fuge.*
  - *Zweite Szene: Invention über einen Ton (als Orgelpunkt H).*
  - *Dritte Szene: Invention über einen Rhythmus (Polka).*
  - *Vierte Szene: Invention über einen Sechsklang.*
  - *Fünfte Szene: Invention über eine gleichmäßige Achtelbewegung.*

Diese strengen Formen sind zwar kaum beim Hören im Theater zu erkennen, gliedern aber den musikalischen Ablauf sehr deutlich und hilfreich. Die drei Akte sind, trotz der genannten Gliederung, jeweils durchkomponiert. Eine Besonderheit ist das gelegentliche rhythmische Sprechen mit festgelegter Tonhöhe, das etwa an die Stelle der früher üblichen Dialoge oder Rezitative tritt. In den Noten sieht das dann so aus:

Hob ihn ein - mal ei - ner auf, meint, er sei ein I - gel
(ins Singen hineinkommend)

Berg setzt im ›Wozzeck‹ ein sehr großes Orchester mit vielen unterschiedlichen Instrumenten ein, wie es uns ähnlich auch in den Opern von Richard Strauss begegnet, wobei hier das Schlagzeug noch wesentlich reichhaltiger besetzt ist, mit großen und kleinen Trommeln, Rute, Tam-

tams, Triangel und Xylophon. Hinzu kommen Celesta und Harfe und die Bühnenmusik: die Militärkapelle im 1. Akt und die Wirtshausmusik im 2. Akt. Mit diesem vielseitigen Orchester erreicht Berg einen ungemein abgestuften und höchst ausdrucksvollen Klang, am schillerndsten und unheimlichsten wohl in der 4. Szene des 3. Aktes am Teich.

Neben ›Wozzeck‹ schrieb Alban Berg noch die Oper ›Lulu‹ (1934), die er jedoch unvollendet hinterließ. Heute wird das Werk entweder als zweiaktiges Fragment oder aber in einer nach den Skizzen des Komponisten komplettierten Fassung von Friedrich Cerha aufgeführt.

Paul Hindemith
(1895–1963)

Cardillac

Oper in drei Aufzügen

- Text: von Ferdinand Lion (nach E.T.A. Hoffmann)
- Aufbau: Vorspiel und 18 Musiknummern, die miteinander verbunden sind
- Uraufführung: am 9. November 1926 in Dresden
- Spieldauer: etwa 2 Stunden

Besetzung

Der Goldschmied Cardillac	*Bariton*
Seine Tochter	*Sopran*
Der Offizier	*Tenor*
Der Goldhändler	*Bass*
Der Kavalier	*Tenor*
Die Dame	*Sopran*
Der Führer der Prévôté	*Bariton*
Der König	*Stumme Rolle*

Kavaliere und Damen des Hofes, die Prévôté (eine Polizeitruppe), Volk	*Chor*

Die Handlung

 Es gibt Künstler, die kümmern sich um ihre Werke, wenn sie vollendet sind, überhaupt nicht mehr – ihr Schicksal ist ihnen gleichgültig. Andere Künstler dagegen bringen es nicht übers Herz, sich auch nur von einem einzigen ihrer Werke zu trennen. Sie leiden unter der Trennung wie unter dem Abschied von einem geliebten Menschen. In der folgenden Geschichte, die im Paris des 17. Jahrhunderts spielt, lernen wir einen genialen Goldschmied kennen, der zur zweiten Gruppe gehört.

 Die Bevölkerung von Paris ist verängstigt, denn immer wieder passieren des Nachts geheimnisvolle Morde. Seltsamerweise sind immer Träger von Schmuckgegenständen die bedauernswerten Opfer. Die Polizei beruhigt die aufgebrachte Menge: Der König hat jetzt ein Sondergericht – genannt »Die brennende Kammer« – eingesetzt, das sich um die Aufklärung der Verbrechen kümmern soll. Auch Cardillac, der berühmte Goldschmied, kommt des Weges, von den Herumstehenden als großer Künstler ehrerbietig begrüßt. Unter den Menschen auf der Straße ist eine vornehme Dame in Begleitung ihres Kavaliers. Er erzählt ihr von Cardillacs Künsten und erwähnt auch, dass alle Mordopfer gerade seinen Schmuck getragen haben. Das reizt die Dame besonders und sie macht ihrem Verehrer ein Angebot: Er möge ihr den schönsten Schmuck des Meisters schenken, dann wolle sie ihn noch in der gleichen Nacht endlich erhören. In diesem fürchterlichen Zwiespalt zwischen Liebe und möglichem Tod entscheidet sich der Kavalier, ihren Vorschlag anzunehmen.

In der Nacht wartet die Dame zunächst vergeblich auf ihren Liebhaber mit dem ersehnten Geschmeide. Schließlich schläft sie enttäuscht ein. Da endlich erscheint der Kavalier. Und tatsächlich: Er hält das schönste Schmuckstück in den Händen, das je aus Cardillacs Werkstatt gekommen ist, einen kostbaren Gürtel. In inniger Umarmung sinkt das Paar aufs Bett. Plötzlich taucht am offenen Fenster eine maskierte Gestalt auf, stößt dem Mann ein Messer in den Leib und verschwindet mit dem Gürtel wieder im Dunkel der Nacht.

Dame   Kavalier   Cardillac

Cardillac ist in seiner Werkstatt und empfängt den Besuch seines Goldhändlers, mit dessen Lieferungen er in letzter Zeit nicht zufrieden war. Deshalb macht er sich mit ihm gemeinsam auf den Weg, um sich selbst an Ort und Stelle Gold von bester Qualität zu besorgen. Cardillac hat bemerkt, dass sich der Händler heimlich an der Tür der Werkstatt bekreuzigt hat, und erkundigt sich beiläufig nach dem Grund. Der Händler gesteht, dass er Cardillac verdächtigt, in irgendeiner Weise mit den Morden zu tun zu haben.

Cardillacs Tochter bleibt allein in der Werkstatt zurück. Sie hängt ihren Gedanken nach. Eigentlich möchte ihr Geliebter, ein Offizier, heimlich mit ihr fliehen und hat schon alles zur Flucht vorbereitet. Sie aber kann sich vom Vater nicht trennen. Als der Offizier unversehens eintritt und sie auffordert, mit ihm zu kommen, gibt sie ihm erneut einen Korb. Erbittert und enttäuscht wendet er sich zum Gehen, doch er hofft, sie aus der Fessel ihres Vaters eines Tages befreien zu können.

Cardillac kehrt heim und bringt Gold zum Arbeiten mit. Für seine Tochter hat er kaum ein Auge und hört ihr auch nicht recht zu, als sie mit ihm über ihren geliebten Offizier sprechen will. Er denkt gar nicht daran, sie bei sich im Hause festzuhalten; seine Gedanken gelten ausschließlich seiner Kunst.

Auf einmal widerfährt Cardillac unverhofft eine hohe Ehrung: Der König besucht mit seinem Hofstaat die Werkstatt und bewundert die kostbaren Kunstwerke von der Hand des Goldschmiedes. Doch als deutlich wird, dass der König und seine Gefolgsleute Interesse am Kauf einzelner Gegenstände haben, wird Cardillac ziemlich unhöflich und abweisend. Schließlich verabschiedet sich der hohe Besuch enttäuscht und empört. Cardillac ist wieder allein – er selbst weiß am besten, dass der König sein nächstes Mordopfer geworden wäre, wenn er ein Schmuckstück gekauft hätte! Dann holt er aus einem Geheimschrank den Gürtel, den die vornehme Dame von ihrem Kavalier geschenkt bekommen hat, und berauscht sich am Anblick des wiedergewonnenen Geschmeides.

Der Offizier kehrt zurück und erbittet nun von Cardillac »das Schönste, was ihr schuft«. Entsetzt wehrt der Künstler ab, doch der Offizier hat ja gar keinen Schmuck gemeint, sondern Cardillacs Tochter. Der Offizier will aber zugleich auch das Geheimnis dieses Hauses lösen und die Tochter aus der Abhängigkeit ihres Vaters befreien. Deshalb ringt er Cardillac gegen dessen ausdrücklichen, fast verzweifelten Widerstand eine Kette ab und verlässt das Haus, während der Goldschmied ihm Verwünschungen nachruft. Cardillac versucht sich zur Arbeit zu zwingen, doch vergeblich – immer wieder kreisen seine Gedanken um die Kette. Wie getrieben verkleidet er sich und macht sich auf die Jagd nach Schmuck und Käufer.

 Auf der nachtdunklen Straße wartet der Offizier auf Cardillac, denn er hat längst begriffen, dass hier der Künstler wie unter einem Zwang zum Mörder geworden ist. Da taucht auch schon Cardillac auf und stürzt sich wie von Sinnen mit dem Messer auf den Offizier. Der jedoch weicht dem Angriff, den er erwartet hat, geschickt aus und wird nur leicht verwundet. Der Goldhändler, der den gleichen Verdacht hatte, beobachtet den Vorfall und ruft laut um Hilfe. Unterdessen lässt der Offizier Cardillac fliehen, denn der Künstler hat ihn beschwörend auf seine unvollendeten Werke hingewiesen. Es gibt schnell einen großen Volksauflauf. Auch die Polizei ist da und der Goldhändler klagt Cardillac in aller Öffentlichkeit als Schuldigen an. Man holt den Künstler aus seiner Werkstatt, seine Tochter begleitet ihn. Der Offizier aber lenkt nun den Verdacht auf den Goldhändler als Mordkomplizen und entlastet damit Cardillac. Sofort wird der arme Mann verhaftet und der Folter übergeben, damit er den Namen des Mörders preisgibt. Cardillacs Tochter aber erfährt entsetzt vom Offizier, welche Verbrechen ihr Vater begangen hat. Nur so kann er sie endlich aus ihrer Abhängigkeit vom Vater befreien.

Währenddessen jubelt die Menge dem verehrten Meister Cardillac zu, der sich dieser Bewunderung mit düster-geheimnisvollen Worten zu entziehen versucht. Schnell erwachen bei den Menschen Neugier und Argwohn; man treibt ihn mit Fragen und Drohungen so in die Enge, dass er schließlich gesteht, der gesuchte Schmuckmörder zu sein. Er bekennt sich ohne ein Zeichen von Reue zu seinen Taten. Die Menschen fallen blind vor Wut über ihn her, um ihn zu töten. Offizier und Tochter finden Cardillac inmitten der Menge sterbend auf dem Pflaster der Straße; sein Abschiedsgruß gilt der Kette, die der Offizier um den Hals trägt. In starrem Schweigen beobachtet das Volk den Tod des Künstlers, den seine Leidenschaft zum Verbrecher machte.

Hinweise

Die Handlung der Oper ›Cardillac‹ beruht auf der Erzählung ›Das Fräulein von Scuderi‹ von E. T. A. Hoffmann (1776–1822), in der ein geheimnisvoller Kriminalfall um den Pariser Goldschmied Cardillac geschildert wird. Madame de Scuderi allerdings, die zweite Hauptperson in der Er-

zählung, erscheint im Opernlibretto überhaupt nicht. Die Handlung ist dadurch gestrafft und vereinfacht und bleibt ganz auf die Figur des Goldschmieds konzentriert, um den herum eher namenlose »Typen« als individuelle Menschen auftreten: der Kavalier, die Dame...

Hindemiths Musik steht in einem eigentümlichen Gegensatz zur spannenden und unheimlich übersteigerten Handlung. Der Komponist hat hier nicht versucht, mit seinen Klängen die Stimmungen und Feinheiten des Geschehens in allen Einzelheiten nachzuzeichnen. Die Oper ist auch nicht durchkomponiert, sondern gliedert sich wie in alter Zeit in einzelne voneinander abgesetzte »Nummern«, die manchmal scheinbar ohne innere Beziehung neben dem dramatischen Geschehen auf der Bühne ablaufen. Gerade durch diesen starken Gegensatz zwischen Musik und Handlung entsteht jedoch eine ganz neuartige, reizvolle Spannung. Am deutlichsten wird das im 2. Bild des 1. Aufzuges, wenn der Kavalier der Dame den Gürtel Cardillacs bringt und dafür ermordet wird: Zu dieser dramatischen Nachtszene, die auf der Bühne als stumme Pantomime gespielt wird, erklingt im Orchester das zarte Duett zweier Querflöten, sparsam von wenigen Instrumenten begleitet. Der Mord geschieht in völliger Stille, dann aber scheint das ganze Orchester im Fortissimo (fff) zu explodieren. Auch in anderen Szenen stehen jeweils Soloinstrumente im Vordergrund.

Daneben gelingt Hindemith eine Reihe von packenden Chorszenen, in denen die Angst des Volkes vor dem Mörder unmittelbar zum Ausdruck kommt. Eine solche Volksszene eröffnet den 1. Akt; sie geht unmittelbar aus dem lebhaften Orchestervorspiel hervor und verwendet auch dessen Melodik:

Gern greift Hindemith auf ältere musikalische Formen zurück – am eindrucksvollsten sicher in der großen Szene zwischen Cardillac und dem Volk am Ende der Oper, die als Passacaglia gestaltet ist: Wie in der barocken Passacaglia baut sich dieses Ensemble über einem gleich bleibenden, ständig wiederkehrenden und immer mächtiger sich steigernden Thema auf:

Viele Jahre nach der Uraufführung hat Hindemith seinen ›Cardillac‹ noch einmal sehr eingreifend in Musik und Handlung umgearbeitet, nach seinen eigenen Regeln, die er inzwischen in einem Buch veröffentlicht hatte (›Unterweisung im Tonsatz‹). Diese zweite Fassung (von 1952) hat sich jedoch auf der Bühne nicht durchgesetzt; die knappere und bühnenwirksamere Erstfassung konnte sich gegen den Willen des Komponisten behaupten.

Außer ›Cardillac‹ hinterließ Hindemith eine Reihe weiterer Opern, die heute unterschiedlich selten gespielt werden. In seinem »Sketch mit Musik« ›Hin und zurück‹ (1927) läuft die Handlung tatsächlich von der Mitte des Stücks an rückwärts. Als Spätwerke gelten die Opern ›Mathis der Maler‹ (1938) über den berühmten Künstler Mathias Grünewald und ›Die Harmonie der Welt‹ (1957), in deren Mittelpunkt der berühmte Astronom Johannes Kepler steht.

George Gershwin
(1898–1937)

Porgy und Bess

Oper in drei Aufzügen

- Text: von Du Bose Heyward und Ira Gershwin
- Aufbau: drei durchkomponierte Akte mit eingefügten Nummern
- Uraufführung: am 10. Oktober 1935 in New York
- Spieldauer: etwa 2 ½ Stunden

Besetzung

Porgy, ein verkrüppelter Neger	*Bariton*
Bess, eine junge Negerin	*Sopran*
Sporting Life, Rauschgifthändler und Schmuggler	*Tenor*
Crown, ein gut verdienender, aber brutaler Neger	*Bariton*
Jake, ein Fischer	*Bariton*
Clara, seine Frau	*Sopran*
Robbins, ein junger Fischer	*Tenor*
Serena, seine Frau	*Sopran*
Peter, ein alter Neger, Honigverkäufer	*Tenor*
Maria, seine Frau	*Mezzosopran*
Jim	*Bariton*
Mingo und Nelson, Fischer	*Tenöre*
Lily und Annie, Negerinnen	*Mezzosoprane*
Scipio, Negerjunge	*Sprechrolle*
Eine Erdbeerfrau	*Mezzosopran*
Ein Krabbenverkäufer	*Tenor*
Mr. Archdale, weißer Rechtsanwalt	*Sprechrolle*
Simon Frazier, Negeradvokat	*Bariton*
Ein Leichenbestatter	*Bariton*
Ein Leichenbeschauer	*Sprechrolle*
Ein Detektiv	*Sprechrolle*
Erwachsene und Kinder der Catfish Row, Polizisten	*Chor*

Die Handlung

 Die Handlung spielt fast ausschließlich unter Schwarzen in Charleston, einer Stadt im amerikanischen Bundesstaat Süd-Carolina, um 1870 nach dem großen Bürgerkrieg. Dort lebten in der Catfish Row ehemals reiche Weiße. Nun wird die Straße von mehr oder weniger mittellosen, aber lebenslustigen Afroamerikanern bewohnt.

 Auch an diesem Abend treffen sich die Anwohner nach getaner Arbeit zum Singen, Tanzen und Spielen auf der Straße. Clara hat ihr Baby auf dem Arm und versucht, es trotz des allgemeinen lautstarken Trubels in den Schlaf zu singen. Auch ihrem Mann, dem Fischer Jake, gelingt es nicht, das Kind zu beruhigen; allerdings singt er auch kein Wiegenlied, sondern ein Spottlied auf die Frauen.

Da kommt der verkrüppelte Porgy mit seinem Wägelchen des Weges; man neckt ihn, weil er sich in das Mädchen Bess verliebt hat. Sie allerdings lebt mit Crown zusammen, einem üblen Burschen, der in Rauschgiftgeschäfte verwickelt und selber süchtig ist.

Crown mischt sich mit Bess unter die Menge. Beim Würfeln bekommt Crown sofort Streit mit Robbins, weil er falsch spielt. Jähzornig erschlägt Crown seinen Gegner und ergreift aus Angst vor der Polizei sofort die Flucht. Der Kokainhändler Sporting Life bietet Bess bei sich Unterschlupf; sie aber geht mit Porgy, als die Polizeisirenen immer näher kommen und die Menge auseinander läuft.

Man hat den erschlagenen Robbins im Zimmer seiner Frau Serena aufgebahrt. Sie hat kein Geld, um sein Begräbnis zu bezahlen; da legen alle ihre Münzen zusammen, auch Bess beteiligt sich.

Empört weist Serena ihren Beitrag zurück, doch Bess erklärt ihr, dass es Porgys Geld ist. Ein Polizeidetektiv dringt in das Zimmer ein und sucht Mordzeugen. Außerdem treibt er zur Eile an: Robbins soll schnell beerdigt werden, sonst wird er seine Leiche den Medizinstudenten weitergeben. Schließlich kommt auch der Bestattungsunternehmer; erst auf eindringliche Bitten aller Anwesenden akzeptiert er die geringe Summe, die gesammelt worden ist.

 Inzwischen neigt sich der Sommer dem Ende zu. Die Fischer flicken frühmorgens ihre Netze. Clara fleht ihren Mann an, nicht mehr aufs Meer hinauszufahren – wie schnell kann in dieser Jahreszeit ein Sturm aufkommen! Jake aber lässt sich nicht zurückhalten, denn sie haben das Geld bitter nötig und er denkt an die Zukunft, wenn ihr kleiner Sohn gut ausgebildet werden soll.

Bess hat den Sommer über bei Porgy verbracht; vor allem er ist sehr glücklich; er lässt sich gutmütig vom Advokaten Frazier übers Ohr hauen, der ihm für teures Geld eine Scheidungsurkunde verkauft, obwohl Bess ja überhaupt nicht mit Crown verheiratet war. Rechtsanwalt Dr. Archdale kann gerade rechtzeitig das üble Geschäft verhindern.

Porgy ist abergläubisch: Ein Bussard am Himmel bedeutet für ihn nahes Unglück. Bess aber beteuert ihre Liebe; Porgy beruhigt sich und wehrt auch standhaft alle Zudringlichkeiten des Drogenhändlers Sporting Life ab. – Das lustige Völkchen von der Catfish Row bricht zu einem gemeinsamen Picknick auf einer Insel auf. Bess will zunächst lieber bei Porgy daheim bleiben, aber schließlich lässt sie sich doch zum Mitkommen überreden.

Auf der Insel wird gefeiert. Am Ende des Abends gibt es allerdings noch ein wenig Streit, denn Sporting Life ärgert manche frommen Freunde dann doch zu sehr mit seinen gottlosen Reden. Serena mahnt zur Heimfahrt; alle brechen auf zum Dampfer. – Bess ist zurückgeblieben und auf einmal steht Crown vor ihr, der sich auf der Insel versteckt gehalten hatte. Es zeigt sich schnell, dass er immer noch eine fast unerklärliche Anziehungskraft auf das Mädchen ausübt, denn obwohl sie ihm von ihrem Verhältnis zu Porgy erzählt und sich gegen ihn wehrt, lässt sie sich am Ende zum Bleiben überreden.

Porgy   Bess   Sporting Life

3 In der darauf folgenden Woche stechen die Fischer noch einmal in See. Bess ist zu Porgy heimgekehrt und liegt nun mit Fieber im Bett. Serena betet für sie und scheint sie mit der Kraft ihres Glaubens auch tatsächlich heilen zu können. Bess erzählt Porgy von ihrem Abenteuer mit Crown und fleht ihn an, sie vor ihm zu beschützen. Draußen hat sich unterdessen ein Unwetter zusammengebraut. Clara verliert fast den Verstand vor lauter Angst um ihren Mann draußen auf dem Meer.

Frühmorgens am nächsten Tag treffen sich alle in großer Sorge bei Serena. Sie singen ein Spiritual, als es an die Tür klopft. Abergläubisch erwarten alle, den leibhaftigen Tod eintreten zu sehen. Es ist stattdessen Crown, der nun Bess holen will. Dem Spiritual zum Trotz stimmt er ein lästerliches Lied an. Auf einmal sieht man durch das Fenster draußen auf dem Meer Jakes Boot kentern. Clara stürzt hinaus in das Unwetter, Crown ihr nach. – Einen Tag später versinkt die Catfish Row in tiefer Trauer, denn mit anderen Fischern sind auch Jake und Clara im Sturm umgekommen, möglicherweise auch Crown. Sporting Life aber glaubt es besser zu wissen: Crown lebt!

Clara, Serena, Maria

Wenig später, als alle still nach Hause gegangen sind, taucht Crown tatsächlich wieder auf und schleicht um Porgys Wohnung. Auf einmal tut sich hinter seinem Rücken ein Fenster auf und Porgy ersticht den Nebenbuhler.

Nun befassen sich ein Detektiv und ein weißer Untersuchungsrichter mit dem neuen Mordfall. Zunächst hält man die unschuldige Serena für die Täterin. Dann jedoch wendet sich die Aufmerksamkeit Porgy zu: Er soll Crown identifizieren und muss deshalb mit auf die Polizeistation.

Während seiner Abwesenheit nähert sich wieder einmal der zwielichtige Sporting Life dem Mädchen Bess. Er legt ihr nahe, ihn nach New York zu begleiten, denn Porgy würde ja nun ohnehin hinter Gittern enden. Empört weigert sich Bess; er aber legt ihr ein Päckchen Rauschgift vor die Nase und verlässt sie siegesgewiss.

Nach einer Woche in Untersuchungshaft kehrt Porgy wieder heim! Er wollte – abergläubisch – den toten Crown nicht identifizieren und auch nichts aussagen; also hat man ihn erst einmal ein paar Tage lang eingesperrt. Fröhlich kommt er die Straße herunter, mitleidig und verlegen von den Mitbewohnern beobachtet. Er ruft erwartungsvoll nach Bess. Da muss er erfahren, dass sie ihn verlassen hat und mit Sporting Life nach New York gegangen ist. Alle beschwören ihn: Er soll vergessen, es hat keinen Sinn mehr! Er aber bleibt in seiner rührenden Liebe unbeirrbar: Mit seinem kleinen Wägelchen macht er sich auf den weiten Weg nach New York, um seine Bess zu suchen. Gott wird ihm helfen, davon ist er fest überzeugt!

Hinweise

Gershwin ist ein Sonderfall in der Musikgeschichte, denn ihm gelang es, einen Mittelweg zwischen der so genannten »ernsten« Musik und der modernen Unterhaltungsmusik und der Folklore zu finden. Seine Instrumentalwerke, etwa ›Rhapsody in Blue‹ oder ›Ein Amerikaner in Paris‹, sind in unseren Konzertprogrammen aber selten zu finden. Auf dem Gebiet der Oper gelang dem Komponisten etwas Vergleichbares: Mit ›Porgy und Bess‹ entstand eine Art »amerikanische Oper«, wie es sie zuvor nicht gegeben hatte. Er selbst nennt sie »amerikanische Volksoper«, womit vor allem die Nähe der Handlung und der Personen zum einfachen Volk gekennzeichnet werden soll.

Allerdings fügte Gershwin in seine Partitur keine originalen Volksmelodien ein – also die Spirituals und Songs der schwarzen Bevölkerung –, sondern er komponierte die Melodien neu im Stil dieser Volksmusik.

Die drei Aufzüge des Werkes sind durchkomponiert. Die Musik drückt sehr kontrastreich alle wechselnden Stimmungen der Natur und der Menschen aus. Dabei verwendet Gershwin neben den genannten folkloristischen Klängen im typischen Tonfall der Farbigen auch Elemente des Jazz und die Klänge der musikalischen Revuen vom New Yorker Broadway – einer berühmten Straße in New York, in deren Theatern viele bekannte Musicals zum ersten Mal aufgeführt wurden. Auch der Blues als wichtige Grundlage des Jazz wird einbezogen: Gleich zu Beginn des 1. Aktes hört man aus einem der Häuser in der Catfish Row auf einem (absichtlich) verstimmten Klavier einen Blues spielen, der dann von den Schwarzen auf der Bühne mitgesungen wird.

Innerhalb der durchkomponierten Akte gibt es gleichwohl in sich abgeschlossene »Nummern«, also neben Ensembles auch Soloszenen, die man durchaus mit den traditionellen Arien der Oper vergleichen kann. Das berühmteste Beispiel hierfür ist sicher Claras Lied »Summertime«:

Ferner gibt es mehrere groß angelegte Chorsätze, besonders eindrucksvoll etwa das Spiritual »Oh, there's somebody« im 2. Akt:

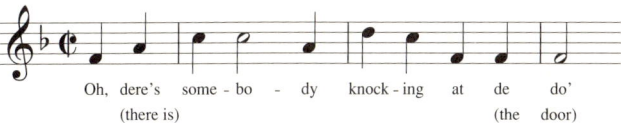

In der Picknick-Szene setzt Gershwin zusätzlich auch noch urtümliche »primitive« Instrumente mit ein – Kämme, Knochen, Waschbrett – und beschwört mit ihnen und unter Einbeziehung afrikanischer Trommeln die Atmosphäre einer temperamentvollen improvisierten Freiluftmusik.

Die Nähe dieser Oper zum Musical ist unüberhörbar; zugleich hat diese Verwandtschaft den Weg von ›Porgy und Bess‹ auf die großen Opernbühnen zunächst erschwert. Inzwischen aber ist diese Oper ein Welterfolg geworden. 1985 wurde sie erstmals in der ehrwürdigen Metropolitan Opera in New York aufgeführt.

Carl Orff
(1895–1982)

Die Kluge

Die Geschichte von dem König und der klugen Frau

- Text: vom Komponisten (nach dem Grimmschen Märchen ›Die kluge Bauerntochter‹)
- Aufbau: kein Vorspiel, zwölf Szenen mit Dialog
- Uraufführung: am 20. Februar 1943 in Frankfurt am Main
- Spieldauer: etwa 1 ½ Stunden

Besetzung

Der König	*Bariton*
Der Bauer	*Bass*
Des Bauern Tochter	*Sopran*
Der Kerkermeister	*Bass*
Der Mann mit dem Esel	*Tenor*
Der Mann mit dem Maulesel	*Bariton*
Erster Strolch	*Tenor*
Zweiter Strolch	*Bariton*
Dritter Strolch	*Bass*

Die Handlung

 Diese Oper folgt, wie ›Hänsel und Gretel‹, einem bekannten Märchen der Brüder Grimm: der Geschichte von der klugen Bauerntochter. Bevor sich der Vorhang öffnet, ist schon einiges passiert. Der Bauer hat nämlich beim Pflügen auf seinem Acker einen goldenen Mörser gefunden (ein Mörser ist ein Gefäß, in dem mit Hilfe eines Stößels zum Beispiel Getreidekörner zerstoßen werden können). Als treuer Untertan hat er diesen kostbaren Fund sogleich seinem König gebracht, obwohl ihn seine Tochter dringend davor gewarnt hat. Und tatsächlich – der König verhält sich leider genau so, wie sie es vorausgesehen hat: Er sagt nämlich nicht etwa Dankeschön, sondern besteht darauf, dass der Bauer ihm nun auch den Stößel bringen solle. Wo ein Mörser ist, da muss auch ein Stößel sein; also könne der Bauer ihn nur unterschlagen und für sich behalten haben! Der König hat zwar nicht Recht, aber er besitzt die Macht. Also kann er auch mit dem Recht so umgehen, wie er will – so ist das auf dieser Erde!

 Nun liegt der arme Bauer im Kerker und jammert über die Schlechtigkeit dieser Welt: »O, hätt' ich meiner Tochter nur geglaubt!« Zufällig hört der König sein Geschrei und erkundigt sich neugierig bei seinem Kerkermeister nach der Ursache. Der führt den Bauern gleich vor den König und wieder stöhnt der Arme: »O, hätt' ich meiner Tochter nur geglaubt!« Der König lässt sich nun berichten, was die Tochter dem Bauern geraten hat. Ja, so ein kluges Weib will er unbedingt kennen lernen! Er schickt den Bauern los, sofort das Mädchen zu ihm in den Palast zu bringen.

Unterwegs auf dem Weg ins Schloss treffen Vater und Tochter drei Strolche. Auch sie klagen ziemlich laut: »Schlechte Zeiten für Leute, die noch ehrlich stehlen wollen!« Ihr Beutel ist leer und sie haben Hunger. Den Bauern und seine Tochter lassen sie aber ungeschoren, denn die beiden sehen genau so arm aus wie sie selbst.

Der König empfängt, auf seinem Ruhebett ausgestreckt, hoheits-
voll Vater und Tochter. Er hat sich inzwischen etwas ausgedacht: Nach
dem Stößel will er das Mädchen gar nicht erst fragen, denn listig wie
sie ist, wird sie sicherlich sowieso eine passende Ausrede finden. Stattdessen gibt er ihr drei Rätsel auf.

Ruhig und gefasst hört sie ihm zu und löst dann mit Leichtigkeit
nacheinander die drei Aufgaben. Da beschließt der König, der von
ihrer Klugheit und Schönheit beeindruckt ist, sie sofort zu seiner Frau
zu nehmen.

Die drei Strolche machen sich natürlich ihre eigenen Gedanken
über alles, was im Königspalast vor sich geht. Ob die neue Frau des
Königs wohl schön oder hässlich ist, klug oder dumm? Wahrschein-
lich wird sie es nicht lange bei ihm aushalten, wenn sie so klug ist, wie
man behauptet!

Ein Mann mit einem Maulesel schließt sich den dreien an. Er hat
ebenfalls gehört, dass der König verliebt ist, und nun hofft er auf einen
günstigen Urteilsspruch in seinem eigenen Streitfall. Gemeinsam mit
seinem Gegner, dem Mann mit dem Esel, wird er vor den König geführt, der gerade vergnügt mit seiner Frau beim Brettspiel sitzt. Auch
die drei Strolche sind mitgekommen und unterstützen den Rechts-

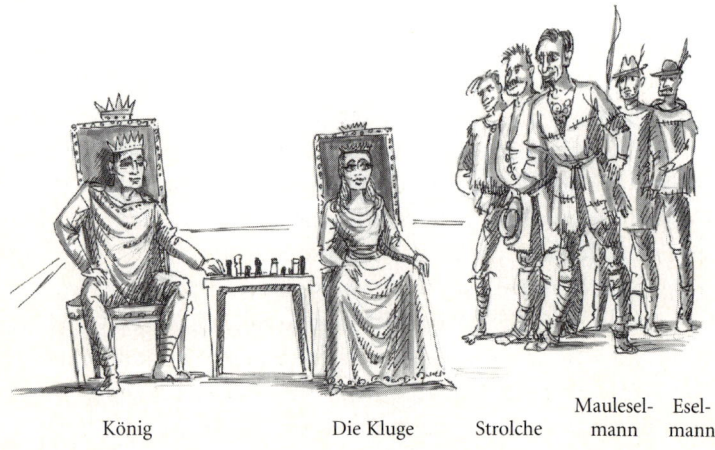

König   Die Kluge   Strolche   Maulesel-   Eselmann   mann

streit auf recht lautstarke Weise. Der König aber hört gar nicht genau zu, so sehr ist er vom Spiel und von seiner Frau abgelenkt. Sie jedoch achtet umso mehr auf das, was der Eselmann nun in seiner einfältigen Art vorträgt: Er und sein Widersacher, der Maultiermann, haben Esel und Maultier im gleichen Stall einer Herberge untergebracht. In der Nacht wirft sein Esel ein Füllen. Am nächsten Morgen liegt es zwischen den beiden erwachsenen Tieren, aber etwas näher beim Maultier. Deshalb beansprucht es jetzt der Maultiermann als das seine.

Aber jedermann weiß doch, dass ein Maultier kein Füllen werfen kann. Damit der König alles besser begreift, spielen die drei Strolche und die beiden sich streitenden Männer ihm ihre Geschichte auch gleich ganz lebendig vor.

Dabei kommen sich die Streithähne sogar hier vor dem König wieder in die Haare. Der ist ungeduldig und ärgerlich obendrein, weil er das Spiel gegen seine Frau verloren hat; sein Urteil: Das Füllen gehört dem Maultiermann! Wehgeschrei beim Eselmann, Jubel beim Maultiermann – und die Strolche ziehen gleich ihre eigene Lehre aus diesem Fehlurteil: »Wer klug ist, wählt Betrug und List, weil anders nichts zu holen ist!«

Die junge Königin aber hat Mitleid mit dem betrogenen Eselmann und verspricht ihm Hilfe. Er soll nur schön brav alles tun, was sie ihm raten will; auch ein König kann sich schließlich einmal irren!

Unterdessen besuchen die Strolche den Kerkermeister und bestechen ihn; sogleich bewirtet er sie trefflich aus dem Weinkeller des Königs. Lustig und lärmend zechen sie, dann machen sie sich schwankend auf den Heimweg. Unterwegs aber haben sie eine merkwürdige Begegnung: Sie treffen nämlich den Eselmann, wie er auf der trockenen Straße mit einem großen Netz Fische zu fangen scheint. Auch König und Kerkermeister kommen bald dazu und staunen ebenfalls nicht schlecht. Als der König die Begründung vernimmt, wird ihm sehr schnell klar, dass solche schlauen Ratschläge wohl nur von seiner eigenen Frau stammen können: »Wenn Maultiere Junge kriegen, dann kann man auch auf dem Trockenen fischen!« Wütend wirft der König seine Frau aus dem Palast – einzige Gnade: Sie darf in einer Truhe das mitnehmen, was sie am liebsten hat.

Des Nachts beobachten die Strolche ganz verdutzt, wie eine schwere Truhe aus dem Schloss getragen wird. Gleichzeitig entlässt man den Eselmann, den der König kurzerhand hatte einsperren lassen, aus dem Gefängnis, mit einem Beutel Geld und seinem Füllen dazu. Wer außer der klugen Königin kann das wohl veranlasst haben?

Am nächsten Morgen wacht der König zu seiner großen Verwunderung nicht in seinem Prunkbett auf, sondern in der Truhe unter einem blühenden Baum. Dorthin hat ihn seine Frau – mit Hilfe eines Schlaftrunkes am Abend vorher – verfrachtet.

König   Die Kluge   Bauer

Sie hat also, seinem Auftrag folgend, einfach »das Liebste« in die Truhe gepackt und mitgenommen. Da ist der König gleich wieder versöhnt mit seiner klugen Frau! Sie aber meldet Bedenken ob dieser Klugheit an: Kann man denn lieben und zugleich noch klug sein?

Hinweise

Diese Oper ist nicht nur wegen der fehlenden Einteilung in Akte anders als andere Werke des Musiktheaters. Schon die Besetzung des Orchesters fällt auf: Es gibt zusätzlich zu den stark vertretenen Bläsern und den üblichen Streichern ein äußerst reichhaltiges Schlagzeug. In ihm sind auch so ungewöhnliche Instrumente enthalten wie ein Steinspiel (kleine frei hängende Steinplatten, die mit Holzschlägeln angeschlagen werden), Sandrasseln (kleine mit Sand gefüllte Blechbüchsen), Ratschen, Schellen, Kastagnetten und anderes mehr. Zusätzlich wird auf der Bühne noch ein kleines Schlagwerkorchester eingesetzt. Der Rhythmus spielt in diesem Werk also eine große Rolle, sowohl im Orchester als auch vor allem in den Stimmen, bei denen es alle Abstufungen zwischen Sprechen und Singen gibt. Das Orchester beschränkt sich in der Begleitung in erster Linie auf Rhythmus und Klangfarben, selten spielt es auch größere Melodien. Ein besonderes Merkmal dabei sind die »Ostinato-Begleitungen«, also ständig wiederkehrende, unveränderte melodische und rhythmische Motive, zum Beispiel in der 3. Szene, wenn der König die Kluge empfängt:

Oder:

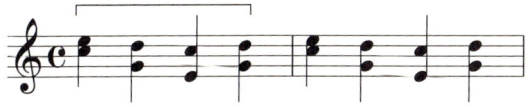

Und gleichzeitig:

Orff bedient sich uralter Mittel des abendländischen Theaters; neben Sprache und Gesang setzt er gleichberechtigt alle Arten von Bewegungen ein – von der einfachen Geste bis zum Tanz.

Auch sein Bühnenaufbau folgt einem sehr alten Vorbild: Orff arbeitet hier, wie einst auch Shakespeare, mit einer so genannten »Simultanbühne«, auf der mehrere Szenen gleichzeitig (= simultan) oder unmittelbar nacheinander gespielt werden können. Der Bühnenraum ist dabei in mehrere Schauplätze unterteilt (Kerker, Palast, Straße usw.), zwischen denen Verbindungen bestehen. Auf diese Weise werden lästige zeitraubende Umbauten zwischen den Szenen überflüssig.

Auch die drei lustigen Strolche, die ständig ihre heiter-besinnlichen Kommentare zum Geschehen abgeben, haben ihr Vorbild bei Shakespeare in den so genannten Rüpelszenen.

Ein besonders eindrucksvolles Beispiel für den rhythmisch geprägten Stil zahlreicher Gesangspartien in dieser Oper ist das Lied der drei Strolche in der 7. Szene, während sie dem Wein zusprechen:

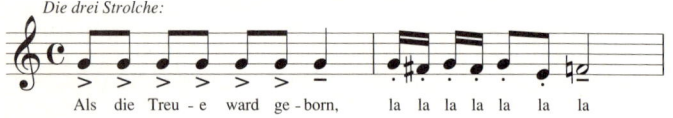

Die drei Strolche:

Als die Treu - e ward ge - born, la la la la la la la la

Er gibt aber auch zarte Melodien, die in sehr wirkungsvollem Gegensatz zu den eher rhythmischen Partien stehen. Hier das Schlummerlied, das die Kluge für ihren König singt, nachdem sie ihn in der 9. Szene mit dem Schlaftrunk betäubt hat:

Die Kluge:

Schu - schu - hu, schu - schu - hu, schu - schu - hu, schu - schu - hu

Orff hat bei der ›Klugen‹ auf eine Einteilung in Akte verzichtet, ebenso auf ein Vorspiel. Die Handlung auf der Bühne beginnt direkt nach zwei einleitenden rhythmischen Begleittakten mit der Klage des Bauern; dann schließen sich die zwölf Szenen ohne Pausen an.

Carl Orff komponierte neben der ›Klugen‹ eine Reihe höchst unterschiedlicher Bühnenwerke. Unter ihnen sind besonders hervorzuheben: seine zweite Märchenoper ›Der Mond‹ (1939) und sein »Bairisches Welttheater« ›Die Bernauerin‹ (1947). Mit der antiken Sagenwelt befassen sich – in deutscher Sprache – ›Antigonae‹ (nach Hölderlin, 1949) und ›Oedipus der Tyrann‹ (1959), sodann in der griechischen Originalsprache ›Prometheus‹ (1967) – Werke, die nicht zuletzt aufgrund ihrer immensen Aufführungsschwierigkeiten kaum auf der Bühne zu sehen sind.

Worterklärungen

AIR: Lied, Melodie; melodisches Instrumentalstück der Barockzeit

ACCOMPAGNATO: → Rezitativ (recitativo accompagnato)

AKKORD: Zusammenklang von mehr als zwei Tönen nach bestimmten Harmoniegesetzen (z. B. Drei-, Vier-, Fünfklang)

AKT: → Aufzug

ALLEGRO: Tempobezeichnung – schnell

ALLEGRO VIVACE: Tempobezeichnung – lebhaft schnell

ANDANTE: Tempobezeichnung: mäßig langsam

ANDANTE AFFETUOSO: Tempobezeichnung – mittleres Tempo, gemütvoll

ANDANTINO: Tempobezeichnung – etwas bewegter als Andante

ARENA: ovales Freilufttheater der Antike (Beispiel: Verona)

ARIE: in sich geschlossenes Gesangstück für Solostimme mit Begleitung

ATONALE MUSIK: Musik, die nicht nach den Regeln der traditionellen Harmonielehre komponiert ist (20. Jahrhundert)

AUFZUG: Akt, größter Abschnitt einer Oper

AUSSTATTUNG: alle Bestandteile der Bühnenbilder eines Theaterstückes (Kulissen, Möbel, Kostüme)

AUSSTATTUNGSOPER: Oper, die ihre Wirkung vor allem aus ihrer prächtigen Ausstattung bezieht

BALLADE: erzählendes, oft dramatisches Lied

BARCAROLE, BARKAROLE: Schifferlied, Gondellied, meist im $^6/_8$- oder $^{12}/_8$-Takt

BAROCK: auch Generalbasszeitalter genannt; bezeichnet in der Musik die Epoche zwischen 1600 und 1730

BELCANTO: »schöner Gesang« (ital.), italienische Gesangstechnik mit vollkommener klangschöner Tongebung und makellos ausgeglichener Stimme

BESETZUNG: Namensliste der in einer Oper mitwirkenden Sänger

BETRIEBSBÜRO (KÜNSTLERISCHES): Büro im Theater zur Organisation des künstlerischen Betriebes (Proben und Aufführungen)

BILD: alle Szenen einer Oper, die in der gleichen Dekoration gespielt werden

BLECHBLASINSTRUMENTE: Blasinstrumente mit Kessel- oder Trichtermundstück, meist aus Messing

(Trompete, Posaune, Tuba, Horn usw.)

BLUES: älteste Musikart der Schwarzen in den USA; Gesang mit einfacher Begleitung, die aus wenigen wiederkehrenden Akkorden besteht

BÜHNENARBEITER: → Bühnenhandwerker

BÜHNENBILD: szenisches Bild, bestehend aus Kulissen, Prospekten (gemalter Bühnenhintergrund), aufgestellten Versatzstücken

BÜHNENBILDNER: entwirft die Bühnenbilder

BÜHNENBILDMODELL: Modelle der Bühnenbilder dienen während der Vorbereitung einer Aufführung den Mitwirkenden und vor allem den Werkstätten als Anschauungsmaterial

BÜHNENHANDWERKER: Bühnenarbeiter; die vor, während und nach der Aufführung auf der Bühne und in den Nebenräumen Tätigen

BÜHNENMUSIK: Musik auf oder hinter der Szene, während der Aufführung

BÜHNENTURIN: hoher turmartiger Aufbau über der Bühne (Bühnenhaus) für die Obermaschinerie (Züge)

BÜHNENWEIHFESTSPIEL: Wagners Bezeichnung für sein letztes Werk ›Parsifal‹

BUFFO: Sänger komischer Rollen (Tenorbuffo, Bassbuffo)

BUFFA: Posse, Schwank (ital.) → Opera buffa

CAVATINE: kurze Arie (18. und 19. Jahrhundert)

CELESTA: Stahlplattenklavier, glockenspielähnlich im Klang, mit Tasten

CEMBALO: historisches Tasteninstrument mit Zupfmechanik (Vorläufer des Klaviers)

CHARAKTERBARITON: mittlere Männerstimme in der Oper

CHEFDISPONENT: im Theater verantwortlich für die organisatorische und personelle Planung

CHOR: Sängerensemble, meist vierstimmig, wobei jede Stimme mehrfach besetzt ist

CHORAL: Kirchenlied

CHROMATIK: melodische und harmonische Bewegung in Halbtonschritten

COMMEDIA DELL'ARTE: italienische Stegreifkomödie

COUPLET: kleines Lied, meist mehrstrophig mit Kehrreim

CREDO: Teil der Messkomposition (Glaubensbekenntnis)

CSÁRDÁS: ungarischer Nationaltanz mit langsamer Einleitung und schnellem Hauptteil (gerader Takt)

DA-CAPO-FORM: dreiteilige Form eines Musikstückes mit abweichendem Mittelteil zwischen

gleichen Rahmenteilen
(A B A)

DEKORATION: alle Bestandteile des
Bühnenbildes

DEKORATIONSWERKSTATT: Werkstatt
für Stoffarbeiten im Theater

DEUTSCHE OPER: Spieloper mit deutschem Text und gesprochenem
Dialog

DIALOG: gesprochene Texte der
Oper

DISSONANZ: »Missklang«; Zusammenklang mehrerer Töne, die
nach den Regeln der Harmonielehre keinen Wohlklang (= Konsonanz) bilden (z. B. Sekunde,
Septime)

DOLCE AMOROSO: Vortragsbezeich-
nung – zart und lieblich

DOMINANTSEPTAKKORD: → Septakkord

DRAMATISCHES FACH: auch hochdra-
matisches Fach; schwere Partien,
z. B. in Wagner- und Verdi-
Opern

DRAMATURG: Mitarbeiter des Theaters, zuständig u. a. für Textfas-
sungen, Programmheft, Öffent-
lichkeitsarbeit; oft Mitglied der
Theaterleitung

DREHBÜHNE: auf den Bühnenboden
aufgelegte oder in ihn eingelas-
sene Drehscheibe zum schnellen
Bildwechsel

DUETT: Gesangstück mit zwei Solisten

DUR: Tongeschlecht

DURCHKOMPONIERTE OPER: Oper,
deren Aufzüge pausenlos durchlaufen, also nicht in Nummern
gegliedert sind (z. B. bei
Wagner)

EINLEITUNG: Vorspiel, Ouvertüre

EISERNER VORHANG: bewegliche
Sicherheitstrennwand aus Stahl
zwischen Bühne und Zuschauerraum

ENSEMBLE: a) die künstlerischen
Theatermitglieder; b) Gesangstück für mehrere Sänger;
c) Gruppe von Instrumentalisten

ERSTAUFFÜHRUNG: erste Aufführung
eines Werkes in einem Land oder
einer Stadt

FANTASIE: frei angelegtes Instrumentalstück

FINALE: Schlussnummer eines Aufzuges, einer Oper

FIGURINE: ausgearbeiteter Entwurf
für ein Kostüm

FOLKLORE: überliefertes volkstüm-
liches Brauchtum (in der Musik:
Lied und Tanz)

FORTE: Lautstärkenbezeichnung –
laut. Abkürzung: f

FORTISSIMO: Lautstärkenbezeichnung
– sehr laut. Abkürzung: $f\!f$

FOYER: Wandelhalle, Pausenhalle im
Theater

FUGE: die am strengsten gebaute
Form mehrstimmiger Musik, bei
der ein Thema nacheinander in
allen Stimmen erscheint

FUNDUS: alle beweglichen Teile einer Ausstattung; oft auch Bezeichnung für deren Aufbewahrungsort (vor allem der Kostüme)

FURIANT: böhmischer Nationaltanz im schnellen ¾-Takt

GANZTONLEITER: Tonleiter ohne Halbtonschritte, nur aus ganzen Tonschritten (großen Sekunden) bestehend

GATTUNG: Zusammenfassung von Werken mit gleichen Merkmalen (z. B. Gattung Oper)

GAVOTTE: alter französischer Volkstanz ($^2/_2$-Takt)

GENERALPROBE: letzte Gesamtprobe vor der Premiere

GERÄUSCH: Schallereignis ohne bestimmte, notierbare Tonhöhe

GIGUE: schneller Tanz in Dreierbewegung ($^3/_8$-, $^6/_8$-, $^9/_8$-Takt), Teil der Suite

GRUNDTON: erster Ton einer Tonleiter, auf dem der Hauptdreiklang einer Tonart aufgebaut ist (= Tonika)

HABANERA: kubanisch-spanischer Tanz ($^2/_4$- oder $^4/_8$-Takt)

HALBTONLEITER: Tonleiter, die nur aus Halbtonschritten besteht (kleine Sekunden)

HARMONIK: die Welt der Zusammenklänge, der Akkorde, die nach bestimmten Regeln aufeinander folgen

HAUPTPROBE: vorletzte Gesamtprobe vor der Premiere (oft getrennt in H. mit Klavier und H. mit Orchester)

HELDENFACH: hochdramatische Gesangspartie

HOLZBLASINSTRUMENTE: Blasinstrumente mit Rohrblatt oder Kernspalte, ursprünglich aus Holz (Flöte, Oboe, Klarinette, Fagott)

HOSENROLLE: als Mann verkleidete Sängerin (z. B. Cherubino in Mozarts ›Figaro‹)

INSTRUMENTIEREN: die Klavierfassung eines Werkes für Orchesterinstrumente umschreiben

INSZENIERUNG: Einrichtung und Einstudierung eines Bühnenwerkes

INTENDANT: Leiter eines Theaters

INTERMEZZO: Zwischenspiel (zwischen zwei Aufzügen, z. B. in Puccinis ›Madame Butterfly‹)

INVENTION: kurzes, auf einem bestimmten »Einfall« aufbauendes Instrumentalstück (J. S. Bach)

JAZZ: Musikrichtung des 20. Jahrhunderts, entstanden aus afroamerikanischer und europäischer Volks- und Unterhaltungsmusik

KADENZ: Folge von aufeinander bezogenen Akkorden

KAMMERMUSIK: Instrumentalmusik in kleiner, solistischer Besetzung (jede Stimme wird von einem einzelnen Spieler ausgeführt)

KANON: mehrstimmiges Musikstück, bei dem die Stimmen nacheinander in bestimmtem Abstand einsetzen und die gleiche Melodie vortragen

KANTATE: mehrteiliges Vokalwerk mit Arien, Ensembles und Chören

KAPELLMEISTER: Dirigent, Orchesterleiter

KASTAGNETTEN: Einhandklapper; zwei ausgehöhlte, mit einer Schnur verbundene Holztellerchen

KASTRAT: ein in der Jugend durch Operation entmannter Sänger für Sopran- und Altpartien (17. und 18. Jahrhundert)

KLANGFARBE: Merkmale der klanglichen Unterscheidung (z. B. hell – dunkel, rau – weich)

KLAVIERAUSZUG: Arrangement eines Orchesterwerkes für Klavier; wird bei der Einstudierung einer Oper benötigt

KOLORATUR: reich mit Läufen und Verzierungen ausgeschmückte Melodielinie im Gesang ohne Text, meist für Sopran (z. B. Königin der Nacht in Mozarts ›Zauberflöte‹)

KOMÖDIE: heiteres Theaterstück

KONSONANZ: »Wohlklang«, nach den Regeln der Harmonielehre zusammenpassende Töne (z. B. Terz, Sext, Quinte, Oktave)

KORREPETITOR: hilft den Sängern bei der Einstudierung ihrer Partie am Klavier

KOSTÜME: Kleidung der Darsteller auf der Bühne

KOSTÜMBILDNER: entwirft die Kostüme einer Einstudierung

KULISSEN: auf der Bühne aufgestellte Dekorationsteile

KUNSTZENSUR: man spricht von K., wenn übergeordnete Stellen (Staat, Kirche) in die Freiheit des Künstlers eingreifen, indem sie bestimmte Werke oder Aufführungen verbieten oder verändern

LARGO: Tempobezeichnung – langsam, »breit«

LEITMOTIV: häufig wiederkehrende Tonfolge, die eine Person, ein Gefühl, eine Handlung usw. charakterisiert (bei Wagner)

LIBRETTIST: Textdichter

LIBRETTO: Textbuch der Oper

LYRISCHES FACH: Bezeichnung der getragenen und ernsten Hauptpartien vor allem in Mozart-Opern (z. B. Tamino und Pamina in der ›Zauberflöte‹)

MAGAZIN: Lagerraum für Kulissen

MALERSAAL: Werkstatt für alle Malerarbeiten an Dekorationsteilen

MARSCH: Musik, die den (Gleich-) Schritt einer Gruppe begleitet ($\frac{4}{4}$-Takt)

MASKENBILDNER: speziell ausgebildete Angestellte, die die Darsteller schminken und nach der Vorstellung abschminken

MAZURKA: lebhafter polnischer Springtanz im $\frac{3}{4}$-Takt, Vorbild für komponierte Instrumentalstücke (z.B. von Chopin)

MELODRAM(A): Mischform von gesprochenem Dialog und untermalender Musik (z.B. in Beethovens ›Fidelio‹)

MENUETT: alter französischer Hoftanz im ruhigen $\frac{3}{4}$-Takt

METROPOLITAN OPERA: führendes Opernhaus der USA in New York

MOLL: Tongeschlecht

MONOLOG: längere Rede oder Gesangnummer in der Art eines Selbstgesprächs (Szene oder Arie)

MOTIV: kleinster musikalischer Baustein (Tonfolge)

MUSICAL: moderne Form des Musiktheaters, bestehend aus Gesang, Dialog, Schauspiel, Tanz, hervorgegangen aus Oper, Operette und Elementen der Unterhaltungsmusik, entstanden in den USA

MUSIKDRAMA: die von Wagner geschaffene durchkomponierte Oper; Einheit von Dichtung und Tonkunst

MUSIKTHEATER: Bezeichnung für das Theaterinstitut mit allen Mitarbeitern und Gebäuden, aber auch für alle Erscheinungsformen des Theaters, in denen Musik wichtig ist (Oper, Operette, Musical, Ballett)

NUMMER: kleinste Gliederungseinheit der Nummernoper (z.B. Arie, Duett usw.)

NUMMERNOPER: in einzelne Musiknummern gegliederte Oper

OKTAVE: Intervall, die 8. Stufe der Tonleiter

OPERA BUFFA: Komische Oper (ital.)

OPERA SERIA: musikalische Tragödie

OPERETTE: kleine, heitere Oper mit gesprochenem Dialog, unterhaltender Handlung und ebensolcher Musik

ORCHESTERGRABEN: Vertiefung vor der Bühne, in der das Orchester während der Vorstellung sitzt

ORGELPUNKT: lang ausgehaltener Basston, über dem die Harmonien wechseln, oft am Ende eines Musikstückes

OSTINATO: ständig wiederholte melodische und / oder rhythmische Tonfolge

OUVERTÜRE: Vorspiel zur Oper (Orchester allein)

PANFLÖTE: Panpfeife, Syrinx: uralte Hirtenflöte, bestehend aus mehreren verschieden langen Längsflöten

379

PARTIE: Rolle in der Oper

PARTITUR: Aufzeichnung sämtlicher Instrumente und Stimmen eines Musikstückes

PASSACAGLIA: Musikstück aus der Barockzeit; Variationsform über einer ständig wiederkehrenden Tonfolge im Bass; ursprünglich ein spanischer Tanz

PIANO: Lautstärkenbezeichnung – leise. Abkürzung: *p*

PIANISSIMO: Lautstärkenbezeichnung – sehr leise; Abkürzung: □◇

PLASTIKATELIER: Werkstatt im Theater zur Herstellung von Plastiken (Bildhauerwerkstatt)

POLKA: lebhafter Paartanz ($^2/_4$-Takt); nicht polnischer, sondern tschechischer Herkunft

POLONAISE: ruhiger polnischer Schreittanz; Instrumentalstück im Polonaisenrhythmus

POLYPHON: mehrere gleichberechtigte Stimmen gleichzeitig

POSTLUDIUM: Nachspiel

POTPOURRI (-OUVERTÜRE): Musikstück, in dem verschiedene Melodien bunt aneinander gereiht werden

PRAELUDIUM: Vorspiel

PREMIERE: erste Aufführung einer Neuinszenierung

PRESTO: Tempobezeichnung – sehr schnell

PROBENBÜHNE: spezieller Raum im Theater für szenische Proben

PROLOG: Vorspruch

PROSPEKT: gemalter Bühnenhintergrund

QUARTETT: Ensemble mit vier Musikern (Sänger oder Instrumentalisten)

QUINTETT: Ensemble mit fünf Musikern (Sänger oder Instrumentalisten)

RAGTIME: unterhaltendes Klavierstück, Vorstufe zum Jazz in den USA (ab 1870)

REFRAIN: immer wiederkehrender Teil eines Liedes (oder Musikstückes), »Kehrreim«

REGIE: Spielleitung mit folgenden Aufgaben: Einrichten des Regiebuches, Verteilung der Rollen, Vorbereitungen zur Aufführung in Zusammenarbeit mit allen Beteiligten (z.B. Bühnenbildner, Schauspieler, Beleuchter), Leitung der Proben bis zur Premiere

REGIEASSISTENT: Assistent des verantwortlichen Regisseurs

REGIEBUCH: für Proben und Aufführung mit genauen Anmerkungen und Hinweisen versehenes Textbuch (oder Klavierauszug)

REGIEKONZEPT: Plan des Regisseurs für die Inszenierung eines Theaterstückes

REGISSEUR: der für alle Einzelheiten des szenischen Geschehens verantwortliche künstlerische Leiter

REPERTOIRE: die Gesamtheit der Musikstücke, die ein Musiker beherrscht

REQUISITEN: bewegliche Gegenstände in der Hand der Darsteller

REQUISITEUR: verantwortlich für Beschaffung, Wartung und rechtzeitigen Einsatz der Requisiten

REVUE: vielgestaltiges Unterhaltungsstück, bestehend aus Sprache und Gesang, Ballett, Chanson und Varietékunst (ab 1830)

REZITATIV: Gesangsform in der Oper, die auf geschlossene melodische Form verzichtet und dem Rhythmus und Tonfall der Sprache folgt (»Sprechgesang«); als »recitativo secco« (trocken) nur von einzelnen Cembaloakkorden, als »recitativo accompagnato« vom ganzen Orchester begleitet

RHAPSODIE: freie, leidenschaftliche Vokal- und vor allem Instrumentalkomposition (19. Jahrhundert)

RONDO: »Rundgesang«; vielteiliges Musikstück, in dem ein bestimmter Abschnitt immer wiederkehrt (A B A C A …)

SANDRASSEL: mit Sand gefüllte kleine Blechbüchse (z. B. in der ›Klugen‹ von Orff)

SARABANDE: altspanischer Volkstanz im langsamen 3/4-Takt

SCALA: führendes Opernhaus Italiens in Mailand

SCHERZO: aus dem Menuett weiterentwickelter sehr schneller Satz (z. B. an dritter Stelle in der Sinfonie) im 3/4-Takt

SCHNEIDERWERKSTATT: Werkstatt zur Herstellung der Kostüme

SCHNÜRBODEN: Obermaschinerie der Bühne, herablassbare Querstangen zum Einhängen von Dekorationsteilen

SCHNÜRMEISTER: verantwortlich für die Obermaschinerie

SECCO-REZITATIV: → Rezitativ

SEPTAKKORD: aus vier Tönen bestehender Akkord (Grundton, Terz, Quinte, Septime). Dominantseptakkord: Akkord auf der 5. Stufe der Tonleiter, bestehend aus Grundton, Terz, Quint, Septime

SERENADE: unterhaltende Musik im Freien (meist instrumental)

SERIÖSER BASS: tiefe Männerstimme in der Oper (z. B. Rocco in Beethovens ›Fidelio‹)

SFORZATO: Betonung einer Note. Abkürzung: *sf*

SIMULTANBÜHNE: Bühne mit mehreren gleichzeitig bespielbaren Schauplätzen

SINFONISCHES ORCHESTERVORSPIEL: groß angelegtes Orchestervorspiel einer Oper, in der Art eines Sinfoniesatzes

SINGSPIEL: heitere deutschsprachige Nummernoper mit gesprochenem Dialog (z. B. ›Die Entführung aus dem Serail‹ von Mozart)

SOLOSZENE: großer Soloauftritt eines Sängers (z. B. Rezitativ und Arie)

SONATE: mehrsätziges Instrumentalwerk (ab etwa 1650)

SOUBRETTE: heiteres weibliches Rollenfach der Spieloper (z. B.

Blondchen in Mozarts ›Entführung aus dem Serail‹)

Souffleur/Souffleuse: Person, die den Text während der Vorstellung mitspricht und den Darstellern bei Bedarf weiterhilft

Spielbass: z. B. Leporello in Mozarts ›Don Giovanni‹

Spieloper: Komische Oper mit gesprochenem Dialog, Weiterentwicklung des Singspiels (Lortzing)

Spielplan: Verzeichnis aller von einem Theater in einem bestimmten Zeitraum aufgeführten Werke

Spielvorhang: Hauptvorhang vor der Bühnenöffnung

Spiritual: religiöses Lied der amerikanischen Schwarzen (genauer »Negro spiritual«)

Sprechrolle: gesprochene Partie in einer Oper

Steinspiel: spezielles Schlaginstrument bei Orff

Stellwarte/Stellwerk: Steuerzentrale aller Beleuchtungseinrichtungen des Theaters

Stimmfächer: weitere Unterteilung der Stimmgattungen (Sopran, Alt, Tenor, Bass) nach den Anforderungen und Eigenarten der Rollen

Stumme Rolle: Rolle ohne gesprochene oder gesungene Passagen (z. B. Diener)

Suite: mehrsätziges Instrumentalwerk der Barockzeit (besteht überwiegend aus Tanzsätzen)

Szene: Gliederungseinheit eines Aufzugs

Tamtam: Schlaginstrument; großer flacher Gong

Tango: argentinischer Tanz (seit 1900)

Technischer Direktor: verantwortlicher Leiter des gesamten technischen Bereiches im Theater (Werkstätten, Ton und Beleuchtung)

Tedeum: Lob-, Dank- und Bittgesang der katholischen Kirche

Terzenmelodik: in parallelen Terzen begleitete Melodie

Terzett: Gesangstück für drei Solostimmen, auch instrumental begleitet

Thema: melodisch und rhythmisch ausgeprägte, formal gegliederte Tonfolge

Tonart: festgelegte Folge von Ganz- und Halbtonschritten innerhalb einer Tonleiter (Oktave); hierzu gehören bestimmte, aus den Tönen der Tonleiter zusammengesetzte Harmonien

Tonmeister: verantwortlicher Leiter der Tontechnik

Tonsatz: Die Schule des Komponierens nach bestimmten Regeln (Töne werden zu einem Musikstück »zusammengesetzt«)

Tonstudio: Raum für die tontechnischen Einrichtungen

Tragödie: Theaterstück mit tragischem, d. h. mit unvermeidlich unglücklichem Ausgang

TREMOLO: schnelle Tonwiederholung durch »Hin- und Herzittern« des Bogens bei Streichinstrumenten; musikalischer Effekt des Unheimlichen, Geheimnisvollen

TRIO: Musikstück für drei (Instrumental-)Stimmen

TUTTI: alle zusammen – das ganze Ensemble

URAUFFÜHRUNG: erste Aufführung eines neuen Werkes auf der Welt

VARIATIONEN: Veränderungen (meist der Melodie) durch Verzierung, Umspielung usw.

VERFOLGER: Scheinwerfer, mit dem ein einzelner Darsteller auf der Bühne »verfolgt« wird

VERISMO: Stilrichtung der italienischen Oper im späten 19. Jahrhundert (Puccini), deren Handlung dem wirklichen Leben nachgebildet ist

VERSATZSTÜCKE: Teile der Dekoration, die auf dem Bühnenboden stehen

VERSENKUNG: Ausschnitt im Bühnenboden, durch den Personen hinabgelassen oder emporgehoben werden können

VERWALTUNGSDIREKTOR: Leiter der Theaterverwaltung, zuständig u. a. für die Finanzen

VIBRATO: regelmäßige leichte Tonhöhenschwankung der Stimme oder des Instruments

VOLKSDRAMA: Oper, in der das Volk eine gewichtige Rolle spielt (verkörpert durch den Chor)

VORSPIEL: Ouvertüre, Instrumentalstück zur Einleitung der Oper

WAFFENMEISTER: zuständig für Waffen aller Art, ihre Beschaffung, Pflege und ihren Einsatz auf der Bühne

WALZER: Tanz im $\frac{3}{4}$-Takt, hervorgegangen aus Menuett und Ländler (19. Jahrhundert)

ZÜGE: an Seilzügen hängende Querstangen im Bühnenturm

ZWISCHENSPIEL: auch Intermezzo; Instrumentalstück zwischen zwei Aufzügen